i y i   k i   k i t a p l a r   v a r . . .

TİMAŞ YAYINLARI

İstanbul 2010

timas.com.tr

KORUYUCU PSİKOLOJİ
Çocuk Eğitiminde Duygusal Rehberlik
Prof. Dr. Kemal Sayar
Psikolog Feyza Bağlan

TİMAŞ YAYINLARI | 2306
Psikoloji Kitaplığı | 38

YAYIN YÖNETMENİ
Emine Eroğlu

EDİTÖR
Metin Karabaşoğlu

TASHİH
Ümran Tüzün

ÇİZİMLER
Fatih Okta

KAPAK TASARIMI
Ravza Kızıltuğ

1. BASKI
Haziran 2010, İstanbul

2. BASKI
Kasım 2010, İstanbul

ISBN
978-605-114-231-9

TİMAŞ YAYINLARI
Cağaloğlu, Alemdar Mahallesi,
Alayköşkü Caddesi, No:5, Fatih/İstanbul
Telefon: (0212) 511 24 24 Faks: (0212) 512 40 00
P.K. 50 Sirkeci / İstanbul

timas.com.tr
timas@timas.com.tr

Kültür Bakanlığı Yayıncılık
Sertifika No: 12364

BASKI VE CİLT
Sistem Matbaacılık
Yılanlı Ayazma Sok. No: 8
Davutpaşa-Topkapı/İstanbul
Telefon: (0212) 482 11 01

KORUYUCU PSİKOLOJİ

Çocuk Eğitiminde Duygusal Rehberlik

Prof. Dr. Kemal Sayar

Psikolog Feyza Bağlan

KEMAL SAYAR

1966 yılında Ordu'da dünyaya gelen Kemal Sayar, ilk ve orta öğrenimini Zonguldak Hisarönü 27 Mayıs İlkokulu'nda ve Eskişehir Anadolu Lisesi'nde tamamladıktan sonra, 1989 yılında Hacettepe Üniversitesi (İngilizce) Tıp Fakültesi'nden mezun oldu. 1989-1995 yılları arasında Marmara Üniversitesi Tıp Fakültesi Psikiyatri Anabilim Dalı'nda uzmanlık eğitimine devam etti. Ardından Vakıf Gureba Eğitim Hastanesi ve Çorlu Asker Hastanesi'nde psikiyatri uzmanı unvanıyla görev yaptı. 2000 yılında psikiyatri doçenti oldu. 2000-2004 yılları arasında KTÜ Tıp Fakültesi Psikiyatri Anabilim Dalı'nda öğretim üyesi olarak bulundu. Çeşitli ulusal ve uluslararası dergilerde danışmanlık ve hakemlik yaptı. Psikiyatri konulu çok sayıda kongre ve sempozyumda düzenleyici ve konuşmacı olarak yer aldı. 2002 yılında, Kanada Mc Gill Üniversitesi Transkültürel Psikiyatri Bölümü'nde konuk öğretim üyesi olarak çalıştı. Bakırköy ve Erenköy Ruh Sağlığı ve Sinir Hastalıkları Hastanelerinde klinik şefliği görevlerini yürüttü. 2008 yılında psikiyatri profesörü oldu. Halen Fatih Üniversitesi'nde öğretim üyesi olarak çalışıyor ve klinik pratiğini özel ofisinde sürdürüyor.

Yayınlanmış Kitaplarından Bazıları:
Her Şeyin Bir Anlamı Var
Yavaşla
Merhamet
Ruh Hali
Sufi Psikolojisi
Kendine İyi Bak
Olmak Cesareti
Kalbin Direnişi
Hüzün Hastalığı
Özgürlüğün Baş Dönmesi
Otoyol Uykusu

FEYZA BAĞLAN

1982 yılında İstanbul'da doğdu. Boğaziçi Üniversitesi Psikoloji Bölümü'nden 2004 yılında mezun oldu. Stajını Bakırköy Ruh ve Sinir Hastalıkları Hastanesi'nde yaptı. Üniversite eğitimini müteakiben özel eğitim sektöründe süpervizör olarak çalıştı. Bilişsel davranışçı terapi alanında üç yıllık eğitimini başarıyla tamamladı. Psikoloji alanında yüksek lisansını tamamlamak üzeredir. Klinik psikoloji alanında da terapist olarak mesleğini sürdürmektedir.

İÇİNDEKİLER

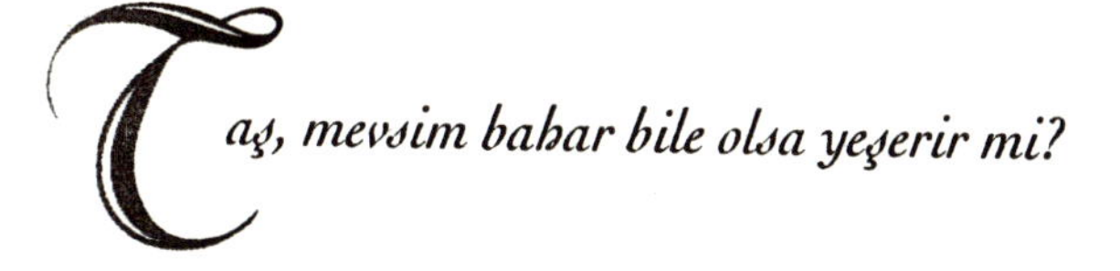

Taş, mevsim bahar bile olsa yeşerir mi?

Toprak ol ki, senden renk renk güller ve çiçekler yetişsin!

Hz. Mevlana

ÖNSÖZ

Genç adam çetele tutmuş gösteriyor, 'Bak doktorum' diyor, 'kırk kişiyi dövdüm, otuz kişi kaldı. Otuzunu daha döversem lisede herkesi kendime boyun eğdirmiş olacağım'. Ailesi onbeş yaşındaki genç kızı iterek psikoterapi ofisimizden içeri sokuyor. Zorla getirilmiş, sorun her gece yarısı evden kaçarak barlara gitmesi ve sabaha dek dönmemesi. Dokuz yaşındaki çocuk parmağıyla boğaz kesme işareti yaparak ölmek istediğini söylüyor, 'Ben burada mutlu değilim' diyor, 'ölüp bilgisayar oyunlarının içine girmek, sadece orada yaşamak istiyorum'. Onbir yaşındaki çocuk, ailesi tarafından zorla getiriliyor, sorun online oyunlara bağımlı olması ve oniki saat boyunca bilgisayarda aralıksız oyun oynayarak büyük abdestini bile üzerine yapması. Anne telaşlı, 'Onu hep ahlaki değerlere bağlı kalarak merhametli bir çocuk olarak büyüttüm, ancak bu durum onun ezilmesine yol açıyor, herkes ona vuruyor ama o kimseye vuramıyor' diye dert yanıyor. Artık yaşını başını almış iki çocuk annesi bir kadın, gözleri nemli, 'Çocuklarıma her şeyi verdim ama bugün ikisi de çok sorunlu, onların hayatlarını ben yönettim, çok pişmanım, şu an ikisi de benden nefret ediyor' diyor. Onyedi yaşındaki genç, 'Annemle babam ebeveyn olduklarını şimdi hatırladılar. Geçen onyedi yılda sadece para kazanmak için uğraştılar; yanımda değildiler. Şimdi artık çok geç, ben de onları istemiyorum' diye olan biteni özetliyor. Oniki yaşında bir genç kız, 'Annem babam bana her istediğimi almak zorunda, bu dünyaya gelmeyi ben istemedim, madem doğurdular, o zaman her istediğimi yapacaklar' diyebiliyor. Elleri cep telefonuna yapışmış ve hayatı oradan idare etmeye çalışan bir başkası, 'Kimse bana karışamaz, ben özgürüm' diye bağırıyor. Anne, çocuğunun bir türlü kendisinden ayrılamadığından yakınıyor, neden sonra anlaşılıyor ki anne aşırı kaygılı ve aslında çocuktan ayrılamayan kendisi. Anaokulunun önünde saatler süren ayrılma, geri dönme seansları yaşanıyor. Babasının cebinden izinsiz para alan genç adam, bundan pişmanlık duymuyor. Evden kaçıp başka bir şehre giden genç kız, döndüğünde sanki hiç yanlış bir şey yapmamış gibi ailesine çıkışıyor. Dertli baba, 'Ben oyuncaksız büyümenin acısını hep hissettim' diyor, 'sonra iş kurdum, para kazandım ve gittim, ilk seferde oğluma Dubai'den iki bavul dolusu oyuncak getirdim, getirmez olaydım'. Niye diyoruz. 'Çünkü üçüncü gün oyuncaklara ilgisini kaybetti ve bir daha da aldığım hiçbir şeyi beğenmedi, doyumsuz oldu'. Anne babalar ne yapacaklarını bilemiyor. Çocukları kurslara gitsin diye uzun saatler çalışıyor ve kurstan kursa koşan çocuklarını adeta göremeden yaşıyorlar. Çocuklar sadece televizyon seyretmek ve bilgisayarda oyun oynamak istiyor. Gençler barlara, diskolara gitmek ve günü gün etmek istiyor. Çoğu marka giymek istiyor. Bazıları emo, bazıları grunge 'takılıyor'. 'Ezik'lerden hoşlanmıyor, güçlü ve paralı görünmeyi seviyorlar. Anne babalar yorgun argın işten dönüyor. Kimsenin konuşacak takati yok. Anne babalık için artık zaman yok. O halde, aç televizyonu. Ebeveynlik, bu en güzel, en doyurucu, en tatlı, en gönüllü ve kimileyin de en çileli rol; modern dünyanın iştahlı ağzı tarafından yutulmak üzere. Batı toplumlarında doğurganlık düşüyor, anne baba olmanın fedakârlığı giderek daha katlanılmaz bulunuyor. Anne babalıkla ilgili çok şey değişiyor. Çocuklar değişiyor. Gençler değişiyor.

Günümüzde çocuk yetiştirmek giderek zorlaşıyor. Çocuğumuzu nasıl doğru yetiştireceğimiz hakkında her kafadan ayrı bir ses çıkıyor, tavsiye, nasihat ve her cinsten uzman görüşü havada uçuşuyor. Bu bilgi seli, ebeveynlerin kafasını daha fazla karıştırıyor. Anne babalar, günümüzde önceki çağlardan çok daha kaygılı. Çocuğumuzun bahçede oynamasına izin vermek aklımıza bile gelmiyor, mahalle çoktan kayıplara karıştı, sokaklar bize çok tekinsiz görünüyor. Yirmidört saat boyunca çocuklarını gözlemek isteyen, güvenlikleri konusunda adeta saplantılı bir korkuya sahip olan anne babalar, ebeveynliği de yeniden tanımlıyor. Geçmişte iyi anne babalık dediğimiz zaman, çocukları beslemek, duygusal ve sosyal açıdan gelişmelerine yardım etmek anlaşılırdı. Bugün iyi anne babalık aynı zamanda çocukların ne yaptığını yakından gözlemek anlamına geliyor. Uzmanlar çocuklarımızın hiçbir zaman güvende olmadıklarını fısıldıyorlar bize. Çocukların kolayca incinebilen zayıf yaratıklar olduğu önermesi, kuşkucu ebeveynliğin yaygınlaşmasını sağlıyor.*

İnternet, televizyon ve cep telefonları çocukların ve gençlerin dünyasını bambaşka bir biçimde yoğuruyor. Çocuklar ve gençler, ekran teknolojilerinin etkisiyle hızla tüketici kimliğine doğru itiliyor. Artık reklamcılığın yeni kurbanları ve potansiyel müşterileri onlar. Psikolojide hakim görüş olan, çocukluk çağı ruhsal incinmelerinin yetişkin hayata taşınabildiği düşüncesi, anne babaların doğru ebeveynlik hakkındaki kaygılarını artırıyor. Ne yapmalılar da çocukları sağlıklı yetişkinler olsun? Çocuklarının daha iyi eğitim alması için kurstan kursa koşuşturan, evlatlarının her türlü duygusal ihtiyacı için emre amade bekleyen anne babalar; kendilerini çocuklarının her türlü ihtiyaç ve eğitimi konusunda baskı altında hissediyorlar. Artık çocuklarının duygusal ihtiyaçlarına

* Frank Furedi. *Paranoid Parenting*. Chicago Review Press, 2002.

azami derecede dikkat etmesi gereken öğretmen anne babalar olmaları gerekiyor. Duyarlı, esnek anne babalar. Birbirlerini izliyor ve neyi ne kadar yaptıklarını karşılaştırıyorlar. Anne-babalık artık en rekabetçi spor dalı haline gelmiş bulunuyor. Çocukların hayatlarının çeşitli etkinliklerle tıka basa doldurulması, sadece zaman kaybı değil, aynı zamanda zararlı da. Modern zaman çocuklarına hayal kurmak ve oyun oynamak neredeyse haram edildi. Bırakalım da çocuklar, hayatlarında eksik olan şeyi yapsınlar: Çocukluğu!

Çocuğun ve çocukluğun kutsanması evimizin eşiğinde bitiveriyor bir yandan. Kendi çocuğumuz için her türlü fedakârlığı göze alan biz, başka çocuklar için en ufak bir sorumluluk hissetmeyebiliyoruz. Çocuğun zayıf ve incinebilir olduğunu söyleyen sayısız uzmanla karşılaşılıyor, ancak onun içindeki direnç ve mukavemete atıfta bulunan uzmanlar parmakla sayılıyor. Evet, çocuklar aynı zamanda büyük direnişçilerdir: Hayatın zorluklarına karşı koymakta bazen onların üstüne yoktur. Hayatın erken travmaları, sonraki yıllarda sağlanan olumlu destekle telafi edilebilir, geçmişin yaraları merhamet ve şefkatle iyileştirilebilir. Kimse çocukluğunun kurbanı değildir.

Direnç, direnebilme yeteneğinden fazlasıdır. Aynı zamanda nasıl yaşanacağını da öğrenmek demektir.* Bazen bedel ödeyerek öğreniriz. Aldığımız yumruklar, bizi bir sonrakine karşı daha güçlü kılar. Hayat ve neşenin, tabir caizse 'çantada keklik' olmadığını, bu yüzden hayatın her anının anlam duygusunu tadarak dolu dolu yaşanması gerektiğini fark ederiz. Bunun için muhtaç olduğumuz kudret yaratılışımızda mevcuttur. Ümitle sarılırız hayata, ümitle nefes alır veririz. Beckett'nin o ünlü sözünde söylendiği gibi, 'Bir daha dene, bir daha yenil, daha iyi yenil'. Öğrenmeyi bilirsek; engeller sıçrama tahtasına döner, kırılganlık zenginliğe, zayıflık güce, imkânsızlık imkâna inkılab eder.

---

* Boris Cyrulnik. *Resilience*. Penguin, 2009.

Gelişimsel psikoloji ve psikopatolojinin Batı-merkezci doğasına da kısaca değinmek gerekir. Çocukluk hakkında pek çok sosyolojik çalışma yapılıyor. Batılı inançların, çocukları ve sorunlarını fazlasıyla tıbbi bir pencereden gördüğü dile getiriliyor. Öte yandan, Batı kapitalizminin aşırı özgürlük vurgusuyla çocuk ve gençleri antisosyal davranışa özendirdiği, yıllar içinde ebeveyn otoritesinin de yok olmasıyla, aile içindeki sınırların kaybolduğu tartışılıyor.* Dünyanın Batılı olmayan bölgelerinde başka anne-babalık ve başka türlü çocuk yetiştirme ve sevme biçimleri mevcut. Küresel bilgi akışı Batıdan Doğuya yönelik olduğu için, Batılı normları temel alan eserlerden neyin 'doğru' olduğunu öğreniyoruz. Oysa dünyanın doğusunda hâlâ bir kaşını kaldırarak çocuğuna çok şey anlatabilen babalar var; kimse de bunun yanlış olduğunu iddia edemez. Farklı kültürler çocuklarını farklı biçimlerde yetiştirir ve kültürlerin birbirinden çok şey öğrendiği bir dünyada, bir tarzın diğerinden daha üstün olduğu söylenemez.

Modern toplumda çocukluğun aldığı biçim, pek çok tartışmanın konusu olagelmektedir. Özellikle uygun olmayan medya içeriğiyle çok fazla ve çok hızlı bir biçimde karşılaşmanın çocukların ruh dünyasını alt üst ettiği, çocuklara özgü yaşantıların kaybolduğu dile getirilmektedir. Anne babalar ve çocuklar arasındaki sınırlar belirsizleşmekte, çocuklar çok çabuk büyümeye zorlanmakta ve ticari çıkarların çocuklar üzerindeki etkisi artmaktadır. Medya dışındaki başka bazı toplumsal kuvvetler de ailenin aşınmasına ve nihayetinde anne babaların yeterliklerini sorgulamalarına yol açmaktadır. Anne ve baba, ahlaki kılavuzluk konusunda evdeki ekran karşısında giderek çaresiz ve güçsüz kalmaktadır.**

* Sami Timimi, *Naughty Boys: Anti-Social Behaviour,* ADHD and The Role of Culture. PalgraveMacMillan, 2005.

** Roger Smith, *A Universal Child*. Palgrave Macmillan, 2010.

Sözü fazla dolaştırmadan, elinizde tuttuğunuz kitaba değinmek istiyoruz. Evet, bu kitap iki ruh sağlığı çalışanının, sahadan iki insanın, dert dinleyen ve çözüm geliştirmeye çalışan iki profesyonelin yazdığı bir kitaptır ve farklı bir duyarlıkla kaleme alınmıştır. Peki, piyasada onlarca örneği varken, böyle bir kitabı okura sunmayı neden istedik? Derdimiz neydi de böyle zahmetli bir işe kalkıştık? İlk paragrafta sunduğumuz örnekler, bizi anne-babalara modern dünyada değişen anne babalıkla ilgili daha kapsamlı ve farklı bir kılavuz kitap yazmaya yönlendirdi. Bize danışan insanların sorularına aradığımız cevaplar, bu kitabın belkemiğini oluşturuyor. Çocukların birbiriyle yarışmaya itildiği, eğitim sisteminin anlamsız sınavlarla kadük hale getirildiği, çocukların dünyasının giderek ekranlar tarafından biçimlendirildiği, çocuk ve gençler arasında acımasızlığın yayıldığı bir zamanda; anne-babalara çocuk yetiştirmek adına doğru şeyler söyleyebilelim istedik. Bu kitabın temel esprisi, 'vicdan ve merhamet sahibi, ahlaki ve duygusal zekâları yüksek, dayanışma duygusuna sahip, mütevazı ve diğerkâm çocuklar yetiştirmek için ne yapabiliriz?' sorusuna cevap aramaktır. 'Koruyucu Psikoloji' başlığı altında, çocuklarımızı merhametli bir biçimde yetiştirmeye çabalarken, onları dış dünyanın saldırılarından ve getirebileceği gerginliklerden nasıl koruyacağımızı tartışıyoruz. Evet, ne yapacağız da çocuklarımıza bir yandan erdem, dürüstlük, ahlak, vicdan gibi yüksek değerleri aktarırken, öte yandan onlarla en güzel biçimde konuşmayı ve iletişim kurmayı başaracağız? Çocuklara örnek olmak ve gelişim süreçlerinde doğru bir biçimde kılavuzluk etmek için bizim yapmamız gerekenler nedir? Nasıl davranmalıyız ki çocuklarımız ruh ve mana olarak gelişme gösterebilsin?

Bugün sayısız aile çocuklarıyla sorun yaşıyor ve bu sorunlarla baş etmek için bir can simidi arıyor. Sayısız aile çocuklarıyla konuşma imkânının tıkandığını hissediyor ve yeni bir anlaşma dili bulmak için kıvranıyor. Öte yandan sayısız çocuk, yeterli bir anne babalık göremediği, ihmal edildiği veya üzerine fazla titrenerek anne-babanın narsistik heveslerinin oyuncağı haline getirildiği için, yetişkin hayatına onulmaz sorunlar taşıyor. Elinizde tuttuğunuz kitap, ebeveynliğin en temel meselesinin çocuklarımıza sağlam bir seciye ve ahlak kazandırmak olduğunu dile getiriyor. Bunun için empati, duygusal zekâ, ahlaki zekâ, vicdan ve merhamet gibi kavram ve kelimeleri sıkça telaffuz ediyor. Bütün meselemiz, önce, iyi insan yetiştirmek. Bir yanda 'Saldım çayıra, Mevlam kayıra' düşüncesiyle çocuklarını modern dünyanın cangılında yalnız bırakan anne-babalar, öte yanda onları sıkboğaz ederek proje çocuklara dönüştüren ve çocukluklarını yaşamalarına izin vermeyen anne-babalar. Bu kitapta üçüncü bir yol öneriyoruz. Önerdiğimiz seçenek, yeteri kadar müsamahakâr ve yeteri kadar otoriter, çocuklarına hareket serbestiyeti tanımanın yanında evlatlarının yapabilecekleri büyük yanlışları da önleyebilen dikkatli ve ilgili bir anne-babalıktır. Bu kitap, mesleki ilgileri gereği çok sayıda çocuk, genç ve onların ailelerini dinlemiş iki uzmanın ortak çabasının ürünüdür. Bu çabamız; anne-babalığa, gelişimsel psikoloji ve psikopatolojiye empati ve merhamet eksenli bir bakışın izdüşümü olarak okunursa, kendimizi mutlu sayacağız. Kitabımızı yazarken çok sayıda bilimsel ve popüler kaynağı okuduk, alanda söz sahibi çok değerli bilim adamlarının görüşlerinden yararlandık. Bu kitabın daha merhametli ve adil bir dünya için bir kandil yakması, anne-babaların sorularına cevap verebilmesi ve nihayet ebeveynlik tutumlarımızda olumlu değişikliklere yol açması, alacağımız en büyük ödül olacaktır. 'Kalpsiz bir dünyada son sığınak' olan aile için, bir gayret de bizden olsun istedik. Çölde bir kum tanesinin yerini değiştirebilirsek ne mutlu bize.

Prof. Dr. Kemal Sayar, Psikiyatrist

Feyza Bağlan, Psikolog

Birinci Bölüm

GELİŞİME FARKLI BİR BAKIŞ AÇISI

Her insan, doğum öncesi dönemden başlayarak büyür ve gelişir.

Büyüme, bir insanın bedeninin ve iç organlarının hem boy, hem ağırlık yönünden artışının ifadesidir. Boyunun uzaması, beyninin ağırlaşması gibi.

Gelişme ise, bir insanın doğum öncesinden başlayıp ölümüne kadar geçirdiği bedensel, zihinsel, duygusal, sosyal, ahlaki bütün gelişme ve değişmeler ile cinsiyet gelişimi bakımından geçirdiği bütün değişimleri içine almaktadır. Bu gelişme, kalıtım ile çevrenin etkileşimi içinde gerçekleşir.

Bu ikili tanıma göre, her çocuk, daha doğum öncesi dönemden başlayarak, hem büyür, hem de gelişir. Çocukların büyüyüp geliştiği ortamın merkezinde anne-baba vardır. Ailenin diğer üyeleri ile yakın akraba ve dost çevresi de, bu büyüme ve gelişme ortamının unsurlarıdır. Çocuk işte bu çevre içinde kendi mizacı ve biyolojisi ile yoğrulur.

Çocuğumuz büyürken onunla beraber olan; onunla aynı evde, aynı mahallede, aynı şehirde ve hatta aynı dünyada yaşayan insanların doğrudan veya dolaylı olarak onun üzerinde etkisi vardır. Bu etkilerin bazıları içerik olarak riskli, bazıları ise koruyucudur. Çocuğumuz, bütün bu şartların karşılıklı etkileşimini kendi kişiğilinde ne şekilde yoğurup yorumladığına bağlı olarak, karşılaştığı durumlara uyum sağlar veya sağlayamaz.

Burada, çocuğun gelişimi ile bu gelişimin gerçekleştiği çevre arasında basit bir neden-sonuç ilişkisi kurmak, pek de açıklayıcı değildir. Çocuğun gelişiminde, kendi mizacı ve biyolojisi ile içinde yaşadığı çevre başta olmak üzere, sosyal, biyolojik, duygusal pek çok etmenin karşılıklı etkileşimi söz konusudur. Bütün bu etmenler, zaman zaman kesişen yollara ya da birbirine bağlı ağaç dallarına benzer. Yer yer çakışır, sonra yine pek çok yola ayrışır. Dolayısıyla, bir yola girilmişse geri dönüş imkânı ortadan kalkmış değildir. Tam aksine, eğer bu yolun uygun olmadığı görülmüşse yeni bir yolu deneyebilme imkânı her zaman vardır.

Bebeklikten başlayarak insanın gelişim süreci, zihinsel ve duygusal anlamda kişinin faal halde olduğu, tecrübelerin bir anlam taşıdığı, dinamik bir süreçtir. Elbette kişinin biyolojik özellikleri tecrübe ettiği şeylere verdiği cevapları etkiler, ama buna karşılık biyolojisi de tecrübelerinden etkilenir.

Gelişimin ömür boyunca devam ettiğini söyleyebiliriz. Çünkü hayatta tecrübe edilen her şey gelişimi etkilemektedir. Okul, evlilik, askerlik, iş hayatı, çocuk sahibi olmak, kariyer yapmak, hastalanmak, torun sahibi olmak, yaşadığı sürece her insanın başına gelen ve gelişimi etkileyen olayların ilk anda akla gelenleridir.

Şunu da peşinen belirtmek gerekiyor: Gelişim ve değişim, sadece temel biyolojik, psikolojik veya sosyolojik değişkenlerle açıklanamaz. Bunun yanı sıra, kişisel farklılıkların da dikkate alınması gerekmektedir.

Psikoloji bilimi, önceleri hep ruhsal hastalıklar, diğer bir deyişle 'psikopatolojiler' üzerinde dururdu. Ancak, yapılan araştırmalar ele alındığında, uzmanların hep hasta olan kişileri incelediği; oysa aynı şartlarda olduğu halde bir ruhsal hastalığı, yani 'psikopatolojisi' olmayan insanların da var olduğu anlaşılmıştır. Bu durumda, o kişilerin hayatları üzerinde de durulması gerektiği sonucuna varılmıştır. Böylece, ruhsal hastalığı olan kişilerle aynı süreçlerden geçtiği halde patolojisi olmayanları neyin veya nelerin koruduğu görülecek; oluşturulacak koruyucu önlemlerle daha fazla sayıda insan ruhsal hastalıklardan korunabilecek veya kurtarılabilecekti.

Madalyonun öbür tarafından bakılacak olursa: Aynı durumda bir ruhsal rahatsızlığa yakalanmadan yaşayan başkaca insanlar varken, neden bazı insanlar psikopatoloji sahibi oluyordu? Hayatlarında, onları riske atan ne gibi unsurlar vardı?

İnsanların anne-babalarında ruhsal bir problem varsa, bu, onların hayatlarında yalnızca birer risk faktörü niteliğindedir. Evvelce düşünüldüğü gibi, çocuklarının yazgısı değildir. Eğer hayatlarında bazı önemli koruyucu faktörler varsa, yaşanan zorluklara rağmen, bu faktörler onların mizaçları ve çevresel faktörlerle etkileşime geçip koruyucu nitelik kazanabilir.

Peki, aradaki bu fark nasıl ortaya çıkmaktadır? Aynı durumda olduğumuz halde, hayatımızın birbirinin zıddı yollarda ilerlemesinde hangi faktörler rol oynamaktadır?

GELİŞİMİ ETKİLEYEN FAKTÖRLER

Hepimizin göz ve saç rengi genlerimizde kayıtlıdır. Aynı şekilde, herhangi bir travma veya sıkıntı halinde hangi rahatsızlıklara yakalanma eğiliminde olduğumuz da genlerimizde kayıtlı haldedir. Mesela, aynı olay karşısında kimimiz kalp krizi geçirme riskine sahipken, kimimiz depresyona girebiliriz. Ancak, genlerimizde, illa ki zor bir durum sonrası kalp krizi geçirilecek veya benzeri bir durum olacak diye kesin bir kod yazılı değildir. Bu, sadece bir risk faktörüdür. İhtimallerden yalnızca biridir. Çevreden göreceğimiz destek veya hemen peşi sıra yaşanacak güzel bir olay ya da ona yüklediğimiz anlam, bizi tamamen farklı bir yola da yönlendirebilir.

Genlerimiz ve çevresel faktörler, birbiriyle sürekli etkileşim halindedir ve hayat serüvenimizde neredeyse eşite yakın öneme sahiptir. Tabii burada hayata bakış açımız, mizacımız, yetiştiriliş tarzımız, kendimizi kontrol yeteneğimizin düzeyi de önemlidir.

Beynimizde iletişimi sağlayan küçük hücreler vardır. Bunlara *nöron* denir ve nöronlar balık ağı gibi beynimizde yayılmışlardır. Fakat yayılma yönleri önceden tam olarak kestirilememektedir.

Bir örnekle açıklayalım: Her kız çocuğu anne ve babasından birer X-kromozomu alır ve bunlardan sadece bir tanesi işlevsel olarak aktifleşir. Diğerinin ise tabiri caizse şalteri kapatılır. Aktifleşenin hangisi olacağını önceden bilemeyiz. 1993'te Molenaar ve arkadaşları, 'Üçüncü Kuvvet' diye adlandırılan, sırrını çözemediğimiz gizli bir kuvvetin bunu belirlediğini söylediler. 'Üçüncü Kuvvet,' genetik ve çevresel faktörler haricinde bir kuvvet demektir.

Bebek bekleyen bir anneyi düşünelim. Bu anne, annelikle ve bebekle başa çıkamayacağı önyargısına sahip olsun. Yahut, hakikaten kontrol edemeyeceği yoğun bir strese maruz kalsın. Bu durumda, bebeğin dünyaya geldiğinde zorluklarla başa çıkabilmesi için gerekli biyolojik desteği çeşitli hormonlar salgılayarak sağlayacak olan özel hormon bezleri (*HPA-axis*: hipotalamik-pituitary-adrenal ekseni), daha çocuk annesinin karnındayken strese maruz kalır. Böylece bu sistem çocuk dünyaya gelmeden kendi düzenini kurar. Çocuk doğum sonrası hayatında zorluklarla karşılaştığında, bu özel hormon bezleri yeni durumlara uyum sağlamada muhtemelen zorlanır. Burada risk, bebeğin anne karnındayken annenin stres hormonlarına maruz kalmasında değildir; dışarıdaki ortama ve şartlara cevap vermek zorunda kalmasındadır.

Eğer bir sorunla karşılaştığımızda, olan oldu, artık yapılacak bir şey yok diye düşünürsek ilerleme kaydedemeyiz. Uzmanların çocuğun gelişiminde en önemli dönem olarak belirlediği 0-6 yaş aralığı geride bırakılmış olsa bile, çocuk nerede ne yapacağını bilen, azimli, tutarlı, sevgi dolu bir anne-baba tarafından yetiştirilmeye devam edildiği ve gerektiğinde uygun tıbbi/psikolojik destek sağlandığı takdirde, 'geri dönüşsüz' gibi görülen bu durumlar pekâlâ iyileştirilebilir veya daha iyi bir duruma getirilebilir.

Son olarak şunu da belirtelim: ***Erken dönemde maruz kalınan bir risk, şu an hayatımızda başka herhangi bir risk yoksa, uzun vadede herhangi bir probleme neden olmaz. Çünkü gelişim bir bütündür ve ömür boyu devam eder.*** Evlilik, askerlik, çocuk yetiştirme gibi hayatımızın temel faaliyetlerine uyum sağlama derecemiz, belki de çocukluğumuzda yaşadığımız riskler kadar önemlidir. Bunlara uyum sağlamada yaşadığımız yoğun stres ve uyum problemleri ise, eski riskleri de tetikleyip belli başlı sorunlara yol açabilir.

Sonuç olarak, küçük yaşta yaşanan tecrübelerin uzun vadede ne kadar veya nereye kadar etkili olduğu konusunda tam bir bilgimiz mevcut değildir. Ama şurası kesin olarak bilinmektedir: Maruz kaldığımız ve hayatımızda mutlaka etkisinin olduğunu öngördüğümüz olumsuz olaylar var olsa bile, elimizde onların etkilerini en aza indirebilecek imkânlar da mevcuttur. Bunların başında ***Sevgiye Dayalı, Hoşgörülü, Destekleyici ve Sınırları Belli*** bir aileye sahip olmak gelmektedir.

Çevrede olup biteni okuyabilmek ve sağlıklı değerlendirmeler yapabilmek, hem kendimizin hem de çocuğumuzun ruh sağlığı açısından oldukça önemlidir. Çünkü tutum ve davranışlarımızı ona göre düzenler ve belirleriz. Olup biteni, başımıza gelenleri ilk andaki görünür özelliklerine göre etiketlemek, buna göre mutluluk veya hüzün uçlarında yaşamak çok da yapıcı sonuçlar doğurmaz. Yani hayatı sadece 0 ile 100 sayılarından ibaret görmemek, aradaki sayıların varlığını da fark etmek önemlidir. Bunu görmek, hayatımızda endişe-umut dengesini kurabilmemizi sağlayacak, yaşanmış sorunlar da bu sayede daha az yıpratıcı olacaktır.

Bir kez daha vurgulayalım: İnsanın ömrü boyunca, biyolojik, sosyal ve duygusal gelişimi gibi, kişilik gelişimi de devam eder. Bu süreçte sağlıklı bir kişilik gelişimine sahip olmanın, hayatın içinde karşılaşılan zorluklarla başa çıkabilmenin olmazsa olmazı, 'duygu, düşünce ve dürtülerini kontrol edebilme yeteneği'nin gelişmiş olmasıdır.

Bu nasıl sağlanabilir diye soruyorsanız, cevabı bir sonraki bölümde beraberce arayalım.

BİREYSEL KORUYUCU FAKTÖRLER

Bir araştırmada, Amerika'nın çeşitli eyaletlerinden Anglo-Sakson, Avrupa, Afrika, Latin ve Asya kökenli 1000'den fazla çocuk incelenmiş. Bu çocuklar okul öncesi çağlardan başlayarak, çocukluk, gençlik, yetişkinlik ve orta yaş dönemlerinde düzenli olarak takip edilip testlerden geçirilmiş ve gözlemlenmiş. Sonuçta, bir insanın sağlıklı bir ruh yapısına sahip olması yolunda hem koruyucu faktörler, hem de risk faktörleri belirlenmiş. Görülmüş ki, bu koruyucu faktörlerin bir kısmı insanın kendisinde, bir kısmı ise aile ve toplumun desteğinde saklı.

Bu araştırmada, incelemeye alınan bin çocuğun üçte biri, bebeklik döneminde çeşitli davranış veya öğrenme bozuklukları göstermiş. Bu durumdaki çocukların çoğunun zor geçen hamilelik, anne veya babanın ruhsal rahatsızlığının olması, tutarsız, ilgisiz ve ihmalkâr ebeveynlere sahip olmak veya yoksulluk gibi risk faktörlerinin birden fazlasına aynı zamanda sahip olduğu tespit edilmiş.

Fakat grubun yaklaşık yüzde 20'sini oluşturan bir kesim, yine aynı şekilde, aynı anda birden fazla risk faktörünün etkisi altındayken, gelişimlerine sağlıklı bir şekilde devam edebilmiş. Ebeveynleri ile yapılan görüşmeler ve gözlemler sonucu, bu çocukların düzenli bir sosyal yaşama sahip, yakın akrabaları (dede, nine, dayı, amca, hala, teyze, kuzen) ile görüşen, ***Sevgiye Dayalı, Hoşgörülü, Destekleyici, Sınırları Belli*** ailelere sahip oldukları görülmüş. Bir kısmında ise aile bireyleri çocuklarının neşeli, sevgi dolu, çevresiyle rahat iletişime geçebilen mizaçta olduğunu belirtmişler.

Bir bütün olarak bakıldığında, araştırmalar sonucu, hayat karşısında esnek, yani herhangi bir zorlukla karşılaştığında kırılmadan tekrar eski sağlıklı halini koruyabilen çocukların:

– yaşıtları, yetişkinler ve diğer insanlarla iletişime rahatlıkla geçebildikleri,

– iyi ve etkili problem çözebilme yeteneklerinin olduğu,

– çevreleri tarafından desteklenen ve onaylanan yeteneklere, hobilere sahip oldukları,

– kendi tutum ve davranışlarının farkında oldukları,

– güçlü bir inanca sahip oldukları görülmüştür.

Tablo 1 ve Tablo 2'de gelişim dönemlerine göre bireyde, ailede ve toplumdaki koruyucu faktörleri ve risk faktörlerini daha detaylı görebiliriz.

TABLO 1*

0-6 Yaş Arasında Risk Altında Olan 1000'den Fazla Çocuğun Ömür Boyu İzlendiği 10'dan Fazla Araştırma Sonucunda Ortaya Çıkan Bireysel Koruyucu Faktörler

KORUYUCU FAKTÖR	GELİŞİM DÖNEMİ	RİSK FAKTÖRÜ
1. Stresi az bir hayat 2. Düzenli bir hayat 3. Akraba, dost ve arkadaşlar ile iletişimi olan sosyal bir aileye sahip olmak 4. Çocuğun neşeli, sevgi dolu, çevresi ile rahatlıkla iletişime geçebilen bir mizacının olması	BEBEKLİK	1. Çocuk istismarı veya ihmali 2. Yoksulluk 3. Çeşitli travmalar 4. Ebeveynde psikolojik rahatsızlık 5. Boşanma 6. Ebeveynin madde (alkol, uyuşturucu) kullanması
1. Stresi az bir hayat 2. Çocuğun neşeli, sevgi dolu, çevresi ile rahatlıkla iletişime geçebilen bir mizacının olması 3. Normalin üstünde zekâ (Problem çözebilme ve dil yeteneğinin iyi olması) 4. Kendisini kontrol edebilme; dürtülerine hakim olabilme 5. Çalışkanlık 6. Özel yetenekler, hobiler 7. İnanç sahibi olmak	ÇOCUKLUK	1. Çocuk istismarı veya ihmali 2. Yoksulluk 3. Çeşitli travmalar 4. Ebeveynde psikolojik rahatsızlık 5. Boşanma 6. Ebeveynin madde (alkol, uyuşturucu) kullanması

1. Stresi az bir hayat 2. Kendisini kontrol edebilme; dürtülerine hakim olabilme 3. Çalışkanlık 4.Özel yetenekler, hobiler 4. Kendisiyle barışık olmak 5. Zamanını boşa harcamamak, üretken olmak 6. İnanç sahibi olmak	GENÇLİK	1. Çocuk istismarı veya ihmali 2. Yoksulluk 3. Çeşitli travmalar 4. Ebeveynde psikolojik rahatsızlık 5. Boşanma 6. Ebeveynin madde (alkol, uyuşturucu) kullanması
1. Stresi az bir hayat 2. Sosyal aileye sahip olmak (Ailenin akraba, dost ve arkadaşlar ile etkileşim içinde olması) 3. Normalin üstünde zekâ (Problem çözebilme ve dil yeteneğinin iyi olması) 4. Kendini kontrol edebilme (Dürtü vb.) 5. Çalışkanlık 6. Özel yetenekler, hobiler 6. Kendisiyle barışık olmak 7. Zamanı boşa harcamamak 8.Üretken olmak 9. İnanç sahibi olmak	YETİŞKİNLİK	1. Yoksulluk 2. Çeşitli travmalar 3. Ebeveynde psikolojik rahatsızlık 4. Madde (alkol, uyuşturucu) kullanımı

* Tablolar Emmy E. Werner (2000)'in "Protective Factors And Individual Resilience" adlı makalesinden alınmıştır.

TABLO 2*

0-6 Yaş Arasında Risk Altında Olan 1000'den Fazla Çocuğun Ömürboyu İzlendiği 10'dan Fazla Araştırma Sonucunda Ortaya Çıkan Aile ve Toplumdaki Koruyucu Faktörler		
KORUYUCU FAKTÖR	**GELİŞİM DÖNEMİ**	**RİSK FAKTÖRÜ**
1. 4'ten az çocuğa sahip olmak 2. Annenin eğitim durumu, kendine güveni, sağlıklı kişiliğe sahip olması 3. Anne-baba ile sağlıklı, güvenli bir bağ kurmak 4. Destekleyici anneanne, babaanne ve dedeler	BEBEKLİK	1. Ergenlikte annelik 2. Yoksulluk 3. Çocuk istismarı veya ihmali 4.Ebeveynde psikolojik hastalık 5. Boşanma 6. Ebeveynin madde (alkol, uyuşturucu) kullanması 7. Çeşitli travmalar
1. Annenin eğitim durumu, kendine güveni, sağlıklı kişiliğe sahip olması 2. Anne-baba ile sağlıklı, güvenli bir bağ 3.Destekleyici anneanne, babaanne, dedeler, kardeşler 4. Kızlar için özellikle: Anne-babadan duygusal destek almak ve kendi ayakları üstünde durabilmek için destek görmek Erkekler için özellikle: Evde makul, mantıklı kurallar konularak belirli bir yapı içinde yaşamanın öğretilmesi 5. Kız erkek ayrımı yapmadan: Sorumluluk vermek; gerektiğinde destek olmak	ÇOCUKLUK	1. Çocuk istismarı veya ihmali 2. Yoksulluk 3. Çeşitli travmalar 4. Ebeveynde psikolojik rahatsızlık 5. Boşanma 6. Ebeveynin madde (alkol, uyuşturucu) kullanması

6. Güvenilir, samimi, yaşıt arkadaşlara sahip olmak 7. Destekleyici ve uzman öğretmenler 8. Okulda başarılı tecrübeler		
1. Annenin eğitim durumu, kendine güveni, sağlıklı kişiliğe sahip olması 2. Anne-baba ile sağlıklı, güvenli bir bağ 3. Destekleyici anneanne, babaanne, dedeler, kardeşler 4. Kızlar için özellikle: Anne-babadan duygusal destek almak ve kendi ayakları üstünde durabilmek için destek görmek Erkekler için özellikle: Evde makul, mantıklı kurallar konularak belirli bir yapı içinde yaşamanın öğretilmesi 5 Kız-erkek ayrımı yapmadan: Sorumluluk vermek; gerektiğinde destek olmak 6. Güvenilir, samimi, yaşıt arkadaşlara sahip olmak 7. Destekleyici ve uzman öğretmenler 8. Okulda başarılı tecrübeler	GENÇLİK	1. Çocuk istismarı veya ihmali 2. Yoksulluk 3. Çeşitli travmalar 4. Ebeveynde psikolojik rahatsızlık 5. Boşanma 6. Ebeveynin madde (alkol, uyuşturucu) kullanması
1. Annenin eğitim durumu, kendine güveni, sağlıklı kişiliğe sahip olması 2. Destekleyici anneanne, babaanne, dedeler, kardeşler 3. Destekleyici ve uzman öğretmenler 4. Okulda başarılı tecrübeler	YETİŞKİNLİK	1. Yoksulluk 2. Çeşitli travmalar 3. Ebeveynde ruhî rahatsızlık 4. Madde (alkol, uyuşturucu) kullanımı

* Tablolar Emmy E. Werner (2000)'in "Protective Factors And Individual Resilience" adlı makalesinden alınmıştır.

TOPLUMSAL KORUYUCU FAKTÖRLER

Konunun bir de toplumsal boyutun olduğunu göz ardı etmemek gerekir. Yapılan araştırmalarda, sosyo-ekonomik açıdan ne derece zor ve karmaşık ortamlarda yaşamış olurlarsa olsunlar, herhangi bir zorlukla karşılaştıklarında kırılmadan tekrar eski sağlıklı halini koruyabilen, yani 'esnek' çocukların, oyun ve sınıf arkadaşları tarafından sevildiği ve en azından birden çok yakın arkadaşının olduğu görülmektedir.

Tam da bu noktada, şu da ortaya çıkmaktadır: Bir kişi için risk taşıyan bir durum, aynı durumdaki başka bir kişi için kendini geliştirmeye sebep olabilir. Mesela yoksulluk içinde, zor şartlar altında büyümek, çalışkan ve üretken bir insanı hedeflerine ulaşma yolunda daha da azimle çalışmaya itebilir.

Hayat karşısında esnek olabilme özelliği, dış etkenler tarafından da desteklenebilir. Bu bağlamda:

– Dürüst olmayı,

– Kendi ayakları üstünde durabilmeyi,

– Başkalarının hakkını çiğnemeden, kendi hakkını çiğnetmeden yaşamayı,

– Üretken ve girişimci olmayı

destekleyen duygusal bağların azımsanmayacak bir önemi vardır. Bunu sadece anne-babadan değil; abla, ağabey, nine, dede, hala, dayı gibi geniş aile üyelerinden de sağlayabilmek, çocuğu daha da kuvvetli kılacaktır. İyi komşu, öğretmen ve akranlar da bu anlamda hayli önem taşımaktadır.

Gerek yapılan araştırmalar, gerek tecrübelerimiz sonucunda görülüyor ki; koruyucu faktörlerin insan hayatındaki etki alanı risk faktörlerinden kat kat fazladır. Üstelik koruyucu faktörler ırk, dil, kültür farkı gözetmez; her ortamda aktif ve etkilidir.

O halde, yaşadığımız zorluklar karşısında hayatımızdaki risk faktörleri üzerinde odaklanmak, hele ki geçmişimize bakarak bugünümüze ve geleceğimize ilişkin karamsar yaklaşımlar üretmek yerine, hayatımızda yer alan koruyucu faktörleri mümkün olduğu kadar aktifleştirmemiz ve yeni koruyucu faktörler oluşturmanın gayreti içerisinde olmamız; çocuklarımız söz konusu olduğunda ise, onları hem bireysel, hem toplumsal koruyucu faktörlerle donatma çabası göstermemiz gerekiyor.

RİSK SÖZ KONUSU OLDUĞUNDA ERKEN MÜDAHALE NASIL OLMALI?

Çocukların kişilik gelişimini etkileyen risk faktörlerine erken müdahalede şu yedi nokta özellikle önemlidir:

(1) Zor şartlar altında yaşayan bebek ve küçük çocuklara, diğerlerinden daha fazla maddi ve manevi destekte bulunmak gerekir.

(2) Eğer ülke genelinde özellikle 0-6 yaş arasındaki çocuklara yeterli derecede destek olunamıyorsa, o zaman, stres ortamını ve zor koşulları artırabilecek çevrede büyüyen çocuklara öncelik verilmelidir. Zor bir hamilelik geçiren annelerin çocuklarına; uzun zaman ailelerinden ayrı kalıp hastanelerde tedavi görenlere; alkol ve/veya kumar bağımlısı olan veya psikolojik rahatsızlık yaşayan ebeveynleri olanlara; düzenli, tutarlı ve sağlıklı bakım sağlayamayacak kadar çok çalışan annelerin çocuklarına; şu veya bu nedenle erken yaşta anne olmuş ve çocuğunu büyütürken yanında yetişkin bulunmayan anne-babaların çocuklarına; evsiz barksız, temel ihtiyaçlarını dahi giderebilme imkânı olmayan ailelerin çocuklarına öncelik verilmelidir. Bu hem bireysel, hem de toplumsal mutluluk, kalkınma için gereklidir.

(3) Teşhis ve tedavi, erken müdahalenin ilk adımlarıdır. Onun için sadece risk faktörlerine odaklanmayıp, koruyucu faktörlere de öncelik verilmelidir. Çocukların problem çözebil-

me kabiliyetlerini artıracak, dolayısıyla kendi ayakları üstünde durabilecek kuvveti kendilerinde bulmalarına yardımcı olacak sosyal faaliyetler gerçekleştirilmelidir.

(4) Tecrübelerimiz ve yapılan araştırmalar gösteriyor ki, eğer ebeveyn yeterince donanımlı değilse veya ebeveyn mevcut değilse, çocuğun yakınlarından biri, mesela ninesi, dedesi, ağabeyi, ablası, hatta öğretmeni ona rehber olabilir.

(5) Müdahalenin etkili olabilmesi için çocuğun düzenli, güvenilir bir bakıma ihtiyacı vardır. Zor durumlarla başa çıkabilen esnek çocukların hayatları incelediğinde, bu çocukların ömürleri boyunca en az bir kişi tarafından koşulsuz, karşılık beklemeden, fiziksel görünüşlerine, zekâ seviyelerine veya zor mizaçlarına aldırış edilmeden sevilmiş olduklarını görürüz.

(6) Yapılan çalışmalar, çocuklarla ilgilenen insanların onların hayatlarındaki zor koşulları ortadan tamamıyla kaldırmaya çalışmak yerine (ki bu çoğu zaman mümkün olmaz), zorluklarla mücadele etmelerini ve kendilerine güvenmelerini destekleyecek ve ilerletecek yönde onlara rehberlik yapmaları gerektiğini gösteriyor.

(7) Zorluklarla karşılaşan çocukların düzenli, sevgi dolu, tutarlı bir aile ortamı varsa, bu zorlukları en az zararla atlattıkları bilinen bir gerçektir.

Bütün bunlar göz önüne alındığında, toplumun acil ihtiyaç duyduğu bölgelerde çatısı altında psikolog, pedagog, psikiyatrist, sosyal hizmet uzmanları, öğretmenler ve rehberlerin toplandığı Çocuk ve Gençlik Merkezlerinin kurulması; ve o beldenin çocuklarının bu merkezlerde eğitimden geçmiş abla ve ağabeylerin gözetiminde eğitsel ve eğlenceli faaliyetler gerçekleştirmesi; ayrıca, bunların görsel ve yazılı medya program ve yayınlarıyla desteklenmesi, sağlıklı bir nesil yetiştirme yolunda atılacak en önemli adımlardandır.

VAK'A:
MERVE'NİN ÖYKÜSÜ

Merve taşradan büyük şehre göç etmiş bir memur çocuğuydu. Doğduğunda annesi doğum sonrası depresyona girmişti. Bu da doğal olarak Merve ile annesi arasındaki bağın cinsini ve kalitesini etkilemişti. (*Anne-çocuk arasındaki güvensiz bağ Merve için bir risk faktörüydü).*

Merve büyürken, ailesi Merve'nin çevresinde olup bitene uyum sağlamada zorluk çektiğini gördü (*zor mizaç, risk faktörü).* Mesela ilkokula başlarken çok kaygılandı ve korktu. Ortaokul yıllarında da dersleriyle çok uğraştı (*zihinsel gelişim, riske doğru hafif bir kayma).*

Merve 8 yaşına geldiğinde anne-babası artık kavga etmeyi alışkanlık haline getirdiklerinden evlerinde çok ciddi huzursuzluk yaşanıyordu. *(ebeveynler arası çatışma, risk faktörü).* Fakat Merve'nin babası ile olan yakın, sevgi dolu ve güvenli bağı onun stresini biraz azaltmıştı (*diğer ebeveynin, babanın çocukla ilişkisi, koruyucu faktör).*

Merve 10 yaşındayken annesiyle babası boşandı *(ailenin dağılması, risk faktörü).* Velayeti annesine verildi. Anne-kız şehir merkezinden uzakta küçük bir apartman dairesine taşındılar. Annesinin işe başlamasıyla Merve evde yalnız kalmaya başladı. Maddi sıkıntılar sebebiyle annesi iki işte birden çalışıyordu *(sosyo-ekonomik olumsuzluk, risk faktörü).*

İşte tam da bu zamanlarda Merve'de davranış sorunları ortaya çıkmaya başladı. Özellikle öğretmenlerine karşı sürekli öfke patlamaları ve kavgacı tutumu göze çarpıyordu (*duygularını kontrol edememe, ciddi anlamda risk faktörü*).

Sene başında sıcakkanlı olan Merve, zamanla akranları arasında 'mızıkçı, oyunbozan' diye anılır oldu. Yavaş yavaş kimse onunla oynamamaya başladı. Arkadaşları tarafından dışladıkça, Merve'nin onlara karşı düşmanca tavırlarında artış gözlendi (*çevre ve birey arasındaki etkileşim*). Sonuçta artık sınıfta ve okulda sevilmeyen biriydi (*akran ilişkileri, riske doğru kayma*).

Merve 12 yaşına geldiğinde hayatında iki önemli olumlu olay meydana geldi. Okul psikoloğu daha önceden fark edilememiş olan öğrenme güçlüğünü teşhis edip Merve'nin gerekli desteği almasına yardımcı oldu. Merve özel alt sınıfta kendisiyle aynı probleme sahip iki kızla yakın bir arkadaşlık kurdu (*sosyal ilişkiler, koruyucu faktör*).

Yavaş yavaş genç kızlığa adım atan Merve'nin annesi ile arası hiç de iyi değildi (*aralarındaki güvensiz bağın devam etmesi, risk faktörü*). Daha çok babasını ziyaretten döndüğü zamanlarda, annesine bağırıp çağırıyor, ona ismi ile hitap ediyordu. Tartışmaları hep sudan sebeplerden çıkıyordu.

Genç kızın okuldaki not ortalaması 75 iken, 50'lere doğru düştü. Okuldan sıkıldığı halde okulu bırakmadı (*içinde bir yerlerde başarı motivasyonuna sahip, pes etmiyor, koruyucu faktör*). Ödev yapmaktansa, çizimler yapmayı tercih ediyordu. Zaten babası ile buluştuklarında hep bir şeyler çizerlerdi. Bu özelliği babasına çekmişti. Hakikaten de yetenekliydi ve bu konuda övüldüğünü duymak hoşuna gidiyordu (*kendine güven ve yeteneğin keşfi, koruyucu faktör*)

Kız arkadaşları ile erkeklerden konuşuyor, ama flört etmeye çekiniyordu. Zaman zaman öfke patlamaları oluyordu. Aslında Merve kontrolünü tamamıyla kaybetmiş bir genç kız değildi. Yaşadıkları kaldırabileceğinden biraz daha ağırdı (*duygusal gelişim, riske doğru kayma*)

14 yaşına geldiğinde annesi yeniden evlendi. İlk başlarda fırtınalı dönemler geçirseler de Merve üvey babası ile iyi

anlaşmaya başladı *(koruyucu faktör)*. Davranış problemleri yavaş yavaş azalıyor, daha sağlıklı bir gelişime doğru yol alıyordu. Annesine karşı daha saygılı ve mesafeliydi. Lisede derslerine o kadar çok çalışıyordu ki üniversiteye giriş sınavında iyi bir puan alıp iyi bir üniversiteye girerek bir an evvel evden uzaklaşmak istiyordu *(anne-çocuk arasındaki güvensiz bağın devamı, riske doğru yaklaşma)*. Ancak bu aynı zamanda onu başarıya doğru iten bir motivasyon faktörüydü *(başarı motivasyonu, koruyucu faktör)*.

Merve'nin hayatı bize risk faktörlerinin ve koruyucu faktörlerin de kendi içlerinde çeşitlilik arz ettiğini, problemin yoğunluğuna ve zamanına göre farklılaştığını gösteriyor. Aynı zamanda koruyucu faktörler ve risk faktörleri arasında nasıl bir denge olduğuna da işaret ediyor. Merve bize hayatta karşılaştığımız ciddi problemlerin çocuğun kişiliğini ve tüm gelişimini tamamıyla olumsuz etkilemeyeceğine dair güzel bir örnek sunuyor.

İkinci Bölüm

AİLE VE ÖZELLİKLERİ

Toplumun en küçük ve dinamik yapıtaşı, ailedir. Hepimiz aile içerisinde kendi içlerinde bağımsız ama birbiriyle bağlı olarak üç farklı ilişki biçimi içinde yaşar, böylece sosyalleşir ve kişiliğimizi şekillendiririz.

Bunlardan ilki, evlilik ilişkisidir. Bu ilişkide, belli bir duygusallığı ve romantizmi yaşayan, beraberce çocuk yetiştirmek gibi bir hedefi olan ve aile yapısında liderlik vazifesini gönüllüce üstlenen iki birey olarak eşler söz konusudur.

İkinci olarak ebeveyn-çocuk ilişkisinde, çekirdek ailenin büyükleri olan anne ve baba, genellikle hiçbir menfaat gözetmeksizin çocuklarının her türlü ihtiyacını karşılamak, onlara karşı kendilerini gönüllüce sorumlu hissetmek eğiliminde olur.

Üçüncü olarak kardeşler arasındaki ilişkide, kardeş statüsü birden fazla aile bireyi için geçerli olabilir, fakat anne ve baba her birine farklı tutumlar sergileyebilir.

Bütün bu rollerin karşılıklı etkileşimi sonucunda aile bireyleri hem bir 'aidiyet' duygusunu, hem de bağımsızlık hissini aynı anda yaşarlar.

Demek ki, aileyi oluşturan alt birimlerin zaman zaman kesiştikleri yerler olduğu gibi, ayrıştıkları yerler de vardır. İşte burada sınırlar net olarak çizilmediyse aile işlevini yitirir.

Sınırların çok katı bir şekilde çizildiği aile yapıları da, herkesin diğerlerinden bağımsız şekilde hareket edebildiği, sınırların neredeyse ortadan kalktığı kaotik aile yapıları da bu bakımdan problemin iki zıt ucunu temsil etmektedir.

Her iki uçtan örneklerle durumu biraz daha açık şekilde anlamaya çalışalım:

Katı ve aşılmaz sınırlar olduğunda aile bireyleri ya birbirlerinden oldukça fazla uzaklaşmışlardır; veya roller keskin ve sert çizgilerle ayrılmıştır. "Babalar her zaman en iyisini bilir" gibi. Veya, "Çocuklar büyüklerinin yanında konuşmamalıdır, sesini çıkarmamalıdır" gibi...

Katı sınırların aynı zamanda net olmasının çocuğa kendi kendine yeterli olma veya bağımsızlık özelliklerini geliştirme bakımından olumlu katkısının olduğu ileri sürülebilir. Oysa sınırların 'net' olması olumlu olsa da, bu sınırların 'katı' olması, aile bireyleri arasında sağlıklı iletişim kurmayı engelleyen, aşılması zor duvarlar örmektedir. Bu katılık, aile içindeki bireylerin duygusal destek alıp-vermelerinde zorluklar oluşturur. Ailede bireylerin kendilerini yalnız hissetmelerine yol açabilir. Bu katılık yüzünden, sert yapılı ailelerde 'aidiyet' hissi bile eksik olabilir. ***Ailede sınırlar olmalıdır. Bu sınırlar net de olmalıdır. Ama aynı zamanda hem tutarlı, hem sevgiyle çizilmiş, hem de aile fertlerinin bireysel varlıklarına saygı duyar nitelikte olmalıdır.***

Diğer bir uç nokta ise, sınırların iç içe geçmesine sebep olan; aile, baba, kardeş rollerinde tam bir karmaşaya yol açan 'sınırların muğlak olması' veya 'hiç olmaması' durumudur. Muğlak sınırlı veya sınırları ortadan kalkmış ailede, çocuklar her istediğini yaptırmak için diretir, anne-baba da çocuğun her dediğini yapmaya çalışır.

Bu tarz ailelerde bireylerin rolleri belirginleşmemiştir. Kim anne, kim baba, kim çocuk pek belli değildir. Hastalıklı bir 'Biz bir bütünüz" algısı, bir "Sen, ben fark etmez" anlayışı üretilmiş durumdadır. Rollerin sınırlarının tam olarak çizilemediği ya da olmadığı bu ailelerde 'aidiyet hissi' ve 'paylaşmak' o kadar ön plandadır ki, bireyler kişisel fikir ve karar verebilme yetisinden mahrum kalırlar. Bireysel karar vermek istediklerinde ise ciddi bir dirençle karşılaşırlar.

PROBLEMLİ EBEVEYN-ÇOCUK İLİŞKİLERİ

Anne-baba ve çocuk arasında problemli hale gelmiş ilişkiler üç ana başlık altında özetlenebilir. Bunlar, sırasıyla şu şekildedir:

1. Ebeveynleşmiş çocuk: Bu tarz ilişkilerde çocuk bir bakıma 'ebeveynleşmiş'tir, çünkü ya gelişim düzeyine uygun olmayan işler yapmak durumundadır veya bir ebeveynin destekleyicisi olarak diğer ebeveynin rolünü üstlenmiştir.

Bu tarz ilişkilerde bazen de ebeveyn farkında olarak veya olmayarak çocuğu diğer ebeveyne saygısız davranmaya, onun sözünü dinlememeye teşvik edebilir. Veya bir ebeveyn çocukla o kadar yakın bir ilişkiye girer ki, diğer ebeveyn bu ilişkinin içinde yer alma imkânı bulamaz.

Mutsuz bir evliliği olan Özlem Hanım depresif bir haldeydi. En büyük çocuğu olan kızı yemek hazırlıyor ve küçük kardeşlerine bakıyordu. Böylece babasına, elinden geldiğince, annesinin sorumluluklarını yerine getirebildiğini göstermeye çalışıyordu. Bu ailede bir müddet sonra problemler patlak vermeye başlamıştı. Çünkü büyük çocuk, yaşının üstünde sorumluluklar üstlenmişti, kendisini yoğun stres ve baskı altında hissediyordu. Ayrıca küçük kardeşler yeteri kadar anne ilgisi ve şefkati göremedikleri ve anneleriyle doğrudan bağlantı kuramadıkları için gittikçe daha da fazla yaramazlaşıyorlardı. Dahası, eşler birbirleriyle doğrudan görüşemedikleri ve iletişim kuramadıkları için evlilik problemlerini de çözemiyorlardı. 'Ebeveynleşmiş kızın' iyi niyeti ve fedakârlığı kısa vadede ailenin sorunları ile başa çıkabilme-

sini sağlasa da anne-baba ve çocukların rolleri olması gereken sınırlarına kavuşmazsa, bu aileyi orta ve uzun vadede kronik hüzün ve mutsuzluk beklemektedir.

2. *İkilem ilişkisi:* Bu ilişki biçiminde çocuk, anne ile baba arasında sıkışıp kalmıştır. Bu, genelde boşanmak üzere olan ailelerde çocuğun velayeti için görüşüldüğü dönemlerde ortaya çıkar. Çocuklar için en zor olan ilişki biçimi budur. Çocuk bu durumda ya arabuluculuk rolünü üstlenir veya anneden-babaya, babadan-anneye doğru yakınlık derecesini değiştiren bir aile ferdi haline gelir. Bu da ebeveynler tarafından nankörlük olarak görülür ki, çocuk kendisini bundan dolayı çok kötü hisseder.

3. *Yolundan sapmış, yolundan çıkmış ilişki:* Burada göünürde anne ile baba arasında çatışma yoktur. Onlara sorarsanız evlilikleri mükemmel gidiyordur. Tek sorunları çocuklarının söz dinlememesi veya hassas yapılarıdır. Bu tarz ailelerde eşler baş başa vakit geçirmek yerine bütün zaman ve enerjilerini çocuklarına ayırmışlardır. Zamanla anne-baba üstü kapalı olarak çocuklarının problemlerini destekler hale gelir. Çünkü onları bir arada tutan şey sadece çocuklarıdır. Hatta sadece çocuklarının 'özel ihtiyaçlarını' karşılarken bir aradadırlar. Aslında anlaşamıyorlardır. Gerçekte ufak tefek bile olsa çocuklarıyla ilgili tüm olayları büyük problemler gibi algılamaları da tek ortak noktalarıdır.

Bazı evliliklerde ise, eşler aralarındaki problemleri dile getirmekten kaçınırlar. Çünkü bunları nasıl çözeceklerini bilmiyorlardır. Bunun için dikkatleri kendi üzerlerinden başka yöne çekmeye çalışırlar. İşte burada 'sorunlu çocuk,' kendileri haricinde dikkatlerin çekileceği bir konudur. Çünkü çocuğun sorunları anne-babayı bir araya getiren tek konudur ve aile içinde sahte bir 'uyum' havası uyandırır. Hatta, biraz evvel de söylediğimiz gibi, aile farkında olmadan, çocuğun sorunlu davranışını destekleyebilir. Dikkatler artık aralarındaki problemlerden çocuğa doğru kaymıştır. Bu kayış genellikle iki farklı şekilde ortaya çıkabilir: Çocuk ya 'kötü,' 'problemlidir' veya 'hassas, narin'dir. Problemin sebebi artık sadece çocuktur.

Demek ki, ***çocuğun gelişiminde yetiştiği aile ortamı, anne-babası ile olan ilişkileri de önemlidir. Aile sistemini böyle ele aldığımızda, sorunların sadece çocuktan veya anne-babadan değil, aralarındaki ilişkinin kalitesinden ve cinsinden de kaynaklanabileceğini görürüz.***

ANNE-BABA - ÇOCUK ARASINDAKİ SINIRIN YOK OLMASI

Birbirinde yok olma: Bu tarz ilişkilerde ebeveyn ve çocuk, aynı insanın iki yarısı gibidirler. Bu çocuklar, gençlik çağına girdiklerinde bireyselleşmekte çok zorluk çekerler. Ebeveynleriyle sağlıklı bir ilişkisi olanlara göre de depresyona girme riskleri daha yüksektir. Kendilerine güvenleri az olup, ayakları üzerinde durabilmeleri oldukça zordur.

Çok fazla karışan, aşırı kontrolcü ebeveyn: Ebeveyn çocuğun sadece davranışlarını değil, fikir ve hislerini de kontrol etmek ister. O kadar ki, çocuğun kendi iç dünyasında yaşadıkları, düşündükleri, hissettikleri bile ebeveyni memnun etmek zorundadır. Böyle anne-babalar, çocuğu doğrudan kontrol etmek yerine, dolaylı yollar kullanırlar: çocuğa kendini suçlu hissettirmek, sevgiden mahrum bırakmak gibi...

Böyle bir ailede yetişmiş çocuklar ileride sosyal, duygusal, akademik alanlarda doğacak sorunlar konusunda risk altındadırlar.

Ebeveyn-çocuk rollerinin karışması: Normalde ebeveynin çocuğa duygusal destek vermesi gerekirken, bu tarz ilişkilerde ebeveynin kendisi çocuktan gelen ilgi ve destekle beslenip doymaya çalışır. Böyle bir ebeveyn, dışarıdan bakıldığında ilgili, aşırı sevecen gözükebilir. Ama aslında böylesi bir yakınlıkla çocuğun ihtiyaçları karşılanmamaktadır.

Eşinden yeterli ilgi ve desteği alamayan anne, genç kızı ile aşırı derecede ilgileniyor, hatta onsuz dışarı bile çıkmıyordu. Bunu da babası ile olan huzursuzluktan ötürü kızı kendisini yalnız hissetmesin diye yaptığını belirtiyordu. En sonunda okuldan kızını erken almak için geldiğinde, genç kız artık dayanamayıp öğretmenini "Ders önemli, gönderemem deyin" diye sessizce uyarınca, durum netleşti. Anne doktora gidiyormuş ve onun için kızını erken almak istemiş. Kızı ise "Annem bensiz hiçbir işini yapmaz, yapamaz. Bugün de onun için geldi. Sıkıldım artık. Kendimi sıkışmış gibi hissediyorum. Kendime ait bir hayatım olsun istiyorum" demişti.

İşte bu tarz ilişkilerde, çocuk ebeveynin duygusal ihtiyaçlarını karşılamaya itilmektedir. Böyle bir ailede yetişmiş çocukların özellikle duygusal ve sosyal alanlarda çok ciddi sorunlar yaşadıkları görülmüştür.

Baştan çıkarıcılık: Ebeveyn çocuğunu adeta evlilikteki partneri gibi görmekte, hatta sapkın bir anlayışla bazen daha ileri bile gidebilmektedir. Mesela, çoğu bu tarzda yetişmiş, duygusal sorunu olan annelerin; özellikle oğullarıyla flört edermişçesine onu kıskanmaları, paylaşamamaları, sürekli öpmeleri veya ona dokunma ihtiyacı içinde olmaları, ondan sürekli aşırı bir ilgi beklemeleri, hatta ergenliğe girmek üzere olan-girmiş erkek çocuklarını yanlarında yatırmaları çocuk için oldukça yıpratıcı ve sağlıksız bir durumdur.

Böyle annelerin çocuklarının ana sınıfı yıllarında çevrelerine karşı ilgisiz ama çok aktif oldukları, okul yıllarındaysa sınıf düzenini bozucu davranışlar sergiledikleri ve ergenlik-gençlik çağına adım atmakla birlikte sorunlarının daha da arttığı gözlemlenmiştir.

Üçüncü Bölüm

ANNE-BABA-ÇOCUK ARASINDA KURULAN BAĞLAR: TÜRLERİ VE FARKLILIKLARI

Bebekler yakınlık duyma hissi ile dünyaya gelirler. Bu dünyanın yaşanabilir bir yer olup olmadığı, dünyaya yeni gelen bebek için aslında ilk aylarda belli olur. Bebeğin, deyim yerindeyse, istenen bir birey olarak dünyaya kabul edildiği; sevgi ve güven dolu, ihtiyaçlarının karşılandığı bir ortamda yaşamaya ihtiyacı vardır.

Temel ihtiyaçlarının ağlama kodu çözülerek annesi tarafından giderilmesi ile, bebek anneye güvenmeye başlar. Annesiyle arasındaki ilişki, gelecek yıllarda dış dünyayla nasıl bir ilişki kuracağını etkiler.

Bebeğin ve hatta çocuğun anne-babadan ayrılınca aklına tehlike altında olduğu düşüncesinin gelmesi, hemen kaygılanması doğaldır. Anne-babası tarafından güven ihtiyacı karşılanan çocuklar, dış dünyanın da güvenilir olduğuna inanır ve daha sıcakkanlı olabilirler. Güven, sağlıklı sosyal ve psikolojik gelişim için olmazsa olmaz bir şarttır.

Erikson'a göre ebeveyn-çocuk arasında güvene dayalı bir ilişkinin kurulmasıyla bağlılık olur. Bowlby'ye göre ise, çocukların çevrelerini araştırıp keşfedebilecekleri güvenli bir destek temeli oluşturarak tehdit altında olma duygusunu azaltırız. Bowlby'nin insan davranışlarını açıklamaya farklı bir pencereden bakmaya çalışmasıyla, bebek ve çocuk gelişiminde güven konusu daha da sistematik olarak incelenmeye başlamıştır.

Çocuk ile ebeveyn arasında güvene dayalı bir bağ oluşumunda anne sütü çok temel bir aracı rolündedir. Koruyucu, besleyici, sakinleştirici bir gıda olarak anne sütünü emerken, çocuk annenin ten kokusunu hisseder ve içilen sütün sağladığı güvenli ortam çocuğa huzur verir. Ama emzirmenin sevgiyle yapılması gerekir. Bu dönemlerde babanın rolü ise, destekleyici niteliktedir. Baba, annenin ruh sağlığını desteklemeli, çocuğun sorumluluğunu paylaşmalıdır.

Bebeğiniz Ağlarken Ne Yapmalısınız?

Durup bir an şunu düşünün: Bir uzay gemisi tarafından kaçırılıyorsunuz ve etrafınızda kocaman yaratıkların bulunduğu, diline yabancı olduğunuz uzak bir gezegene götürülüyorsunuz. Bu yabancılar sizi kendi korumaları altına alıyorlar. Bütün ihtiyaçlarınızın giderilmesi için tamamen onlara bağlı oluyorsunuz. Bununla birlikte, bu yabancı gezegende güvende olduğunuzu hissettikçe onlara güvenmeye başlıyorsunuz.

Şimdi de tersini düşünelim: Acı çekiyorsunuz, ağrınız var, çok susamışsınız ya da duygusal desteğe ihtiyacınız var, fakat kimse durumunuza aldırmıyor. Bu ihtiyaçlarınızı tek başınıza giderebilecek halde değilsiniz, sizi kimsenin anlamadığını düşünüyorsunuz.

Hiç kimse söylediklerinin önemsenmemesinden hoşlanmaz. Kişi önemsenmediği zaman kendini çaresiz ve öfkeli hisseder. Bu tepki tüm yetişkinlerde, çocuklarda hatta bebeklerde de aynıdır. Yetişkinler yardıma ihtiyaçları olduğunda bunu sözleriyle belirtirler, fakat bebekler ihtiyaçlarını ağlayarak ya da çeşitli tepkiler vererek dile getirirler. Bebeğin ağlayışına aldırış etmemek, tıpkı yangın alarmının oluşturduğu sıkıntıyı dindirmek için kulak tıpası kullanmaya benzer.

Bebek, fiziksel ve duygusal ihtiyaçları karşılandıkça, onunla ilgilenen ve onu kabullenen birileri olduğunu anlar. Dış dünyada böyle insanların olduğunu bilmesi ona kendini güvende hissettirir.

EBEVEYN-ÇOCUK ARASINDA KURULAN BAĞLARDAKİ FARKLILIKLAR

Çocuk gelişimi ile ilgilenen uzmanlar, bebek-anne ilişkilerini incelediklerinde, ilişkilerin kalitesinde bariz farklılıklar olduğunu görmüşlerdir. Araştırmalar sonucunda, bu ilişki çeşitleri dört ana başlıkta sınıflanmıştır. Bu da çocukların 'Yabancı Ortamı Deneyi' adı verilen koşullar altında bırakılmasıyla belirlenmiştir.

Bu araştırmalarda, gözlemler çocukların daha önce hiç gelmedikleri ortamlarda yapılıp, önce burada anne ile çocuğun etkileşimi gözlenmiş ve belirli özellikleri not edilmiştir. Bu çalışmada amaç, çocuğun yabancı birinin varlığında ve yeni oyuncakları incelemeye çalışırken annesini nasıl bir emniyet kaynağı olarak kullandığını görmektir. Deneyin devamında, anneden odayı terk etmesi istenir. Çocuğun annesinin ayrılmasına verdiği tepki ve yokluğunda nasıl sakinleştiği, oyuna tekrar nasıl geri döndüğü gözlemlenir.

Burada, anne-çocuk arasındaki bağın en önemli belirleyicisi, annenin ayrıldıktan sonra ortama dönmesinde çocuğun vereceği tepkidir. Sonuçta, anne-çocuk arasındaki bağ çeşitleri dörde ayrılır:

GÜVENLİ BAĞ

Güvenli bir bağ kurabilmiş çocuk, çevresini rahatlıkla araştırır, annesi yanındayken yabancılarla rahatlıkla diyalog kurabilir. Annesinden ayrıldığında doğal olarak kaygılanıp araştırma yapmayı reddedebilir. Anne ile tekrar buluştuğunda, ona olumlu ve mutlu bir şekilde yaklaşır. Kendini güvende hissettikten sonra rahatlıkla sakinleşir ve oyununa geri döner.

Burada annenin en önemli özelliği '*duyarlı*' olmasıdır. Anne, bebeğin gönderdiği mesajları doğru biçimde okuyup zamanında, uygun ve olumlu duygularla cevap verir. Bebeğin ihtiyaçlarını doğru tespit edip giderir.

GÜVENSİZ-KAÇINAN BAĞ

Güvensiz-kaçınan bağ kurulmuş olan anne-çocuk ilişkisinde, bebeğin vaktinden evvel bağımsızlığını kazandığı görülür. Anne yanındayken bebeğin ona emniyet hissi için sığındığına rastlanmaz. Çocuğun çevreyi rahatlıkla inceleyebildiği, tanıdığı olsun olmasın kimseye fazla ilgi göstermediği görülür. Anne yanından ayrıldığında çok az tepki verip, hatta bazen oyun oynuyorsa, başını bile kaldırmayıp oyununu bozmayabilir. Anne ile yeniden buluştuğunda ise yakınlık kurmak istemeyip başını çevirebilir, göz teması kurmaktan kaçınabilir, anneyi yok sayabilir.

Bu grupta annenin en önemli özelliği '*mesafeli*' olmasıdır. Çocuğu huysuz veya öfkeliyken onu rahatlatamaz. Çocuğun anneden kaçınmasının, ebeveynin araya mesafe koyma isteğine karşı çocuk tarafından geliştirildiği düşünülmektedir.

GÜVENSİZ-DİRENEN BAĞ

Kaçınan bebeklerin aksine, bu bebeklerin benlikleri tamamıyla anne ile doludur. Çevreyi fazla araştırmayı sevmez, kucaktan inmeyi istemez, annesi yanındaysa bile yabancılarla hiç ilgilenmeyebilir. Annesinden ayrıldığı zaman çok stres altına girer, ama tekrar buluştuğunda anne ile yakınlık kurmaya karşı direnerek kolayca sakinleşmez. Anneye, hem ona yakın olma isteği, hem de onu reddetme çelişkisiyle yaklaşır. Hem kucağa alınmak ister, hem de alındığında anneyi iter, onu tokatlamaya çalışır. Veya anne giderken bacaklarına dolanır, ama ilgi gördüğünde de onu reddeder.

Bu grupta belirgin en önemli etmen annenin '*kestirilemez, öngörülemez, tahmin edilemez*' olmasıdır. Anne çocuğa çok yakınken bir anda ilgisiz veya çok kızgın olabilir. Burada direnç, çocuğun annenin dikkatini çekebilmek için başvurduğu bir yol olabilir. Çocuktaki kızgınlık ve huysuzluk ise ebeveyndeki tutarsız yaklaşımın sonucunda onun ne zaman nasıl davrandığında ne olacağını öğrenememesinden kaynaklanıyor olabilir.

GÜVENSİZ-DÜZENSİZ (KARIŞIK-DEZORGANİZE) BAĞ

Güvensiz-karışık bağ kurulmuş olan anne-çocuk ilişkisinde, çocuklarda tutarsız ve tuhaf davranışlar görülür. Çevrede hedefsizce dolanırken, genelde yüzlerinde şaşkın bir ifade vardır. Ebeveynleri yanlarında yokken, nelerden korunmaları gerektiğini veya nereye sığınabileceklerini bilmediklerinden, korku yaşarlar. Yakınlık kurmak istediklerinde, bunu tuhaf yollardan yaparlar: ebeveyne aniden vurmak veya koşarken aniden durup boşluğa dalmak gibi. Zaman zaman onları inciten ve korkutan ebeveynlerine güvenip güvenemeyeceklerini bilemezler. Çocuk ve ebeveyn arasındaki doğal bağ çocuğu ebeveynine yaklaşmaya iter, ancak çocuğun korku ve incinme içeren deneyimleri bunun tehlikeli olabileceğini söyler. Bu ilişkide sevgi ve korku karışır. Kaçınan ve direnen gruptan farklı olarak, ebeveyn ile iletişim kurmak için tutarlı, düzenli bir yöntemi yoktur.

Bu grupta annenin en önemli özelliği '*karmaşık anlamlı davranışlar*' sergilemesidir.

Özetlemek gerekirse, çocuğa bakan ebeveynin tutumu; ister sevgi dolu ve güvenilir, ister sert ve hatalı olsun, bunların hepsi aralarında kurulacak bağın çeşidini belirleyip kalitesini etkilemektedir.

Anne-baba, çocuklarının bakımı konusunda duyarlıysa, yani çocuğun ihtiyaçlarını zamanında ve doğru bir şekilde gideriyorsa, çocuk ile aralarında '*güvenli bağ*' oluşur. Böyle bir ortamda yetişen çocuk anne-babasına olumlu duygularla yaklaşacak, ihtiyacı olduğunda yanında olduklarını bildiği için de kendini güvende hissedecektir. Bu gruptaki çocuklar çevreleri ile oldukça rahat, sevecen ve dürüst ilişkiler kurabilirler.

Anne-baba ve çocuk arasındaki bu yakınlık bağımlılık veya güvensizliğe yol açmaz. Aksine, güvenli bir bağ geliştiği için, çocuk çevreyi rahatlıkla araştırabilir.

İyi ve kaliteli bir ilişki kurmuş olan çocukların kendileri ile barışık oldukları, sorunlarla kolayca ve etkin bir biçimde başa çıkabildikleri görülür. Yapılan araştırmalarda 'güvenli bağ' oluşturmuş çocukların daha yeni yeni yürümeye başladıkları dönemlerde bile sorunlara etkin ve verimli çözümler üretebildikleri, becerikli oldukları, zorluklar karşısında esnek olabildikleri, okul öncesi dönemde ise akranlarıyla rahatça sağlıklı bir iletişim kurabildikleri görülmüştür.

Yani, çocuğun zihninde, anne-babası ile olan bu iletişiminden hareketle, onu ömür boyu etkileyecek ve kişiler arası ilişkilerini yönlendirecek bir temel atılmış olur.

Başlangıçta, zor mizaçlı bir çocuğun nerede nasıl davranacağını kestirmek zor olabilir. Bazen bu çocuklar en sabırlı ebeveynin bile sabrını taşırabilir. Öte yandan, anne-babanın çocuğa hiçbir surette kendi kontrolünü yitirmeksizin sistemli ve tutarlı bir şekilde yaklaşması, ilişkiyi olumlu bir yöne çevirebilir.

Madalyonun bir de diğer yüzüne bakıldığında, çocuğun mizacının ebeveyn çocuk arasındaki ilişkinin kalitesini etkileyen değişkenlerden biri olduğu görülmektedir. Ebeveyn ne kadar çaba sarf etse de çocuktan umduğu karşılığı alamayabilir. Ama bu yine de ebeveyni yıldırmamalıdır. Çünkü zor mizaçlı çocuğa kötü davranıldığında sonuç daha da kötü olacaktır.

TABLO 3

ANNE-BABA-ÇOCUK ARASINDA KURULAN FARKLI BAĞLARIN HAYAT BOYU MUHTEMEL ETKİLERİ

	GÜVENLİ	KAÇINAN	DİRENEN	DÜZENSİZ-KARIŞIK
BEBEKLİK				
Ebeveynle İlişki	Yabancı bir çevredeyken herhangi bir zorlukla karşılaştığında, annesinin kendisini koruyacağını bildiğinden rahat hareket eder.	Vaktinden evvel bağımsızlaştığı için anne-babasıyla fazla muhatap olmaz.	Ebeveynden ayrılmamak isterken rahatsız edici hareketler yapar (vurmak, kola asılmak, bacağa sarılmak, ebeveynini konuşturmamak için ağzını tutmak gibi)	Tutarsız ve dengesiz hareketler sergiler. Sebepsiz yere ağlayıp, sonra birden gülerek koşmak gibi.
Ebeveynden Ayrılırken	Ayrılmamak istiyorsa ağlar.	Hem ayrılmak istemez, hem de bunu belli etmez.	Çok stresli olur.	Garip, dengesiz davranışlar gösterir.
Ebeveynle Bir Araya Geldiklerinde	Kucağa alınmak ister. Kolayca sakinleşir.	Yakınlık kurmaktan kaçınır.	Kucağa alınmak ister, fakat alındığında annesini iter, bağırıp çağırır.	Karışık ve çelişkili davranışlar gösterir.
Ebeveynin Davranışı	Ebeveyn uyumlu, sevgi dolu ve tutarlıdır.	Ebeveyn reddedici ve tepkisizdir.	Ebeveyn tutarsızdır.	Ebeveyn baskıcıdır. İğne batırmak, karanlık odaya kapatmak gibi korkutucu davranışları vardır.

OKUL ÖNCESİ	Akranları ile rahat ve sağlıklı bir iletişim kurabilir.	Akranlarıyla geçinemez.	Pasiftir. Olgunlaşmamıştır. Arkadaşları tarafından kolayca dışlanabilir.	Akranlarına karşı saldırgandır, sürekli muhaliftir.
OKUL ÇAĞI	Çevresiyle uyum içindedir. Kendinden emin ve sosyaldir.	Çevresiyle ilişkilerinde duyarsızdır. Daha çok yalnızdır.	Öğretmenlere bağlıdır. Çevresine karşı önyargılıdır.	Bulunduğu ortamın, mesela sınıfın düzenini bozar.
GENÇLİK	Anlayışlı ve sosyaldir. Kendi ayakları üstünde durabilir.	Çevresine karşı düşmanca tavırlar sergileyebilir. Çevresinden çok az sosyal destek görür.	Kaygılı, sıkıntılı ve zayıftır.	Kişiliğinde tutarsızlık ve bölünmeler yaşar. Sebepsiz yere insanlara farklı davranır.
YETİŞKİNLİK	Kendi kendini idare edebilir.	Yaşam amacını unutup, hedefsizce yaşayabilir.	Düşünceli, kaygılı ve dalgındır.	Bir türlü ne yapacağına karar veremez. Hislerini tanıyamaz. Çokça iç çatışma yaşar.

DAVRANIŞ SORUNLARI OLAN VE SUÇA MEYİLLİ ÇOCUKLAR

Şiddete maruz kalmış çocukların çoğu güvensiz-düzensiz (dezorganize) bağlanmaya sahiptir. Ebeveyn-çocuk arasındaki bağlanmaya ilişkin literatürde, ebeveynleriyle sürekli ve tutarlı bir davranış örüntüsü olmayan çocuklar dezorganize tip olarak tanımlanmaktadır. Çocuğun ebeveyninden ayrı kaldığı ve tekrar bir araya getirildiğinde verdiği tepki karmaşıktır. Ona gitmek iyi midir kötü müdür karar veremez. Bu çocukların aklı karışıktır: Çünkü zaman zaman kendilerini inciten ve korkutan ebeveynlerine güvenip güvenemeyeceklerini bilemezler. Çocuk ve ebeveyn arasındaki doğal bağ, çocuğu ebeveynine yaklaşmaya iter, ancak çocuğun korku ve incinme içeren deneyimleri bunun tehlikeli olabileceğini söyler. Bu ilişkide sevgi ve korku karışır. Bu çocuklar büyüdüklerinde sado-mazoşistik ilişkilere girebilirler; yani sevginin ve incitmenin/zarar vermenin birbirine karıştığı ilişkilere...

Bütün insanlar gibi ebeveynler de kimi zaman gerektiği gibi davranamayabilirler. Mükemmel ebeveynlik diye bir şey yoktur. Ancak çocuk-ebeveyn arasındaki ilişkideki devamlı seyir, yani gidişat önemlidir. ***Tutarlı biçimde ve devamlı olarak*** ebeveyn çocuğa aptal gibi davranırsa, çocuk kendisini aptal gibi hissetmeye başlar, başkalarına da aptalmış gibi davranmayı öğrenir. Ebeveynin çocuğa kızdığında aptalmış gibi davranıp onu sevdiğinde çok akıllı olduğunu söylemesi, devam ve tutarlılıktan yoksun karmaşık bir mesaj içermektedir. Çocuğun, kim olduğu hakkında kafası karışır: İşe yaramaz bir aptal mı, yoksa çok akıllı bir çocuk mu? ***Bu ebeveynler sadece kendi ruh hallerine ve kendilerinin o andaki ihtiyaçlarına göre davranmaktadırlar. Çocuğun ruh haline ve kendini nasıl hissedeceğine karşı duyarsızdırlar.*** Eğer ebeveynler çocuğun ruh haline duyarsız kalırlarsa, çocuk da diğer insanların ruhsal hallerine duyarsız kalmayı öğrenir.

Kendi duygusal ihtiyaçları karşılanmamış ebeveynler, bebeklerinin duygusal ihtiyaçlarını karşılamakta yetersiz kalabilirler. Geçmişte kendileri reddedildikleri şekilde, şimdi de kendi bebeklerini reddedebilirler. Bu ebeveynler kendilerini çocuklarına adamış olsalar da, zihinleri içsel süreçleriyle, duygusal ihtiyaç ve durumlarıyla öyle meşguldür ki çocuklarına duygusal olarak tutarlı biçimde yanıt veremezler. Sonuç olarak, çocuklar az önce de bahsedildiği şekilde dezorganize bağlanmaya sahip olurlar.

Bebeğin ihtiyacını değil de kendi ihtiyacını gidermeye çalışan ebeveynler, o anda akıllarından neler geçiyorsa veya hangi duygu durumundaysalar ona göre davranırlar. Örneğin, mutlu olduğunda bebeğine sevgi, şefkat ve ilgi gösteren annenin eşine veya başka birine kızdığında bebeği sertçe emzirmesi, kaşığı bebeğin ağzına canını acıtacak biçimde sertçe ve hızlıca vermesi veya oynarken bebeği canını acıtacak kadar sert ve sıkı tutması ve onu ağlatması, annenin kendi içsel duygu durumunun yansımasıdır. Bu annenin bebeği, ebeveynin davranışının öngörülemez ve kendi ihtiyaçlarıyla bağlantısız olduğunu görür. ***Yaşamın ilk yıllarındaki tutarsız bakım, bebeğin geri kalan ömründe tehdit edici bir unsur olarak varlığını sürdürmektedir.*** Bu tutarsız ve öngörülemez davranışlara maruz kalan bebeğin korku ve endişe dolu bakışları, ebeveynde bebeğinin kendisini yeterince sevmediği endişesini ve hayal kırıklığını doğurur ve bir kısırdöngüye yol açarak bebeğe tutarsız mesajlar veren davranışların devam etmesine sebep olabilir.

Terapist Marsha Linehan (1993), sınırda kişiliklerin (*borderline*) çocukluk döneminde 'değersizleştiren çevre'de yaşadığını söyler. Çocuk ağladığında sorunun ne olduğunu anlamaya çalışmak yerine, "Bebek gibi zırlamayı kes" diyen ebeveynler o kadar rahatsız olurlar ki, çocuğun kendi duygularını düzenlemesini ister ve çocuk bunu yapamadığında ona karakterinin zayıf olduğunu söylerler. Ancak çocuğa bu duyguların üstesinden nasıl geleceğini öğretmezler.

Çocuklara neyin iyi neyin kötü olduğu ebeveyn onayıyla öğretilir. Çocuk yanlış bir şey yaptığında utanç yaşar. Bu, sosyal kuralları öğrenmeye başladığında kaçınılmaz bir deneyimdir ve stresi, dolayısıyla 'kortizol'u, yani stres hormonu salınımını artırır. Daha küçük yaştaki çocuklarda ise ebeveyn ile o sıcak ve güvenli bağı tekrar kurup onay alma ihtiyacı daha fazladır. Ancak çocukların kortizol seviyelerini bir an önce düşürmeye ihtiyaç vardır ki, iyi çocuk-ebeveyn ilişkisi devam etsin. Yoksa çocuk zamanla bu ilişkinin devamlılığına olan güvenini kaybeder. İlişkiye duyduğu güveni kaybeden çocuğun gelecekte utanç verici bir durum yaşadığında depresyona girme riski artar. Çünkü çocukluğunda aşırı hassaslaşmıştır.

Şiddetin her çeşidine ve/veya tacize maruz kalan çocuklar ise, kendi değerlerini ve anlamlarını yitirirler. "Anne-babanın sevgisine layık değilsen, bu dünyada hiçbir şeye layık değilsin" fikrini geliştirebilirler.

Dördüncü Bölüm

BENLİK GELİŞİMİ

"Benlikler; ancak, diğer insanlarla ilişki kurulduğunda, tam anlamıyla tanımlanabilir."
George Herbert Mead (1932)

Çocuğun hayatta ilk karşılaştığı, iletişim kurduğu kişiler anne-babasıdır. Onlarla kurduğu ilişki sonucu; kim olduğu, kafasındaki benlik algısı şekillenir. Bu algıyı ilerleyen yaşlarda arkadaşları ve sosyal çevresi ile kuracağı ilişkiler de etkiler ama çocuğun hayatındaki ilk ve en önemli aktörler anne ve babadır.

BENLİĞİN ORTAYA ÇIKIŞI

Kişilik gelişimi: Sağlıklı bir kişilik gelişimini sağlıksız bir kişililik gelişiminden ayırmak önemlidir. Sağlıklı bir kişilik gelişimi yaşayan çocuğun zaman zaman öfke patlamalarının olması, ebeveyn ile fikir ayrılıkları yaşaması gayet normaldir. Kendini rahatça dışarı vurabilen çocuk, bu deneyimlerin sonucunda doğru tepkileri öğrenecek ve kendi kişiliğini yapılandıracaktır. Öte yandan, ilk bakışta başarılı, ailenin sözünden çıkmamış gibi görülen bir çocuğun kişilik gelişimi sanıldığı kadar sağlıklı ilerlemiyor olabilir. Çocuğun böyle bir durumda yalnızca ebeveynleri memnun etmek ve tepki çekmemek amacıyla hareket ediyor olma ihtimali yüksektir. Gelecekte de çevresiyle ilişkilerinde, başkalarını memnun etmeye ve beklentilerini karşılamaya yönelik davranacak, belki de asla gelişmemiş olan kendi istek ve görüşlerinden çok, hep başkalarının beklentilerine göre yaşamayı ilke edinecektir.

Çocukluk ve ergenlik döneminin en büyük amacı ve başarısı kendi kendine yetebilen, sorunlarını kendi çözebilen, kendi hayatını kontrol edebilen bireylerin yetişmesidir. Bu, çocuğun ebeveynin desteğine ihtiyaç duymadığı anlamına gelmez. Aksine, ebeveynin çocuğu her zaman desteklemesi, ona rehberlik etmesi, fakat bunları yaparken baskıcı ve yönetici olmaması gerekir. Psikologlar aktifliğin, merakın ve keşfetme isteğinin doğuştan geldiği konusunda hemfikirdirler. İnsanlar kendi hayatlarını kontrol etmeyi, hatta tahmin etmeyi, bu tahminlere göre hayatlarının ilerleyişine yön vermeyi isterler. Her birimiz seçimlerimizin doğal ve kendi kontrolümüzde olduğunu hissetmeye ihtiyaç duyarız. Çocuklar da bizlerden farklı değildir; kendi değerlerini, isteklerini, meraklarını özgürce yaşamak isterler.

Çocuğun sağlıklı bir kişilik gelişiminde özgüven kadar kendi kendine yeterli olma düşüncesini geliştirmesi de gerekmektedir. Kendine yeterlilik; kişinin kendi kabiliyetlerinin yeterli olduğuna inanmasıdır. Çocuklar kendi kendilerine yettiklerini düşünüyorlarsa hayatlarını kontrol altına alabilmek için harekete geçerler, çünkü buna güçleri olduğuna inanırlar. Oysa hiçbir olayı değiştiremeyeceğine inanan çocuk kendini umutsuz ve depresif hisseder. Araştırmalar çocuğun kendi kendine yeterlilik duygusunun gelişmesi ve olayları değiştirebilmek için harekete geçebilmesi için ebeveynleri tarafından desteklenmesi gerektiğini göstermektedir. Bu destek, çocuğun entelektüel ve bilişsel gelişimini de olumlu yönde etkiler.

Kişisel yönetim: Kişisel yönetim, çocuğun kişilik gelişiminde amaçlanan bir diğer kazançtır. Kişisel yönetim, kişisel kontrol, öfke kontrolü, hoşgörü sahibi olabilme, haz alma isteğini erteleyebilme ve dikkatini yönlendirebilme gibi kazanımları içerir. Bu kazanımların hepsi çocuğun iç dünyasını yönetebilmesi için gereklidir.

Çocukta kişisel yönetim mekanizmasını harekete geçirecek olan ilk kişiler ebeveynlerdir. Verilen dışsal telkinlerin çocuk tarafından içselleştirilmesi ve çocuğun kendi iç telkinlerini üretmeye başlamasıyla bu kazanımlar gelişir. Örneğin "Derste sessizce yerinde oturmalısın" telkinini veren ebeveyn, çocuğun bu telkini içselleştirmesini ve "Derste sessizce yerimde oturmalıyım" demesini sağlayacaktır. Çocuk böylece bazı isteklerini ertelemesi gerektiğini, bazı isteklerinin hiç olmayacağını, bazen kendini kontrol altında tutması gerektiğini öğrenir. Ebeveynlerin çocuklarını en küçük sorunlardan bile uzak tutma çabası bu gelişime engel olur. Çocuk kişisel yönetim yeteneklerini geliştirebilmek için öncelikle sorunları yaşamalı ve bunlarla başa çıkmayı denemelidir. İlk çabalar başarısız olsa dahi, sonrasında yeteneklerinin geliştiği görülecektir.

Ebeveynler kişisel yönetim yeteneklerinin gelişmesi için çocuklara sınırlar koyarak kendi sorumluluklarını ve çocuğun sorumluluklarını açıklayabilirler. Ayrıca ebeveynlerin kendi sorunlarıyla baş etme yöntemleri, çocuk için birer model olacaktır. Çocuk kendi başa çıkma yöntemlerini ebeveynin yöntemlerine bakarak geliştirebilir. Kişisel yönetim yeteneklerinin kazanılması çocuğun psikolojik olarak sağlıklı ve başarılı bir birey olmasını sağlar.

Ebeveynlerin burada dikkat etmeleri gereken nokta, çocuk sorunlarıyla başa çıkamadıysa, üzgünse ve aileden yardım talep ediyorsa ebeveynin çocuğun yerine sorunu çözmeye kalkışmamasıdır. Eğer ebeveyn sorunu çözmeye kalkışırsa çocuğun kişisel yönetim yetenekleri gelişmeyecektir. Ebeveyn çocuğu desteklemeli, tekrar denemesi için teşvik etmeli, onu rahatlatmalıdır ancak sorunu çözecek kişi çocuk olmalıdır.

"Çocuklar ancak kendilerine verilenlerle büyürler; büyüklerse ancak kendilerinden vererek insan olurlar."
Prof. Dr. Hayrettin Kara

Çocukluk çağının narsistçe kendine hayranlık ve başkalarına bağımlılığı, yetişkinlik sürecinde bambaşka bir hal alacaktır; yetişkin, sağlıklı bir gelişim evresini tamamladıktan sonra merkezinin kendisi olmadığı, alıcı olduğu kadar verici olduğu, sıcak, sevgi dolu ilişkiler kuracaktır. Başkalarını sevebilme yeteneği ve bunun tam zıddı olarak başkalarını sevememe durumu erken çocukluk döneminde çocuğun ebeveynleri, özellikle de annesi ile olan iletişiminden etkilenmektedir. Bu bir başlangıç olduğu için, kişinin bütün sevme yeteneğini tek başına şekillendiren bir olgu olamaz. İlerleyen yıllarda yaşanan deneyimler de sevebilme yeteneği üzerinde yön verici bir etkiye sahiptir. Bütün deneyimlerimiz beynimizin işleyişini etkiler. Ebeveynleri tarafından sevilen ve ebeveynleri ile güvenli bir bağ kurabilen çocuk, aslında beyninin sağlıklı bir şekilde gelişebilmesi için de ebeveynden destek alıyor demektir.

Anne ve çocuk karşılıklı ve çok özel bir iletişim içerisindedirler. Bu iletişimde ebeveyn sanki bir müzik aletini akort ediyor, aletin doğru, hoş ve ahenkli sesler çıkarmasına çabalıyor gibidir. Ebeveyn çocuk için ayna gibidir; sözcükleri, mimikleri ve hareketleri ile çocuğa geri bildirimde bulunur. Bu sayede çocuk kendisini sevilen, kabul gören bir ilgi kaynağı olarak algılar.

Kişilik gelişimi karmaşık, bazen de önceden tahmin edilemeyen gelişmelerin gözlemlendiği bir süreçtir. Çocuğun kişiliği büyük ölçüde ebeveynlerin etkisiyle gelişir. Ebeveynin çocuğa gösterdiği koşulsuz sevgi, kişilik gelişiminin sağlıklı olabilmesinin ön şartıdır. Ebeveyninden ihtiyaç duyduğu sevgiyi alan çocuk kendi varlığının tek ve önemli olduğunu hissedecek ve bu şekilde kendine ait bir kişilik geliştirmeye başlayacaktır. Koşulsuz sevgiyi hisseden çocuklar kendi dünyalarını oluşturmak için gerekli cesareti bulurlar, çünkü başarısızlık onlar için ebeveynin sevgisinde azalmaya neden olmayacaktır.

Şimdi sağlıklı bir benlik gelişimine sahip çocuklar yetiştirmek için gerekli olan bazı bilgileri farklı yaş gruplarını dikkate alarak sıralayalım.

2-4 YAŞ ARALIĞINDA BENLİK GELİŞİMİ

Bebeklik ve erken çocukluk döneminde benlik algısının ilk ortaya çıkışı, '*acıkınca ağlarım, yemek gelir; insanlara gülümseyince onlar da bana gülümser*' gibi temel konular üzerinden tanımlanır.

2 yaş ile birlikte çocuk, pek çok farklı fotoğraf arasından kendi fotoğrafını seçebilir. Belki de benliğin oluşmasının en bariz örneği, '2 yaş krizleri' diye de isimlendirdiğimiz, çocuğun kendi ihtiyaç ve isteklerini çoğu zaman 'tiz seslerle' ifade etmesidir.

Bu yaşlardaki çocuklar yetişkinler gibi düşünmez ve hareket etmezler. Henüz mantıksal düşünme kabiliyetleri tam anlamıyla gelişmemiştir. Sebep-sonuç ilişkisi kuramazlar ve etraflarındaki nesneleri daha katı bir fiziksellikte algılarlar.

Örneğin bir bardağı suyla doldursak, sonra bu suyun tamamını daha geniş fakat kısa bir bardağa koysak, ilk bardaktaki su miktarının ikinci bardaktaki su miktarına eşit olduğunu kavrayamazlar. Bu ve benzeri daha üst bilişsel fonksiyonlar yeteri kadar gelişmemiş olduğundan, bu yaş grubundaki çocuklar en basit halde ve nesnelerin görüldüğü kadarıyla düşünebilirler. Bu yaşta ayrıca çocuk daha ben-merkezli düşünür, empati kurma yeteneği yoktur ve kendi düşüncesi onun için tek gerçektir.

Bu yaşlardaki çocuklar kendi davranışlarının etraftaki yetişkinleri etkilediğini anlamaktadır. Bu sebeple etrafındaki yetişkinlerden, özellikle ebeveynlerinden sevgi ve ilgi görebilmek için sürekli bir onaylanma arayışı içerisine girerler. Onlar için onaylanılacak davranışı yapıp, onaylanmayacak davranıştan kaçınmak önemlidir. Utanç ve suçluluk duygusunu hissedebilirler. Bu yaş grubunun en belirgin özelliği onaylanma arzusu ve gözden düşme korkusudur.

Ebeveynler çocuklarının davranışları için memnuniyetlerini veya memnuniyetsizliklerini göstererek onların doğru davranış biçimini öğrenmelerine yardımcı olabilirler. Fakat dikkat edilmesi gereken nokta, bu yaş grubundaki çocuklarla uzun bir konuşmaya girmeye çalışmamaktır. Uzun konuşmalar, davranışın sonuçlarını açıklamaya kalkma, empati kurulan konuşma içerikleri çocuğun henüz kavrayamayacağı açıklamalardır. Bunun yerine ebeveynler açık ve net bir şekilde hangi hareketin kendilerini memnun ettiğini ve doğru olduğunu, hangi hareketin ise yapılmaması gerektiğini göstermelidirler. Ebeveynlerin önemle üzerinde durmaları gereken bir diğer nokta, tüm bu konuşmaları yaparken çocukla saygılı bir iletişim kurmalarıdır. Bu çok önemlidir, çünkü bu yaş grubundaki çocuklar ebeveynlerini taklit etmeye çok yatkındırlar. Konuşma tarzınız, mimikleriniz, ses tonunuz ve hatta kullandığınız kelimeler çocuk tarafından kopya edilmişçesine kabul görür.

Ebeveynlerin bu yaş grubundaki çocuğun yaptığı hatalar için çok endişelenmesine gerek yoktur. Bu yaşlarda yapılan hatalar normaldir ve çocuğun gelişimine katkıda bulunur. Çocuğun kötü bir davranış örneği gösterdiği durumlarda ebeveynler bu davranışın kabul edilemez olduğunu vurgulamalı ve çocuğun bu davranışın sonucunun ne olduğunu anlamasını sağlamalıdır. Yine de kötü davranış örnekleri çok sık yaşanıyor ve ebeveyn bu durumun önüne geçemiyorsa uzmanlardan yardım almalıdır.

5-7 YAŞ ARALIĞINDA BENLİK GELİŞİMİ

Bu yaş grubundaki çocuklar hâlâ kesin düşünce kalıplarına sahiptirler; yeteneklerini ve kendilerini eşsiz addederler. Başka insanların ve kendi benliklerinin olumlu ve olumsuz taraflarını aynı anda algılama yeteneğine sahip değildirler. Kendileri hakkında tamamen iyi ya da tamamen kötü düşünceleri vardır.

Önceki dönemdeki kadar olmasa da yine de kendilerini oldukça olumlu değerlendirirler. 'Topu o kadar uzağa fırlatıyorum ki kimse bulamıyor', 'Büyüyünce milli takımda oynayacağım', 'Çok güzel resim yapıyorum' gibi.

Bu yaş grubundaki çocuklar için yetişkinlerin kendileri hakkındaki düşünceleri gerçekten çok önemlidir. İzlendiklerini ve yetişkinler tarafından değerlendirildiklerini bilirler. Henüz kişisel yönetim yetenekleri gelişmediği için kendilerini tam olarak kontrol edemezler. Dolayısıyla hâlâ hareketlerini dış etkenlere bağlı olarak kontrol etmektedirler. Yetişkinlerin ödüllendirme, cezalandırma, yönlendirme yoluyla doğru hareketleri göstermesine ihtiyaçları vardır. 5-7 yaş aralığındaki çocuklara en çok yardımcı olacak ebeveyn yaklaşımı, beklenen davranışın net bir şekilde çocuğa anlatılmasıdır.

Çocuğa kendisinden beklenen davranışlar aktarılırken mümkün olduğunca sıcak bir tutum sergilemek gerekir. Kötü davranışları veya başaramadıkları için eleştirmek olumlu so-

"Her şey benimle ilgili ve bana göre olmalıdır" şeklinde bir hayat düsturuna inanarak büyüyen çocuklar kendilerini *dünyanın merkezi gibi kabul edebilirler.*

Aslında çocuklarımızı kendilerine ve çevrelerine saygı duymaları için yönlendirdiğimizde, başkalarının ihtiyaçlarını anlamalarını ve onlarla empati kurabilmelerini sağlamış oluruz. Bu şekilde çocuklar, dünyayı sadece kendilerini gösteren bir ayna gibi görmeyi bırakıp, diğer insanların da aynı çerçevede yer aldığı büyük bir resimde yaşadıklarını öğrenebilirler.

nuç vermez. Olumsuz cümleler kullanmak, çocuğun durumu genellemesine ve kendini bencil ya da beceriksiz hissetmesine neden olur. Örneğin, çocuğa çok bencil olduğunu ve ne kadar kötü bir arkadaş/kardeş olduğunu söylemek yanlış bir tutumdur. Doğru olan, çocuğa yemeğini arkadaşı/kardeşiyle paylaştığında onun ne kadar mutlu olacağını hatırlatmaktır.

Bu dönemde bencil, kendine dönük ve hareketli olmak gayet doğaldır. Çocuk kendisi hakkında birden çok değerlendirmeyi aynı anda yapamayacağı için, olumsuz bir konuşma biçimi, suçlama veya eleştiri kendisi hakkında yalnızca olumsuz bir değerlendirme yapmasına neden olacaktır. Çocuk kendi benliği hakkında bir defa olumsuz bir değerlendirme yaptıysa bunu değiştirmek zor olacaktır.

8-11 YAŞ ARALIĞINDA BENLİK GELİŞİMİ

8-11 yaş aralığında çocuğun bilişsel kabiliyetlerinde büyük bir artış görülür. Sebep-sonuç ilişkisi kurabilmek, mantıklı kararlar verebilmek bu yaş grubunda kazanılmaya başlanan yeteneklerdir. Çocuk geçmiş deneyimlerinden ders çıkarmaya ve gelecekteki olayları tahmin edebilmeye başlar. Kendi benliğinde veya başka kişilerde aynı anda birden çok özellik gözlemleyebileceğini, aynı anda farklı duygular yaşayabileceğini algılar. Farklı koşullarda farklı davranışların ortaya çıkmasının normal olduğunu kavrayabilir. Kendisi hakkındaki değerlendirmeleri daha gerçekçi bir zemine oturur. Örneğin, dünyadaki en iyi koşucu olduğunu düşünmek yerine, yeteri kadar iyi koştuğunu düşünür hale gelir. Yeteneklerini algılayabildiği gibi, hangi alanda daha çok yardıma ihtiyaç duyduğunu da fark edebilir.

Bu yaş grubunda çocuklar birey olmanın yanı sıra bir gruba ait olmanın önemini de hissederler. Bu aslında kişiliğin 'sosyal boyutta' gelişiminin devam ettiği en kritik dönemdir. Çocuk kendi arkadaş grubunu oluşturur. Daha erken yaştaki çocuklarda görülmeyen empati kurabilme yeteneği gelişmeye başlar. Ebeveynler çocuklarına sosyal ilişkilerinde ne kadar iyi örnek olurlarsa, çocuklar o derecede sağlıklı bir sosyal gelişim gösterebilirler.

Bu yaş grubunda çocuklar gittikçe daha çok eleştirici ve rekabetçi hale gelirler. Ebeveynlerin en önemli sorumluluklarından biri, çocuğun yeteneklerini kabullenmesine ve cesaretlendirilmesine yardım etmektir. Ebeveynlerin muhakkak dikkat etmeleri gereken bir nokta da, içerisinde bulundukları dönem itibariyle eleştiriye ve rekabete zaten yatkın olan çocukların bir de ebeveynleri tarafından rekabete özendirilmemesidir. Çocuğa yönelik eleştirilerde aşağılayıcı ve küçük düşürücü tutumlar takınmak çocuğun gelişimini sekteye uğratır.

Başarı, çocuğun kabullenilmesi ve sevilmesinde bir koşul olmamalıdır. Çocuk değerini, performansından ayırabilmelidir. Bunun için de öncelikle ebeveynin destekleyici ve kabullenici olması esastır.

12-14 YAŞ ARALIĞINDA BENLİK GELİŞİMİ

12-14 yaş aralığındaki çocuklar artık soyut düşünce dönemindedirler. Gerçek empati kurma süreci bu yaşlarda gelişir. Bu dönemde etik soruların cevapları bulunmaya çalışılır. Dönem itibariyle kafası karışık olan ve kendini mutsuz hissetmeye yatkın olan çocuk bu çağlarda kimliğiyle ilgili bazı sorunlar yaşayabilir. Ebeveynini ve ebeveynin değerlerini sorgulamaya başlayabilir. Bu fırtınalı süreç geçtikten sonra çocuğun dünyası daha huzurlu bir yer haline gelecek ve kendi kişiliğini oluşturan çocuk sağlıklı bir yetişkin olma yolunda ilerleyecektir.

Çocuğun verdiği tepkiler ilk etapta ebeveyn için yorucu olabilir, fakat tüm bu sürecin aslında çocuğun gelişiminde ne denli önemli bir role sahip olduğunun hatırlanması ebeveynin teselli bulmasına ve sabırlı olmasına yardım eder. Bu dönemde ebeveynlerin çocuklarının eleştirilerini hoş görmeleri ve sert tepkilerde bulunmamaları çok önemlidir. Eleştirileri soğukkanlılıkla karşılayan, bu eleştirilere açıklamacı ve mantıklı cevaplar vermeye çalışan ama aynı zamanda net ve tutarlı olan bir ebeveyn çocuğuna mükemmel bir model oluşturacaktır. Böylece çocuk ebeveynin eleştirilere karşı tutumunu içselleştirecek, kendi tutumunun hem dışarıdan gelen eleştirilere, hem de dışarıya yönelttiği eleştirilere karşı daha yumuşak olması gerektiğini algılayacaktır.

Bu dönemde çocuklara kendi gelişimlerini devam ettirebilmeleri için psikolojik bir alan bırakmak çok önemlidir. Eğer ebeveyn bu psikolojik alanı bırakmak istemez ve çocuğa baskı uygulamaya başlarsa bunun sonuçları sanıldığından daha yıpratıcı olabilir.

Özel dersler, okul programları, dershaneler arasında koşturmakta olan gençler ebeveynleri tarafından eleştirilmekten, kabul görmemekten korkarak hep bir memnun etme sürecinde yaşamaktadırlar. Hâlâ kim olduklarını, ne istediklerini, neler yapabileceklerini tam olarak bilmeden, yapılması gerekenler listesini tamamlamaya çalışmaktadırlar. Bu sırada gelişemeyen kişilik yerine, dışarıdan bakıldığında başarılı görünen, ama içten içe birçok duygusal sorunla yaşayan 'sahte kişilikler' oluşmaktadır.

Çocuk kendi görüşlerini önemsemeyip daha çok başkalarının görüşlerine değer vermesi gerektiğini öğrenir. Mesela, annesini memnun etmek için notunu yüksek tutmaya çalışan bir çocuk, aslında özgürce öğrenme isteğini kaybeder ve bu faaliyetten alması gereken zevki alamaz. Tek yaptığı, annesinin endişesi ile baş etmek için görevini yerine getirmektir.

15- 17 YAŞ ARALIĞINDA BENLİK GELİŞİMİ

15-17 yaş arası kişilik gelişimi ile ilgili en büyük endişelerin yaşandığı ve "Ben kimim?" sorusunun en sık sorulduğu dönemdir. Ebeveynler bu yaş grubundaki çocuklarına 'henüz çok deneyim yaşamamış yetişkinler' gibi davranmalı ve yol göstermelidirler. Ebeveynlerinden sorunları nasıl aşacakları konusunda eleştirel olmayan bir yardım gören çocuklar gelişimlerini daha sağlıklı tamamlarlar.

Erken gençlik ve gençlik dönemi ile birlikte genç artık sadece 'ne yaptığıyla' veya 'ne yapıyor olduğuyla' ilgilenmez; geleceğe dair planlarını da düşünmeye başlar. Artık hareketlerinin merkezinde geleceği vardır, ona göre hareket eder. Birey hayatının sosyal, duygusal yönlerinin yanı sıra meslek edinme, akademik boyutunun da olduğunu fark eder. Tüm bunlar benliğinin birer parçası olmuştur, fakat bütün bu alanların gencin kişiliğini olumlu yönde etkileyebilmesi, gencin bunlara verdiği değerle doğru orantılıdır. Biri için tüm notlarının iyi olması çok önemliyken, diğeri için sporda başarılı olmak veya bir enstrümanı iyi çalabilmek çok daha önemlidir. Dolayısıyla davranışları, değer verdiği hedeflere ulaşmasına yönelik olacaktır.

Okuldaki akademik başarının kendisi için bir anlamı olmayan gencin derslerde başarısız olması, kişiliğini en azından belirli bir süre için olumsuz etkilemez. Yani, kişiliğin değeri; 'şu anki ben' ile 'ideal ben' arasındaki fark ne kadar azsa, o kadar çoktur.

Gün geçtikçe daha çok genç anlaşılamamaktan, kızgınlıktan, mutsuzluktan ve boşluk hissinden yakınmaktadır. Çoğunlukla gençler 'içlerinde bir şeyin kaybolmuş olduğunu' vurgular ve sebebini tam olarak anlatamadıkları bir mutsuzluk haliyle yaşarlar.

Bazı ebeveynler ise gençlerdeki bu mutsuzluk halini görmezden gelmektedirler. Günümüzde ebeveynlerin çocuklarından beklentileri daha çok okul hayatlarındaki başarılara odaklanmaktadır. Öte yandan, ebeveynler çocuklarına günlük hayatla başa çıkabilmeleri için sorumluluklar vermeyi ikinci planda bırakabilmektedirler. Sonuçta kendilerine verilen bir görevi nasıl yerine getireceğini bilemeyen ve kendi hayatını programlamakta güçlük çeken bireyler ortaya çıkmaktadır.

Dolayısıyla, anne-babalar çocukları için erişilmesi güç, hatta imkânsız hedefler ve rol modeller belirleyerek, mükemmel-ideal benlik ile gerçek benliğin arasının açılmasına sebep olabilirler. Böyle durumlarda çocuk ne yaparsa yapsın ebeveyne yetmez, hep daha iyisi vardır. Çocuk takdir edilmez, çünkü 'ideal benliğe-mükemmelliğe' henüz ulaşamamıştır. Böyle yetiştirilmiş çocuklar ne yaparlarsa yapsınlar, ister çok önemli bir yönetici, ister çok iyi bir meslek sahibi olsunlar, kendilerini hep yetersiz hissederler. Hep bir şeylerin eksik olduğunu zannederler, çünkü onlara yetiştirilirken sadece eksiklikleri belirtilmiştir.

Beşinci Bölüm

DUYGUSAL REHBERLİK VE DUYGUSAL ZEKÂ

Duygusal zekâ, insanın kendi duygularını ve karşısındaki insanın duygularını anlaması ve anlamlandırması, hissedilen farklı duyguları ayrıştırarak analiz edebilmesidir. Duygusal zekâ kişinin sosyal hayatta gelişebilmesi ve toplumda yer bulabilmesi için gereklidir. Duygusal zekâsı gelişmiş kişi, farklı duyguları birbirinden ayırt edebilir ve bu duygulara sebep olan olayları yorumlayabilir.

Duygusal zekâ yalnızca kişinin kendi duygularını değerlendirmesi ve duygu düzenlemesi yaparak daha çok kabul görebilecek davranışlara yönelmesi demek değildir. Aynı zamanda kişinin iletişim kurduğu diğer bireylerin duygu durumunu anlaması ve karşısındaki insanların duygu durumlarına göre kendi davranışlarına yön vermesi prensibine dayanır. Yani duygusal zekâ, iki farklı kaynağın, kişinin kendi duygu durumunun ve iletişimin diğer ucundaki kişinin duygu durumunun analiz edilmesi sonucu davranışın yönlendirilmesidir.

DUYGUSAL REHBERLİK

Anne-babaların çocuklarıyla etkileşimlerinin izlendiği araştırmalarda, çocuğu eleştiren, eksik ve hatalarının üstünde duran, çocuğun öfke nöbetlerine ve kızgınlığına gülerek veya alay ederek yanıt veren; çocuğa saygı duymayan ebeveynlerin çocuklarının okulda arkadaşlarıyla geçinmekte güçlük çektikleri görülmüştür. Bu çocukların, stres hormonlarının daha fazla olduğu, davranış sorunları yaşadıkları ve daha çok hastalandıkları tespit edilmiştir.

Pohpohlamayalım, Rehberlik Edelim!

Pohpohlamanın nesi yanlış diye düşünüyor olabilirsiniz. Ama bir ebeveyn çocuğuna hak etmediği bir övgüde bulunuyorsa, çocuk bunun gerçekliğine inanmayacağı gibi ebeveynine duyduğu güveni de bir ölçüde kaybedebilir. Örneğin:

- Yüzünde sivilce çıkan ve ağlayan genç kıza annesinin "Senin cildin çok güzel",
- Münazarada söyleyeceklerini unutan kızına, babasının "Sen bugüne kadarki en iyi konuşmayı yaptın",
- Ertesi günkü yazılısına çalışan ama bazı konuları anlayamayan oğluna, "Sen yaparsın, takma kafana!" demesi, çocuğu rahatlatmak yerine anlaşılamadığı hissine sebep olarak yalnızlığa veya öfke duymasına yol açabilir.

Bu araştırmalar aslında her gün yaşananların bir özetidir. Çocuklarının en ufak hatalarını bile düzelten, hatalarına gülen ve çocuk en basit bir işi yapmaya kalktığında bile müdahale eden ebeveynler iyi niyetle hareket etseler de farkına varmadan çocuklarının özgüvenlerini zedelemektedirler. Bazen de yine farkında olmadan çocukları etiketleyerek konuşurlar: "Ali, hiperaktiftir", "Ayşe, sessiz ve içekapanıktır", "Murat, tembeldir" çocuğun kendini algılayışına etki eder. Çocuk kendini anne-babası nasıl tanımlıyorsa -tembel, hiperaktif, sessiz veya içe kapanık- öyle algılar. Kendini böyle algıladığında buna uygun davranışlar geliştirme olasılığı yükselir veya bu etiketleri bir kazanca dönüştürmeye çalışır.

ÇOCUĞUN GELİŞİM DÖNEMLERİNE GÖRE DUYGUSAL REHBERLİK

Çocukların yaşlarına göre farklı ihtiyaçları vardır. Çocuk yetiştirmek sürekli bir değişim içinde olmak demektir. Çocuğun gelişimsel dönüm noktaları ve o zamanlarda yapılabileceklerden bazılarına aşağıda değineceğiz.

0-3 Ay Arası

Bir bebeğin anne-babasıyla duygusal ilişkisi ne zaman başlar? Bazıları doğumdan önce daha bebek anne karnındayken der, bazıları doğumdan hemen sonra. İlk aylarda anne-babalar, bebeğin dikkatini çekebilmek için bebek dili denilen dili kullanırlar. Abartılmış yüz ifadeleriyle kelimeler yavaş yavaş telaffuz edilir, yüksek ve tiz bir sesle tekrar tekrar söylenir. Komik görünse de bu konuşma tarzı bebeklerin dikkatini çekme konusunda işe yarar. Bazen de bebeğin oyuncağıyla çıkardığı sesi ya da yüz ifadelerini taklit etmek bebeğin bir diğer insan tarafından anlaşıldığının göstergesidir. Böylece ebeveyn ile çocuk arasında duygusal iletişim devam eder.

Bir araştırmada ebeveynlerden bebeğin karşısında aynı yüz ifadesiyle, tepkisiz biçimde durmaları istenmiştir. Üç aylık bebeklerin tepkisiz ebeveynlerine karşın, iletişimi başlatma çabası içinde oldukları, ortalama dört farklı yüz ifadesiyle değişik stratejiler denedikleri gözlenmiştir. Bir başka deneyde, annelerden bebeklerinin karşısında üzgün ve depresif olmaları istenip bebeklerin nasıl tepki vereceği gözlenmiştir. Depresif annelerin bebeklerinin, daha çekingen ve olumsuz duygulara sahip oldukları, olumlu etkileşime daha az yanıt verdikleri gözlenmiştir. Bu çalışmalar göstermektedir ki, üç aylık bebekler bile ebeveynlerinden ilgi beklemektedir.

Peki ya ebeveyn duygusal iletişime kapalıysa veya sadece olumsuz bir iletişim söz konusuysa? Depresif olan ve depresyonları bir sene kadar süren annelerin bebeklerine bakıldığında, bu bebeklerin, annelerinin mutsuzluğunu aldıkları, düşük enerji düzeyinde, gergin ve kızgın oldukları gözlenmiştir.

Bazen bebeğinizle oynarken birdenbire başını çevirdiğini ve artık sizle ilgilenmediğini görürsünüz. Sosyal ve duygusal etkileşimlerden doğan fiziksel uyarıları düzenlemeye ihtiyacı olduğu için bu şekilde davranabilir. Belki de başa çıkmayacağı bir uyarılma ile karşı karşıyadır ve biraz dinlenmeye ihtiyacı olabilir. Yürüyüp başka bir yere gitme ya da battaniyeyi kafasına çekme imkânı olmadığı gibi sözel olarak karşısındakini uyarmayı da beceremediğinden; yapabileceği tek şey ağlamaktır. Kalabalık ve gürültülü ortamlarda bazen bunu yaşarız. Bebek, rahatsız olduğunu verebildiği tek sinyal ile, yani ağlayarak bildirir.

Duygusal rehberlik yapabilen anne-babalar, bebeğin duygu durumundaki değişikliği fark edip ihtiyacına göre yeni düzenlemelere girişerek bebeğin duygusal zekâsının gelişmesine katkıda bulunurlar. Bebeğe onun duygularının dış dünya için önemli olduğu mesajını verir ve olumsuz duygular yaşadığında bunun geçeceğini hissettirirler. Bu aylarda bebeği yatıştırmak anne-babanın işidir, bebek büyüdükçe bunu kendi başına yapmayı öğrenecektir.

6 - 8 Ay Arası

6.-8. aylarda çocuklar dünyayı keşfetmeye başlarlar. Benzer şekilde mutluluklarını, kızgınlıklarını dünya ile paylaşmanın değişik yollarını geliştirirler. Altı ay civarında gelişen bir yetenek de bakmadığı nesne veya insanı aklında tutabilmektir. Oysa altı aydan önce, onun için sadece o anda gördüğü nesneler vardı, görmediği nesnelerin var olduğunu bilmiyordu.

Oysa şimdi bir oyuncağa bakıp, daha sonra annesine bakıp oyuncakla ilgili sevincini onunla paylaşabilir. Oyuncaklarla beraber oynamak için sizi davet edebilir. Böyle zamanlarda, bu daveti kabul edip onun duygusal tepkilerini taklit etme fırsatını iyi değerlendirin.

Sekiz aylıkken emekleme ve çevreyi keşif başlar. Bu dönemde çocuk etkileşimde olduğu insanları ayırt eder. Ayrıca yabancı korkusu hissedilmeye başlar. Eskiden herkese gülen, kucaktan kucağa dolaşan bebeği artık annesinin güvenli kollarından ayırmak zorlaşmıştır. Yine bu dönemde, duyduğu kelimeleri anlamaya başlar. Bu yüzden, yeni bir şeyle karşılaştığında dönüp annesine bakar; anne "Hayır, dokunma" dediğinde, bunu yüz ifadesi ve ses tonuyla birleştirip o nesneye dokunmaması gerektiğini anlar.

Annenin rahat ve gülümseyen yüz ifadesi ise onun güvende olduğunu hissettirir. Psikologlar buna 'sosyal referans alma' demişlerdir ki varlığı ebeveyn ile çocuk arasında duygusal bir bağın olduğu anlamına gelmektedir. Böylece erken yaşlarda çocuk, anne-babasının yüz ifadesini, ses tonunu ve beden dilini okumaya başlar.

Bu aşamada ebeveynlere önerilen, bebeğin duygularını aynalamaktır; yani çocuğun yaşadığı duyguları ona yansıtmak, bunu yaparken yüz ifadelerinin yanında sözel ifadeleri de kullanmaktır.

9-12 Ay Arası

9.-12. aylar arasında bebekler duyguların başkalarıyla paylaşılabileceğini öğrenirler. Kırık bir oyuncağını size getirdiğinde "Oyuncağın kırılmış, üzüldün değil mi?" dediğinizde, sizin de onunla aynı duyguyu paylaştığınızı bilir. Önceki aylarda duygusunu ona yansıttığınızda bebek sizdekinin ve ondakinin aynı duygu olduğunu bilmezken artık bunu bilip iki yönlü iletişime hazır olduğunun işaretini vermektedir. Bu dönemde edinilen bir başka özellik de, nesnelerin ve insanların devamlılığının olduğunun anlaşılmasıdır. Koltuğun altına kaçan topun görünmese de hâlâ var olduğunu, mutfakta olan annenin görüş alanında olmasa da hâlâ kendi dünyasının bir parçası olduğunu bilir. Bunu keşfeden çocuk, oyuncaklarını tekrar tekrar kutuya koyup çıkarır, kaşığını siz geri getirdikçe fırlatır. Bu kavrayışın insan ilişkilerine yansıması şöyledir: Onun için önemli kişilerin -anne ve babasının- o an orda olmasalar da var olduğunu bilir, sizi özlemeye ve gitmemenizi istemeye başlar. Paltonuzu ya da ayakkabılarınızı giydiğinizde, gideceğinizi anlayıp çığlığı basabilir. Gittiğinizde de bir yerlerde olduğunuzu bilir ama nerde olduğunuzu anlayamaz. Zaman kavramı henüz gelişmemiş olduğundan ne zaman geleceğinizi tahmin edemediği için sıkıntı duyar.

Bu aylarda ortaya çıkan ayrılık anksiyetesiyle-endişesiyle baş edebilmek için, giderken döneceğinizi çocuğunuza muhakkak söyleyin. Bir yaş civarındaki çocuklar tam olarak konuşamasalar da ne dediğinizi anlarlar, döneceğinize dair güvence vermeniz onlar için rahatlatıcı olacaktır. Çocuğunuzun ayrılırken yüzünüze bakıp duygusal ipuçları almaya çalışacağını unutmayın. Yüzünüzde korku veya gerginlik varsa çocuk da bunu hissedecek, öte yandan siz rahat ve huzurlu olursanız çocuğunuz da öyle olacaktır.

1-3 Yaş Arası

1-3 yaş arası çocuğunuzun kendisini tanımaya ve özerkleşmeye, sözünüzü dinlememeye ve kendi istekleri için diretmeye başladığı hareketli bir dönemdir. Bu dönemde en sık duyacağınız kelimeler "Hayır", "Ben yapmam" ve "Benim"dir. Bu dönemde duygusal rehberlik, ebeveynlerin ortaya çıkan kızgınlıkla başa çıkmalarında yardımcı olacaktır.

Bu dönemde çocuklar kendilerinin farkına varmaya başladıkları gibi diğer çocuklar da dikkatlerini çeker. Genelde kızların dikkatini kızlar, erkeklerin dikkatini erkekler çekmektedir. Birbirlerinin ilgisini çekseler de bu yaştaki çocuklar henüz birlikte oyun oynamayı beceremezler. Oynamayı deneseler de problemler çıkar, çünkü bu yaş grubunda hakim olan "mülkiyet kanunları" birlikte oyun oymaya izin vermez. Bu kanunlar şöyledir:

1. Bir şeyi görüyorsam benimdir.
2. Eğer bir şey seninse ve ben onu istiyorsam benimdir.
3. Eğer bir şey benimse sonsuza dek benimdir.

Her ne kadar bu çocukların yan yana ama farklı oyunlar oynadıkları bir dönem olsa da çocuğunuzun paylaşmaya yönelik teşebbüslerini överek pekiştirmeye çalışabilirsiniz.

Çocuğunuzun başka çocuklarla birlikte oynamaya karşı koyduğu durumlar, duygusal rehberlik için kaçırılmayacak fırsatlardır. Örneğin, biri diğerinin oyuncağını aldığında "Arkadaşın oyuncağını aldığı için, kendini üzgün hissediyorsun." diyerek çocuğunuza yaşadığı duyguyu anladığınızı gösterme fırsatını kullanın veya işler sarpa sarıp kavgaya dönüştüğünde, kavgayı başlatan çocuğa dönüp "Birbirimize kızsak da kavga etmiyoruz" diyerek mağdur edilen çocukla ilgilenin.

Evinize çocuğunuzla yaşıt bir misafir gelecekse, önceden misafirinizin hangi oyuncaklarla oynamasına izin vereceğinizi çocuğunuzla birlikte belirleyin ve bunları hazırlayın. Böylece çocuğa istediği kontrol duygusunu da sağlamış olursunuz.

Bu yaşlarda çocukların sembolik oyunlar oynadığını izlemek oldukça eğlencelidir. İki yaşından itibaren çocuklar çevrelerinde gözlemledikleri şeyleri taklit etmeye başlarlar. Çocuğunuzun oyunlarındaki telefon konuşmalarını, oyuncak ayısına verdiği iyi geceler öpücüğünü ya da oyuncak bebeğini cezalandırışını izlemek çevreden ne kadar çok etkilendiğini anlamanıza yardım edecektir.

4-7 Yaş Arası (Erken Çocukluk)

Bu yaşlarda çocuklar dış dünya hakkında bir sürü yeni şey öğrenir, yeni arkadaşlar edinirler, farklı yerlerde zaman geçirirler. Tüm bu yeniliklerle birlikte hayatlarına okul girer. Belirli bir süre boyunca oturup dikkatlerini bir konuya odaklamayı öğrenmeleri; bunun için de uygun yerde uygun davranışlar sergilemeyi, bazı istek ve davranışlarını koşullar uygun olana kadar ertelemeyi öğrenmeleri gereklidir.

Bu yaşlarda çocuklar yaşıtlarıyla ilişkilerinde bilgi alışverişinde bulunmak, kendilerini açıkça ifade etmek ve anlaşılmadıklarında mesajlarını netleştirmek gibi konularda ilerleme fırsatı bulurlar. Sırayla konuşmayı ve oynamayı, paylaşmayı, çatışma çözmeyi, diğerinin isteklerine, duygularına karşı anlayışlı olmayı öğrenirler. Tüm bu yararları göz önüne alındığında, ailelerin çocuklarını yaşıtlarıyla birebir iletişimde bulunmaya teşvik etmeleri önerilir. Ancak bu dönemde en iyi iletişim ikili olarak kurulur. Oyuna dahil olmak için yaklaşan üçüncü bir çocuğun reddedildiğini, "Git buradan, seni istemiyoruz" diye geri çevrildiğini görmüşüzdür. Bu, çocukların kötülüğünden ya da paylaşmayı bilmemelerinden değil, sadece gelişim dönemlerine uygun olarak üçüncü kişiyi ilişkiye dahil etmeye henüz hazır olmadıklarından kaynaklanır. Nitekim, kısa bir süre sonra, az önce reddedilen çocuğun bir başka oyuna dahil edildiğini gözlemek mümkündür. Eğer reddedilen sizin çocuğunuzsa, duygularını paylaşmanız, kızgınlığını veya üzüntüsünü ifade etmesine, onu anladığınızı bilmesine izin vermeniz, daha sonra da başka bir alternatif aramasına yardım etmeniz gerekir.

Çocukların en derin duygu ve endişelerini paylaşmanın yollarından biri, oyun sırasında elimize geçer. Çocuklar düşüncelerini, duygularını, isteklerini ve korkularını nesnelere-genellikle oyuncaklara yansıtırlar. Anne-babalar da bu anlarda bir başka oyuncağı ellerine alıp onu canlandırarak oyuna katılabilir ve çocuklarının iç dünyasını oyun yoluyla keşfedebilirler.

8-12 Yaş Arası

Orta çocukluk olarak da adlandırılan bu dönemde, çocuklar sosyal gruplara dahil olmaya ve bu gruplarda kimin popüler olduğunu kimin olmadığını anlamaya başlarlar. Gelişen zihinsel kapasiteleri ile aklın, duygular üstündeki gücünü fark ederler.

Artan akran etkisi sebebiyle bu dönemdeki en önemli amaç, herkesin içinde utanılacak duruma düşmekten kaçınmaktır. Bu sebeple giyilen kıyafetler, çantalar, yapılan eylemler hep utançtan korunmak üzere özenle seçilir. Pek de haksız sayılmazlar, zira bu yaşlarda çocuklar birbirlerine karşı çok acımasız ve merhametsiz olabilirler.

Bu dönemde çocuklar dünyaya siyah-beyaz gözlüklerle bakarlar. Yavaş yavaş kendi değerlerini oluşturmaya başlar ve herkesin eşit olduğu adil bir dünya fantezisi kurarlar. Ancak kurdukları dünyada çelişkiler de yok değildir; dünyada özgürlük ve serbestlik için fikirlerini dile getirirken kendi akran gruplarının dayattığı standartları sorgulamadan kabul eder, gardıroblarını birbirinin hemen hemen aynısı 10 tane tişört ile doldururlar.

Bunlar gelişim açısından geçici bir dönemin özellikleridir. Çocuğunuzun bir arkadaşıyla sorun yaşadığında, bu konuda neler hissettiğinizi bilmesine izin verin. Olay gerçekten tehlikeli boyutlara ulaşmadığı sürece cezadan uzak durun. Dışlanan sizin çocuğunuzsa, ona duygularını anladığınızı gösterin, yaşadığı şeyi küçümsemeyin. Beraberce alternatif çözümler geliştirin.

Ergenlik

Ergenlik yılları "Ben kimim? Kim olacağım? Kim olmalıyım?" sorularıyla karakterize olmuştur. Ergenin dikkati aileden arkadaş çevresine kaymasına rağmen asıl odak noktası kendisidir.

Bu dönemde aklını ve duygularını entegre etmeyi de öğrenir. Dünyanın sadece siyah ve beyazdan oluşmadığını, arada grilerin de olduğunu fark eder. Bugüne kadar çocuğunuzun

hayatını siz idare ediyordunuz. Doktora ne zaman gidileceğine karar veren, randevuları alan, hafta sonu için plan yapan sizdiniz. Ancak ergenlikle birlikte aniden bu rolün sarsıldığını görürsünüz. Fakat iyi bir ilişkiyle çocuğunuzun kararlarını danışacağı kişi haline gelebilirsiniz.

Ergenlikle birlikte çocuğun anne-babadan bağımsızlaşması hızlanır. Çocuğunuz sizin tarzınıza hitap etmeyen kıyafetleri, saç modellerini veya müzikleri tercih edebilir. Kılık kıyafetiyle, tarzıyla sizden farklı olmak isteyen çocuğunuza, ailenizin değerlerini referans alıp sınırları buna göre beraberce çizerek, kendi kimliğini kazanması için uygun ortamı sağlamaya çalışın.

Duygusal rehberliğin belli başlı özelliklerini anlatmadan önce, anahtar bir kavram olan empati üzerinde biraz duralım.

EMPATİ

Zeki Bey, kızı Meryem, oğlu Ali ve eşi Emine Hanım ile şehirlerarası yolculuktadır. Dört yaşındaki kızı Meryem, otobüsün bagajındaki oyuncak bebeğini ister. Zeki Bey ve Emine Hanım yola çıkmanın ve küçük oğulları Ali'nin telaşından, Meryem'in bebeğini bavulla bagaja vermişlerdir. Zeki Bey, "Kızım, maalesef bebeğini şu anda veremeyeceğim çünkü bavulun içinde. Ulaşamayacağımız bir yerde" diyerek açıklama yapar. Meryem ikna olmamıştır: "Bebeğimi istiyorum" der tekrar. Zeki Bey, "Anladım Meryemciğim, bebeğini istiyorsun ama otobüsten inene kadar onu bavuldan alamayız."

Meryem yine de "Bebeğimi istiyorum, bebeğimi..." diye mızmızlanır. Ayağa kalkmak ister. Bu arada su şişesini yere düşürür. Zeki Bey, kan damarlarının beynine normaldekinden daha hızlı kan pompaladığının ve yavaş yavaş yüzünün kızarmaya başladığının farkına varır. "Bebeğini istiyorsun, ama şu an onu sana veremem. Elim kolum bağlı kızım. Hadi biraz dışarıdaki ağaçları seyret..." der. "Ağaçları değil, bebeğimi istiyorum" diye bağırır Meryem kızgınca... "Şimdi istiyorum!"

Homurtulardan diğer yolcuların da rahatsız olmaya başladığını anlayan Zeki Bey kendini iyice kötü hisseder. Kucağında küçük oğulları Ali'nin uyuduğu hayat ve yol arkadaşı Emine Hanım ile çaresizce göz göze gelirler. Zeki Bey, istediğine ulaşamamış yüzü öfkeden kızarmış Meryem'e bakar ve kızının kendisini ne kadar da sıkılmış ve sıkışmış hissedebileceğini, bu uzun yolculukta Meryem'in çok sevdiği bebeğini yanında isteyeceğini nasıl da akıl edemediğini düşünür. Dikkatini başka ne yapabileceğine odaklar. En sevdiği bebeği ile oynayıp rahatlayamıyorsa da Meryem'in kendini iyi hissedeceği başka bir seçenek vardır; baba şefkati ve anlayışı.

"Bebeğini istiyorsun değil mi Meryemciğim?"

"Hı hı.." der Meryem üzüntüyle.

"Onu sana veremediğim için bana kızgın olmalısın."

"Hı hı.."

"Meryemciğim, yolculuk seni bayağı yordu, canın sıkıldı. Bebeğinle oynamak, saçını örmek istiyorsun. Ben de bebeğinin şimdi burada, yanımızda olmasını istiyorum. Hatta şu küçük koltuklardansa, senin odanda olmak, annen, kardeşin, sen, ben hep beraber oyun oynayıp rahatlamak, iyi vakit geçirmek isterdim.

"Ben de..." deyip aynı fikirde olduğunu gösterir küçük kız. Babası kızının başını okşar. Meryem'in yüzüne yavaş yavaş kendini anlaşılmış hissetmenin verdiği rahatlığın oturduğunu fark eder. Kısa bir süre sonra Meryem uyuklamaya başlar.

Meryem dört yaşında olmasına rağmen ne istediğini gayet net bir şekilde biliyordu: bebeğini. Fakat onu elde edemeyeceğini fark ettikçe, babasının açıklamalarını dinlememeye başladı. Babasının kendisini anladığını, isteklerinin farkında olduğunu gördükçe de giderek rahatladı. Zeki Bey ise empatinin gücünü yaşayarak görmüş oldu.

Bir an içinde empatinin yaşanmadığı, anne-babanızın sizden hep mutlu ve sakin olmanızı beklediği, üzüntülü ya da öfkeli olmanın ayıplandığı bir evde büyüdüğünüzü hayal edin. Hiçbir zaman şikâyet etmenize izin vermeyen, dertlerinizi, sıkıntılarınızı dinlemek istemeyen büyükler tarafından yetiştirildiğinizi ve çocuk gözüyle anne-babanızın kesinlikle haklı olduğuna inanarak büyüdüğünüzü düşünün.

Küçük kardeşiniz odanıza girip yeni bitirdiğiniz ödeve zarar verebilir, çok sevdiğiniz oyuncağınız kırılabilir, okulda yapmadığınız bir şeyle suçlanabilirsiniz, en yakın arkadaşınızın size küsebilir... Tüm bunlar olurken sizden beklenen hiç sıkılmamanız, üzülmemeniz, öfkelenmemenizse; okulda yaşadığınız bir sorunu anlatmaya başladığınızda babanız, sadece "Allah bilir ne yaptın da öğretmenin herkesin içinde sana öyle bağırdı" diyorsa veya katıldığınız basketbol turnuvasını kaybedince annenizin tepkisi "Aman canım, önemli değil. Seneye kazanırsın" ise yaşadıklarınızı paylaşmamayı öğrenirsiniz. Eve geldiğinizde doğrudan odanıza gider, dertsizlik maskenizi takarsınız. Akşam yemekte "Bugün okul nasıldı?" diye sorulduğunda sadece "İyiydi" dersiniz. Babanız "İyi, aferin" deyip sizden tuzu uzatmanızı ister.

Böyle bir evde büyüdüğünüzde ne öğrenmiş olursunuz? Öncelikle anne-babanıza pek de benzemediğinizi düşünürsünüz çünkü onların sizinkiler gibi kötü ve tehlikeli duyguları yoktur. Ayrıca böyle tehlikeli ve kötü duygularınız olduğu için pek de iyi biri sayılmazsınız. Sizin üzüntüleriniz, öfkelenmeleriniz ve korkularınız onların 'mükemmel' dünyalarını bozmaktadır.

Siz anne-baba olduğunuzda da kendi çocuklarınızla duygularınız hakkında konuşmazsınız. Bu tutum sizi de onları da yalnızlığa iter. Siz mutluluk rolü yaptığınızda herkes 'iyi' olacağından, kendinize, eşinize ve çocuklarınıza karşı 'mesafeli' tavırlar takınmaya başlarsınız.

Yaşınızın büyümesi çocuklukta hissettiklerini bir daha hiç tatmayacağınız anlamına gelmez ki... Ama siz o 'kötü' hisleri hiç yaşamamanız gerektiğine inanırsınız. Bu türden 'kötü', varlığını kabul etmek istemediğiniz hisleri ustaca saklayabilecek, bırakın çevrenize, kendinize bile itiraf edemeyecek hale gelirsiniz, fakat saklayabilmiş olmanız, onların yok olduğu anlamına gelmez. Onlar ordadırlar; yaşanmayı, paylaşılmayı bekliyorlardır. Televizyon seyretmek, yemek yemek, internete girmek bunları görmezden gelmek için başvurduğumuz stratejilerin başında gelir.

Peki ya her şey daha farklı olsaydı? Anne-babanız empati yapmayı tercih etmiş olsalardı? Size gerçekten kendinizi nasıl hissettiğinizi öğrenmek için "Nasılsın?" diye sorsalardı. Siz de rahatlıkla "Zor bir gündü" diyebilmiş olsaydınız. Derdinizi çözemeseler bile sizi dinlemiş ve anlamış olsalardı. Büyük ihtimalle kendinizi pek de 'yalnız' ve 'anlaşılmamış' hissetmezdiniz. Anne-babanızın size her zaman destek olmak için orada olduklarını bilir ve kendinizi iyi hissederdiniz.

Empati kısaca insanın kendini karşısındakinin yerine koyabilmesidir. Empatik anne-babalar olarak bizler çocuğumuzu gözleri yaşlı gördüğümüzde kendimizi onun yerine koyabilirsek, aslında canının ne kadar yandığını, öfkeden ayağını yere vurduğunda ne kadar da kızgın olduğunu anlayabiliriz.

Empati kurabilen kişi karşısındaki kişinin duygularını ve düşüncelerini anlayabilir ve bunlara değer verir. Dolayısıyla karşısındaki kişiyi kırmaktan veya üzmekten kaçınır. Empati kurabilen kişinin öfke dolu ve zarar verici davranışlar içine girme ihtimali daha azdır. Çocuklar empati kurabilme yeteneğiyle doğarlar, ancak bu yeteneğin aile tarafından desteklenmesi gerekir. Günümüzde empati gelişimini destekleyecek birçok çevresel faktörün giderek azaldığı, aksine çocuğun empati kurmasını engelleyecek negatif faktörlerin arttığı gözlemlenmektedir.

Empati gelişimini sekteye uğratacak üç ana faktör şunlardır:

Ebeveynlerin duygusal olarak ulaşılamazlığı: Çocuklarıyla daha çok zaman geçirip onların duygusal gelişimleriyle ilgilenen ebeveynlerin, çocuklarının empati oluşumunu destekledikleri belirlenmiştir. Araştırmalar, çalışan annelerin hafta içi günlerde çocuklarına ortalama 11 dakikalık zaman ayırabildiğini, bu sürenin hafta sonunda ancak 30 dakikaya kadar çıkabildiğini göstermiştir. Çalışmayan annelerin çocuklarıyla geçirdikleri zamanın da bundan pek farklı olmadığı, onların da hafta içerisinde çocuklarına 13 dakika kadar zaman ayırdıkları gözlemlenmiştir. Bu süre babalar için hafta içi 8, hafta sonu 14 dakika olarak değişmektedir. Çocukların yüzde 25'i aileleriyle hiç zaman geçirmediklerini belirtmiştir.

"Destekleyici baba" figürünün eksikliği: Baba figürünün çocuğun duygusal gelişiminde ne denli önemli olduğunu gösteren çok sayıda araştırma vardır. Böyle bir araştırmaya göre, beş yaşındayken babalarından daha çok ilgi gören kişiler yetişkinlik döneminde, babalarından ilgi görmeyenlerden daha çok empati kurabilmektedir. Başka bir araştırmada da, çocukluk yıllarında babalarıyla birlikte etkinlikler gerçekleştiren çocukların, ileriki yaşlarda kendi çocuklarına daha çok empati gösterdiği bulunmuştur.

Erkek çocuklarını duygusal açıdan eksik yetiştirme: Araştırmalar ebeveynlerin kız ve erkek çocuklarını farklı şekillerde yetiştirdiğini göstermektedir. Ebeveynler kız çocuklarıyla duyguları hakkında daha çok konuşurken erkek çocuklar söz konusu olduğunda duyguların aktarımı ihmal edilebilmektedir. Özellikle bazı kültürlerde erkek çocuklar duygularını dışarıya yansıtmaması gerektiği yönünde yönlendirilmektedir. Bu durum empatinin gelişmesinin önünde büyük bir engeldir. Kendi duygularını yeteri kadar ifade edemeyen çocukların empati kurabilmesi daha zordur. Erkek çocuklar, ebeveynler tarafından duygularını dışa vurmamaları gerektiği yönünde telkin edilirken ortaya bir ikilem de çıkar: Erkek çocukların öfke duygusunu dışa vurması genellikle toplum tarafından kabul görür. Böylece çocuk kendini anlatırken dışa vurabileceği tek duygu olan öfkeyi sıkça kullanır hale gelir. İlerleyen yaşlarda öfke duygusu gittikçe daha da güçlenirken, empati yeteneği zayıflar.

Empatiyi böylece anlattıktan sonra şimdi beş adımda duygusal rehberliğe geçebiliriz.

BEŞ ADIMDA DUYGUSAL REHBERLİK

1. ADIM: ÇOCUĞUN DUYGULARININ FARKINDA OLMAK

Çocuğun duygularının farkında olaiblmek için önce anne-babaların kendi duygularının farkında olmaları gerekir. Konu duygular olunca babaların ne kadar başarılı olabilecekleriyle ilgili bir tereddüt yaşamadan önce şu araştırmayı okumaya ne dersiniz? Bir grup evli çifti tartışırken kameraya çekmişler. Sonra bu film her bir eşe seyrettirilip, tartışma esnasında eşlerinin an be an neler hissetmiş olabileceği sorulmuş. Sonuç şaşırtıcı! Hem kadınlar hem de erkekler, eşlerinin duygusal tecrübelerini doğru tahmin edebilmişler. Genel kanının aksine, demek ki erkekler de kadınlar kadar kimin ne hissettiğini fark edebiliyor, yani kadınlar kadar empatik olabiliyorlar. Anlaşılan, erkekler de tıpkı kadınlar gibi iç dünyalarında çeşitli duygular yaşıyorlar. Fark, duyguları ifade ediş şekillerinde. Bu farklılık biraz da sosyal olarak onlardan beklenen 'maskülen' rolün zedelenmesi çekincesinden kaynaklanıyor denebilir.

Şimdi çocukların duygularını anlayabilme bahsine dönelim.

Çocuklar, istek ve hislerini biz yetişkinlerden farklı yollarla ifade edebilirler. Tıpkı Doğan Bey'in 7 yaşındaki kızı Nurgül gibi. O gün sabahtan beri Nurgül'ün suratı asıktı. Her şeyden şikâyet ediyordu. En son şikâyeti ise dört yaşındaki kardeşi Ali'ye ilgiliydi:

"Baba yaa, Ali yine bana bakıyor!" Ali'nin uslu uslu oynadığını gören Doğan Bey, Nurgül'ün kardeşine niçin kızdığını anlamaya çalışıtıkça küçük kız savunmaya geçip, Ali'nin daha çok üstüne gidiyordu.

Uyku saati geldiğinde Doğan Bey, Nurgül'ü yatırmak için kızıyla beraber odasına gitti. "Hadi gel bakalım, pijamaların nerde?" diye sordu. Çekmeceden beraber pijama seçerken, kızına artık küçük gelen bir takım gördü ve: "Ne kadar da hızlı büyüyorsun Nurgülcüğüm! Kocaman olmuşsun..." dedi.

Beş dakika sonra, Nurgül su içmek için mutfağa geldiğinde babası kızının suratının bu defa hiç de asık olmadığını fark etti. Nurgül'ün neşesi yerine gelmiş, Ali'ye şaka bile yapmıştı.

Doğan Bey pijama olayında bir şeyler saklı olduğunu hissetmişti ama bunun ne olduğunu tam olarak fark edememişti.

Aslında ağırbaşlı ve hassas bir çocuk olan Nurgül, neşeli ve sıcakkanlı kardeşi Ali'yi kıskanıyordu. Bütün gün boyunca ailesinden kendisinin onlar için ne kadar önemli olduğunu duymak ve bunu hissetmek istemişti. Babasının onun ne kadar büyüdüğünü fark edip söylemesiyle ihtiyaç duyduğu ilgiyi gören Nurgül rahatlamıştı.

Fazla kilosu olan Yeşim, beden eğitimi öğretmeninin kilosu hakkında yaptığı yoruma üzülerek eve geldi. Zaten bir süredir kızını diyet yapmaya ikna etmeye çalışan annesi, "Bak işte, ben demiyor muyum! Öğretmenin de aynı şeyi söylemiş" derse, Yeşim tüm dünyanın kendisine karşı olduğunu düşünmeye başlayacak ve kendisini daha kötü hissedecektir.

Ancak anne, duygusal rehberlikten yararlanarak "Böyle bir şey yaşamana üzüldüm. Öğretmeninin söyledikleri seni üzmüş olmalı" deyip kızının duygularını anladığını ona gösterebilir. Bu yaklaşım anne ile kızı birbirine daha da yakınlaştıracak ve destekleyici bir ilişkiye zemin hazırlayacaktır. Böylece gelecekte Yeşim'in, kendisini anladığını ve desteklediğini bildiği annesinin sözlerini dikkate alma ihtimali daha da artacaktır.

Unutmayalım ki, açıkça ifade etseler de etmeseler de tıpkı yetişkinler gibi çocukların da hissettikleri tüm duyguların bir sebebi vardır. Üç yaşındaki çocuğunuz size "Kreşimi değiştirdiğiniz için kendimi stres altında hissediyorum, o yüzden huysuzum" diyemez. Sekiz yaşındaki çocuğunuzun kendisini gergin hissetmesine rağmen, "Babamla para yüzünden kavga ettiğinizde çok geriliyorum" diyemeyeceği gibi.

Yedi yaş ve altındaki çocukların kendilerini nasıl hissettiklerini 'oyun'larını izleyerek anlayabilirsiniz. Farklı karakterler, sahneler kullanarak çocuklara duygularını kendilerini güvende hissederek ifade edebilme şansı vermiş olursunuz.

Dört yaşındaki Aslı, bebeğiyle oynarken birden babasına dönüp, "Baba, kızgın olduğunda bağırıyorsun ya... Bebeğim o zaman çok korkuyor" dedi. İlk anda Aslı'nın söylediğine şaşıran baba, sonra bu fırsatı iyi değerlendirip, bebeğe (ve tabii ki kızına) sesi yükseldiğinde aslında onu korkutmak istemediğini ve arada sırada kızmasının onu sevmediği anlamına gelmediğini söyledi. Aslı, bebeğin ağzından konuştuğu için, babası da kızını rahatlatmak için bebek üzerinden kendini ifade etti.

Çocuğunuzun hislerini paylaşabiliyorsanız, duygusal rehberliğin bel kemiği empatiyi yapabiliyorsunuz demektir. O halde şimdi ikinci adıma geçebiliriz.

2. ADIM: DUYGULARI TANIMAYI SAMİMİYET KURABİLMEK VE ÇOCUĞA BİR ŞEYLER ÖĞRETEBİLMEK İÇİN FIRSATA DÖNÜŞTÜRMEK

Hayatta krizler ve fırsatlar, değerlendirmesini bilenler için el eledir aslında. Patlayan bir balon, düşük bir sınav notu, bir arkadaşın ihaneti ve daha nice olumsuz tecrübe, çocuklarımızla samimiyetimizi ilerletebilmemiz ve ona bu duygularla nasıl başa çıkacağını öğretebilmemiz için muhteşem birer fırsattır.

Çocuğun öfkesi her zaman anne-babanın otoritesine yönelik bir başkaldırı değildir. Çocukların korkularının olması anne-babanın yetersiz olduğu anlamına gelmez. Veyahut üzgün olması illa ki ebeveyniyle ilişkisinde onarılması gereken bir şeyler olduğunu göstermez.

Önemli olduğu için tekrar edeceğiz: Bir çocuk anne-babasına en çok korktuğu, üzgün ve/veya öfkeli olduğu zamanlarda ihtiyaç duyar. Aslında insana kendini daha çok 'anne-baba olarak hissettiren' şey, çocuğun keyfi yokken onu sakinleştirebilmektir. Eğer çocuğumuza duygularını kabul ederek rahatlama yollarını açarsak bu yöntemi ömür boyu kullanabilir.

Olumsuz duygular ancak anlaşıldıkları ve adlandırıldıkları yani bunlar hakkında konuşulabildiği zaman yok olur. Bu yüzden olumsuz hislere henüz düşük şiddetteyken, krize dönüşmemişken müdahale etmekte fayda vardır. Eğer çocuğunuz diş hekimine gitmekten korkuyorsa, bu korkuyla başa çıkmasına yardım edecek konuşmayı hekime gidilecek gün koltuğu görünce kopacak fırtınaya kadar ertelemek yerine, randevudan önceki günlerde yapmak daha etkili olacaktır.

3. ADIM: ÇOCUĞU EMPATİK BİR ŞEKİLDE DİNLEMEK VE DUYGULARINI DEĞERLİ BULDUĞUMUZU İFADE ETMEK

Burada söz konusu olan sadece kulakla değil, başta gözler olmak üzere tüm bedenle 'dinlemek'tir. Duygusal rehber olan ebeveynler, gözlerini çocuktaki fiziksel değişimleri gözlemlemek için, kelimelerini onu rahatlatmak, eleştirmeden hislerini netleştirebilmek için, kalplerini ise çocuklarının duygularını hissedebilmek için kullanırlar.

Çocukla aynı frekansı tutturabilmek, onun beden diline, jest ve mimiklerine dikkat etmekle mümkündür. Aynı şekilde çocuğunuzun da sizin beden dilinizi okuyabildiğinin farkında olmanızda fayda vardır. Eğer onunla rahat ve nazik bir halde konuşmak istiyorsanız, bedeninizden çıkan mesajların da bu yönde olmasına dikkat edin.

Çocuğunuz hislerini ifade ediyorsa söylediklerinden anladıklarınızı ona kendi cümlelerinizle ifade edin.

Empatik dinlemeye bir örnek verelim.

Elif: Yarın okula gitmek istemiyorum.

Anne: Okula gitmek istemiyor musun? Allah Allah, daha önce hiç böyle bir şey duymamıştım senden. Ne oldu kızım? Bir şeye üzüldün herhalde. Merak ettim bak şimdi.

Elif: Evet, aslında...

Anne: Seni ne üzdü kızım?

Elif: Bilmem ki...

Anne: Seni üzen bir şeyler var ama bunun ne olduğundan tam olarak emin değilsin galiba...

Elif: Hı hı...

Anne: Aslında biraz da gergin gözüküyorsun.

Elif (gözleri dolarak): Hı hı... Belki de İrem ve Gönül yüzündendir.

Anne: Bugün okulda İrem ve Gönül'le ilgili bir şey mi oldu?

Elif: Evet. Teneffüste ikisi de beni görmezden geldiler.

Anne: Sen de kırıldın.

Elif: Evet, kırıldım.

Anne: Seni bugün teneffüste görmezden geldiler diye, İrem ve Gönül'e kırıldın, bu yüzden de yarın okula gitmek istemiyorsun.

Elif: Evet. Yanlarına gittim kaç defa, ama her defasında uzaklaştılar benden. Başka şeylerle ilgilendiler..

Anne: Canım... Arkadaşlarım böyle davransaydı, ben de kendimi kötü hissederdim.

Elif: İşte ben de kendimi çok kötü hissettim. Nerdeyse ağlayacaktım.

Anne: Kızım (kızına sarılır)... Hem üzgünsün hem de sana böyle davrandıkları için arkadaşlarına kızmış olmalısın.

Elif: Evet... Yarın ne yapacağımı bilmiyorum. Okula gitmek istemiyorum.

Anne: Çünkü arkadaşlarının seni yine kırmasını istemiyorsun.

Elif: Hı hı... Hep onlarla oynuyordum. Geri kalan herkesin kendi grubu var.

Anne kendini "Merak etme. Bu yaşlarda olur böyle şeyler... Yarına düzelmiş olurlar" dememek için tuttu. Kendini tutup, kızını dinlediği ve geribildirim verdiği için Elif kendisini anlaşılmış hissetti. Aksi takdirde annesinin yaşadığı sorunu ve kendisini önemsemediğini düşünecekti. Annesi Elif'in sırdaşı oldu ve onu rahatlattı. Elif de annesinin kendisini dinlediğini anladığı için, onun önerilerini dikkate almaya hazır hale geldi.

Elif: Ne yapacağımı bilmiyorum.

Anne: Sana birkaç fikir vermemi ister misin?

Elif: Hı hı.

Anne: Acaba İrem ve Gönül'e seni görmezden geldiklerinde kendini nasıl hissettiğini söylesen mi?

Elif: Utanırım.

Anne: Anladım. Hımm... Başka ne yapabilirsin? (Kızının sırtını sıvazlayarak biraz düşünür.)

Anne: Belki de biraz bekleyip ne olacağını görmelisin. İrem'i üç yıldır tanıyorsun; bir gün değişik, bir gün çok iyi olabiliyor. Yarın belki iyi gününe denk gelir.

Elif: Ya olmazsa...

Anne: Aslında ben de emin değilim. Senin bir fikrin var mı?

Elif: Hayır.

Anne: Oynamak istediğin başkaları var mı?

Elif: Yok.

Anne: Bahçede başka kimler var? Neler oynuyorlar?

Elif: Sadece ebelemece oynayanlar var.

Anne: Sen hiç ebelemece oynadın mı?

Elif: Yok, oynamadım.

Anne: Hımm.

Elif: Deniz her zaman oynuyor.

Anne: Deniz, şu senin yaz kampından arkadaşın Deniz mi?

Elif: Evet.

Anne: Geçenlerde kamptan arkadaşlarınla buluştuğunuzda Deniz'le konuşup gülüyordunuz. İyi anlaşıyorsunuz galiba.

Elif: Belki de.

Anne: İyi. O zaman bir başka seçeneğin daha oldu.

Elif: Hı... Belki işe yarar, ama ya yaramazsa?

Anne: Hâlâ üzgünsün... Bahçede oynayacak kimseyi göremezsem ve yalnız kalırsam diye endişeleniyorsun...

Elif: Evet.

Anne: Kendi kendini eğlendirebilecek birkaç oyun biliyor musun?

Elif: İp atlamak gibi mi?

Anne: İp atlamak gibi, evet.

Elif: Aslında okula ipimi götürüp bahçede atlayabilirim.

Anne: O zaman İrem ve Gönül'le oynamazsan, Deniz'i göremezsen, ebelemece de oynayamazsan ip atlayabilirsin...

Elif: Evet, onu yapabilirim.

Anne: Hadi git de ipini çantana koy ki yarın unutmayasın.

Elif: Tamam. Aslında sabahtan Deniz'e söyleyeyim de teneffüslerde ip atlayalım.

Anne: İyi fikir.

Annesi Elif'in sorununu çözmek için öneriler üretmesine uygun ortam sağlayarak, onunla zaman geçirerek kızına rehberlik etmiş oldu. Çocuğunuzu sıkıntılı gördüğünüzde sorduğunuz sorular çoğunlukla cevapsız kalır; çünkü ya cevap çocuğunuzun dilinin ucundadır, ya anne-babası arasındaki kavgaya üzülüyor ama söyleyemiyordur, ya yaklaşan sınav için heyecanlıdır. Belki de cevabı hazırsa bile bunu yeteri kadar anlamlı veya önemli bulmadığı için söylemiyor olabilir. Bu nedenle soru sormak yerine "Seni bugün biraz yorgun gördüm" veya "Sınavdan bahsedince kaşlarını çattığını fark ettim" deyip cevap beklemek iletişimi daha yakınlaştırır. Kendi hayatınızdan örnekler paylaşmak da çocuğunuza onu anladığınızı hissettirir.

4. ADIM: ÇOCUĞUN DUYGULARINI İSİMLENDİRMESİNE YARDIMCI OLMAK

Duygusal rehberliğin en önemli adımlarından biri de duyguların isimlendirilmesinde çocuğa yardımcı olmaktır. Yukarıdaki örneklerde Elif'in annesi kızının gerginlik, üzüntü, kırgınlık içeren hisler yaşadığını fark etmesine yardımcı oldu. Duyguların isimlerini kullanarak şekilsiz, korkutucu, tatsız hisleri, ifade edilebilen, sınırları olan, günlük hayatın doğal bir parçası haline getirdi. Böylece öfke, üzüntü ve korku günlük hayatta her zaman karşılaşılabilecek ve başa çıkılabilecek hisler oldu.

Çalışmalar, duyguların adlandırılmasının çocukların sinir sistemi üzerinde olumlu etkileri olduğunu göstermiştir. Bu yüzden, anne babalar çocuklarına bu konuda rehber olmalıdır. Bu, çocuklarına kendilerini 'nasıl' hissetmeleri gerektiğinin söylenmesi değil, 'ne' hissettiklerinin tanıtılması, duygularının adının konmasıdır.

5. ADIM: ÇOCUĞA PROBLEM ÇÖZERKEN YARDIMCI OLURKEN SINIRLARI ÇİZMEK

Çocuğunuzun sorununu dinleme esnasında muhtemelen kendinizi bu sorunlara çözüm üretmeye çalışırken bulursunuz. Bu üretimin de kendi içinde beş basamağı vardır: (1) sınır çizmek, (2)hedef belirlemek, (3)muhtemel çözümlere odaklanmak, (4)çözüm yollarını ailenizin değerlerine göre şekillendirmek, (5)alternatifler içinden seçim yaparken çocuğunuza yardımcı olmak.

İlk bakışta bu basamaklar işinizi yavaşlatacak hantal süreçler gibi gelse de kullandıkça hızlanacaksınız. Zamanla çocuğunuz da bu basamakları öğrenecek ve kendiliğinden adım adım ilerlemeye başlayacak.

Sınır çizmek: Özellikle küçük çocuklarla sorunlara çözüm ararken önce anne-baba sınırları çizmelidir. Mesela bir çocuk öfkelendiğinde bunu arkadaşına vurarak, oyuncağını kırarak veya kötü söz söyleyerek ifade edebilir. Anne-baba, önce çocuğun kendisini bu yanlış davranışa iten nedeni fark etmesine ve duygusunun adını koymasına yardımcı olur. Sonra net bir biçimde belli davranışların kabul edilemez ve hoş görülemez olduğunu çocuğuna anlatır. Bundan sonra olumsuz duygularla nasıl başa çıkılabileceği konusunda rehberlik eder.

Mesela, önce "Emre senden oyuncağı alınca çılgına dönmüş olmalısın" diyebilir. Sonra da "Ben de aynı senin gibi hissederdim, ama arkadaşına vurman doğru değil. Bunun yerine ne yapabilirdin?" ya da "Senden önce ağabeyin arabanın ön koltuğuna oturunca onu kıskanmış olabilirsin ama ona ad takman doğru değil. Hislerinle başka nasıl başa çıkabilirsin sence?" diye eklemeler yapabilir.

Asıl önemli olan, çocuğun hissettiklerinin değil, kötü davranışının kabul edilemez olduğunu anlamasıdır. O yüzden anne-babalar duygulara değil, davranışlara mutlaka sınır koymalıdır.

Peki, hangi davranışlara sınır konmalıdır? Dikkat edilmesi gereken en önemli şeylerden biri çok sert ve ani tepkilerden kaçınmaktır. Aileler kendi değerlerine, inançlarına göre sınırlar koyabilirler.

Anne-babalar sınırları belli başlıklar altında toplayabilirler: Yeşil Alan, Sarı Alan ve Kırmızı Alan gibi.

Yeşil Alanda istenen, beklenen ve izin verilen davranışlar yer almalıdır.

Sarı Alanda gerek zaman kısıtlılığından gerekse zor şartlar altında olunduğundan, normalde izin verilmeyen davranışlara hoşgörü gösterilebilir. Bir nikâh esnasında dört yaşındaki çocuğunuzun yüksek sesle konuşması veya çocuğunuzun dışarıda üşüdüğü ya da uykusu geldiği için ağlaması gibi. Bu tür davranışları onaylamadığınızı belirtmeli ama zor şartlar altında olduğunuzdan ötürü o an için hoşgördüğünüzü çocuğunuza söylemelisiniz.

Kırmızı Alanda ise ne olursa olsun hoşgörmeyeceğiniz, kabul etmeyeceğiniz davranışlar yer almalıdır. Bunlar çocuğunuzun kendisine ve çevresindekilere maddi-manevi zarar verebileceği, ailenizin değerlerine göre kabul edilemeyecek davranışlar olmalıdır.

Çocuğa koyulan sınırların ihlal edilmesi halinde ne olacağını da önceden bildirmek lazımdır. Olumlu tutum ve davranışlar için ilgi, övgü veya ödüller verilmeli; olumsuz tutum ve davranışların sonuçlarının ne olacağı da çocuğa izah edilmelidir. Sınırların ihlal edilmesi halinde ödülden mahrum kalmak veya mola gibi yaptırımlar uygulanabilir.

Mola, genelde üç-sekiz yaşları arasındaki çocukların kötü davranışları için uygulandığında verim alınan bir yaptırım yöntemidir. Doğru kullanımı şöyledir: Çocuk belirli bir süre için akranları ve büyükleri ile iletişim kuramayacağı şekilde izole edilir. İzole edildiği ortamda yalnız olmalı, bulunduğu mekânda oyuncak, gazete, kitap, televizyon gibi vakit geçireceği şeyler olmamalı, aynı zamanda ortam hijyenik, aydınlık ve yeterince sıcak olmalıdır. Bu ortamda, çocuğun hatalı davranışı üzerine düşünmesi amaçlanmaktadır. Ne yazık ki bazı aileler mola yöntemini pek de doğru uygulayamamaktadır.

Sert tavır ve tutumlarla, alay ederek, çocuğa reddedici şekilde davranarak uygulanan moladan istenen sonucu almak pek de mümkün değildir. Mola yöntemi hassasiyetle uygulandığında, kısa sürede verim alınabilen bir yöntemdir.

Hedef belirlemek: Çocuk empatik bir şekilde dinlenildikten sonra, sorunu çözmek için hedef belirlenir. Eğer hedef belirleyemiyorsanız, çocuğunuzun biraz daha dinlenilmeye ihtiyacı var demektir. Hemen moralinizi bozmayın. "Seni bu kadar üzen/öfkelendiren şey nedir?", "Bugün yaşadığın bir şey mi?" gibi sorularla çocuğun üzünütüsünün nedenini bulup "Peki şimdi bu sorunu çözmek için ne yapmalıyım?" aşamasına taşıyabilirsiniz.

Çocuğunuza ne yapmak istediğini sorun. Kırık uçurtmasını mı tamir edecek? Zor bir matematik ödevini mi yapacak? Bu türden durumlarda çözüm nettir fakat sorun kardeşiyle ettiği kavgaysa çözümü biraz daha netleştirmek lazımdır. Bazen de sorununun çözümü olmayabilir. Bir yakını vefat etmiş, arkadaşı başka bir şehre taşınmış veya sene sonu programında istediği rolü alamamış olabilir. Böyle durumlarda hedef, basitçe kaybı kabullenmek ve kendini avutmak olacaktır. Böylece çocuk büyüdükçe kontrolü dışında gelişen olaylarla da başa çıkabilmenin ilk adımlarını atmış olacaktır.

Muhtemel çözümlere odaklanmak: Küçük çocuklarla çözüm bulmaya çalışmak biraz vaktinizi alacaktır. Önemli olan, kendinizi tutup yönetimi elinize almamanız, bunun yerine çocuğunuza çözüm önerileri üretebilmesi yolunda rehberlik edebilmenizdir.

Beyin fırtınasının ne kadar verimli geçeceği çocuğunuzun yaşıyla ilgilidir. On yaş altındaki çocuklarda soyut düşünme yeteneği tam olarak gelişmemiştir. Akıllarında birden fazla seçeneği mukayeseli olarak tutabilmeleri pek mümkün değildir. Buldukları çözümü hemen uygulamak isteyeceklerdir. Rüyasında canavar gören beş yaşındaki Serra'yı teskin etmeye çalışan annesi "O canavarın resmini çizmen sana iyi gelebilir" dediği anda Serra boyalarını aramaya başlamıştı bile. Çocuğun hevesini kırmamak için bulduğunuz her öneriyi sırayla uygulayıp diğerine geçebilir, böylece hangisinin en çok işe yaradığına karar verebilirsiniz.

Oyun oynamak da çözüm bulmayı kolaylaştıran bir yöntemdir. Çocuklar dünyaya ya hep ya hiç veya siyah-beyaz pencerelerden bakarlar. Oyunda da hem doğruyu hem de yanlışı temsil etmek mümkündür. Mesela iki kukla olur. Birinci senaryoda, biri diğerinin oyuncağını izinsizce alır. İkinci senaryoda ise oyuncakla sırayla oynarlar.

Çocuğunuzun yaşı daha büyükse birlikte oturup, aklınıza gelen bütün önerileri bir kâğıda yazıp sonra tek tek hepsinin üstünden geçerek en verimlisini bulabilirsiniz.

Çözüm yollarını ailenizin değerlerine göre şekillendirmek: Bu aşamada, ürettiğiniz her bir çözümü aşağıdaki soruları sorarak gözden geçirmeniz gerekir:

– Bu çözüm adil mi?

– İşe yarayacak mı?

– Güvenli mi? Kimseye zarar verir mi?

– Uyguladığım zaman kendimi nasıl hissedeceğim? Diğer insanlar kendilerini nasıl hissedecekler?

Alternatifler içinden seçim yaparken çocuğunuza yardımcı olmak: Çocuk tercihini yaparken siz de tecrübelerinizden örnekler vermekten çekinmeyin. Siz ya da arkadaşlarınız geçmişte ne tür hatalar yapmıştınız, bunlardan ne tür dersler çıkardınız, bunları paylaşın. Yoksa sadece soyut kavramlarla konuşmanız istenen sonucu vermeyebilir.

Eğer çocuğunuzun seçtiği zararsız ama işe yaramayacak bir çözüm önerisi ise izin verin deneyerek başarısız olsun, sonra başka bir yöntemi denesin.

Ancak önerilerin net ve uygulanabilir olmasına dikkat edin. Örneğin, Emel masayı toplamaya yardımcı olurken Mine de bulaşıkları makineye yerleştirecektir. Ertesi hafta işler değiş tokuş edilecektir. Sonrasında ikisi de kendi içlerinde öneriler üretip gelebilirler. Böylece önerilerin değiştirilip geliştirilebilir olduğunu görürler.

Çocuğun seçtiği çözüm önerisi sonuç vermediyse bunun neden başarısız olduğunu konuşmakta fayda vardır. Böylece çocuk bir kez başarısız olundu mu vazgeçmemek gerektiğini öğrenmiş olur. Önemli olan, sürekli öğrenme halinde olmak, daha başarılı ve verimli sonuçlara doğru adım atmaktır.

AHLAKİ ZEKÂ

Ahlaki zekâ, bireyin davranışını düzenlenmek ve sosyal hayattaki konumunu korumaktan çok, içsel bir tatmin sağlamaya yöneliktir. Bu içsel tatmin, kişinin içinde bulunduğu toplum, kültür, aile ve öğretiler sonucunda belirlenen bazı davranış biçimlerinin yansıması olarak hissettiği vicdani rahatlık duygusudur.

İnsanlar içinde bulundukları toplum ve aileden içselleştirdikleri, ya da analiz ederek zamanla oluşturdukları belirli prensiplere uygun yaşama isteğindedirler. Bu istek uzun zaman içerisinde bilinçli olmaktan çıkar ve kişinin doğası haline gelir. Ahlaki zekâ, birey tarafından uygun görülen davranışın başarıyla kişiliğin bir parçası haline getirilmesi demektir. Uygun görülen davranışlar ne kadar erken yaşlarda öğrenilir ve sık tekrar edilirse ahlaki zekâ o derecede gelişir.

Ahlaki zekâ için Freud kuramının süperegosu demek yanlış olmayacaktır. Çünkü hem vicdani zekâ, hem süperego belirli ölçülerde kendiliğinden gelişmeye başlasa bile, her ikisini de işlevsel hale getirmek ve kişiliğin bir parçası yapmak emek ve zaman ister. Kişi, henüz çocuk yaşlarda aile ve toplum tarafından ne denli destekleniyor ve eğitiliyorsa, süperego o ölçüde gelişebilir; ahlaki zekânın bağlı kalacağı, yapılması gereken ve yapılmaması gereken davranışlar listesi o denli kabullenilir.

Ahlaki zekânın eksik kaldığı durumlarda benmerkezli, kazanma hırslı bireyler yetişebilir. Neyin eksik olduğunu bilmeden eksiklerini kapamak için büyük hırsları olabilir. Ahlaki zekâsı gelişmemiş bireyler, büyük bir yorgunluk, telaş ve kaybetme korkusuyla yaşayabilirler.

Ahlaki zekâ, bir önceki bölümde ele aldığımız empati başta olmak üzere, vicdan, kişisel kontrol, saygı, nezaket, hoşgörü ve adalet gibi kavramların mümkün olduğunca yerleşiklik kazanmasıyla gelişir.

VİCDAN

Günümüzde ergenlik çağındaki ve daha küçük yaşlardaki birçok çocuğun şiddet içeren davranışlarda bulunduğunu görüyoruz. Daha da kötüsü, çocuklar bu davranışları uygularken ya da sonrasında pişmanlık veya vicdan azabı hissetmiyorlar. Davranışlarında herhangi bir yanlışlık yokmuş gibi soğukkanlı ve rahat bir tutum içerisine girebiliyorlar. Tüm bunlar aslında ne büyük bir 'vicdani kriz' içerisinde yaşadığımızı ve çocuklarımızı nasıl vicdan denilen manevi unsurdan yoksun yetiştirdiğimizi olağanca açıklığıyla gözler önüne seriyor.

Vicdan iki temel unsuru içinde barındıran bir olgudur: gerçeğe dayalı ahlaki düşünce sistemi ve davranışların sonucunu değerlendirebilme. Günümüzde çocukların bu iki kavramı iyi algılayabilmesinin ve içselleştirmesinin önemi üzerinde durmak gereklidir.

Elbette ki bu kavramları çocuklarda oturtmak ve geliştirmek ebeveynin kendi vicdani gelişmişliğine bağlıdır. Çocuğun henüz kendi ahlaki değerlerini geliştiremediği ve davranışlarının değerlendirmelerini yapamadığı erken yaşlarda ihtiyacı olan bir dış vicdan gücü, ancak onu yetiştiren ailenin vicdani gelişmişliğiyle mümkün olabilir. Ailenin çocuğun vicdani gelişimi için sevgi gösterme, denetleme, kural koyma, cesaretlendirme ve örnek olma gibi farklı yollar denemesi gerekir. Çocuklar tüm bu desteklerden ve rehberlik edebilen bir aileden yoksun olduklarında kaçınılmaz olarak öfkeli, saldırgan davranışlar gösterebilirler. Sonuç olarak şiddet, sıklıkla görülebilen bir davranış biçimi olabilir.

Çocukların özellikle yaşıtlarına şiddet uygulaması günümüzde sıkça karşılaşmaya başladığımız bir durumdur. Daha acı olan ise, yaşıtlarına şiddet uygulayan çocukların davranışlarından dolayı üzüntü veya utanç duymamasıdır. Araştırmalar durumun vahametini gözler önüne sermektedir: Şiddet gören taraf acı çektiğini gösterdiği oranda şiddet uygulama oranı daha da artmaktadır. Fiziksel şiddetin yanı sıra, çocuklarda hırsızlık yapmak, kopya çekmek gibi diğer olumsuz davranışların da arttığı görülmüştür. Hırsızlık yapmak bazı gruplar arasında bir moda akımı haline gelmiş, çocuklar gruba aidiyetlerini ispatlayabilmek için hırsızlık yapmaları gerektiğini düşünmeye başlamış ve hatta bu yönde baskı görür olmuşlardır. Kopya çekmek ise basit bir çocukluk hatası olmaktan gittikçe uzaklaşır hale gelmiştir; yüksek okullar, liseler ve ilkokullarda kopya çekmek ahlaken sakıncası olmayan, hatta başarılı olmak için yapılması gereken bir eylem olarak algılanmaya başlamıştır. Bu sebeple özellikle birçok yüksekokulda öğretim görevlileri kopya çekilip çekilmediğini ya da yapılan ödevlerde başka kaynaklardan birebir faydalanılıp faydalanılmadığını anlamak için özel bilgisayar programları kullanmaya başlamışlardır.

Peki, vicdan nedir? Vicdan, insanın doğru ile yanlışı birbirinden ayırmasını sağlayan bir iç sestir. *Vicdan, empati ve kişisel kontrol bir insanı karar alma aşamasında doğru yönlendiren üç unsurdur.* Çocuklar ilk yıllarda bu iç sesi ebeveynlerinin seslendirmeleriyle duyarlar, fakat git gide yıllar içerisinde kendilerine ait bir iç ses oluşturmaya başlarlar. Çocukta vicdan gelişiminin adım adım gerçekleştiği unutulmamalıdır.

Öncelikle vicdani gelişim için ebeveynlerin ortamı hazırlaması gerekmektedir. Çocuklar ebeveynlerinin yorumlarını dinlemenin yanı sıra, onların hangi durumlarda nasıl davrandığını gözlemleyerek de kendi davranışlarını düzenlerler. Anne-babanın diğer insanlara nasıl davrandığı, hangi programları izlediği, günlük olaylara nasıl karşılık verdiği çocuğun davranış gelişimini doğrudan etkiler.

Araştırmalar çocukların en çok kendilerini yakın hissettikleri yetişkinlerin davranışlarından etkilendiğini göstermektedir. Yakın, sıcak bir ilişki çocuğun ebeveyni içselleştirmesini destekler.

Bunun için;

– Çocuklarınızla ahlaki değerleri hakkında konuşun.

– Onlardan ahlaki ve ilkeli davranmalarını beklediğinizi ifade edin. Uygulayabilecekleri kurallar koyun ve bu kurallardan taviz vermeyin.

– Davranışlarının ahlaki ilkelere uygun olup olmadığına yönelik sorular sorun.

– Sadece 'nasıl' davranmaları gerektiğini değil, 'niçin' bu şekilde davranmaları gerektiğini de açıklayın. Açıklamaları ve nedenleri öğrendikçe etik davranışları daha da güçlenir.

– Çocuğunuzun, davranışından dolayı mağdur olan kişilerle empati kurabilmesine yardımcı olun. Mağdur kişilerin neler hissettiğini ve neler düşündüğünü anlaması için ona destek olun.

– Hatalı davranışını düzeltebilmesi için ona destek verin. Davranışın sonuçlarını nasıl telafi edebileceğini ve nasıl özür dileyebileceğini konuşun. Tüm bu aşamalar için çocuğunuzu cesaretlendirin.

– Her ay için belirli bir ahlaki değer üzerinde durun.

Unutmayın, çocuklarınıza öğütlediklerinizi siz de uyguluyor olmalısınız.

KİŞİSEL KONTROL

Günümüzde ebeveynler, ne iş yaparlarsa yapsınlar sürekli bir telaş içindeler. Meşguliyetleri arttıkça tahammülleri azalıyor, yaptıkları hatalar yüzünden çocuklarını sert biçimde cezalandırıyor veya onlara bağırıyorlar. Hataların nasıl telafi edilebileceği, ne anlama geldiği üzerinde konuşmaktansa çocuklarına karşı tahammülsüz bir tutum sergileyen ebeveynler elbette çocukları için iyi bir 'kişisel kontrol' modeli değildirler. Ebeveynin önce kendi davranışlarını kontrol etmesi ve çocuğuyla sakince konuşabilmesi gerekir. Aksi halde çocuklara 'öfkeli olmak'tan başka bir davranış modeli öğretemezler.

Hayatın ilk üç yılında, kişisel kontrol mekanizmasını da büyük ölçüde elinde tutan beynin 'korteks' adlı yapısı gelişir. Çocukluk yıllarının bu ilk üç senesi, beynin travmaya karşı en duyarlı olduğu dönemdir. Bu yıllarda yaşanabilecek şiddet ve suiistimal çocuğun ileriki yıllarda kişisel kontrolü düşük ve öfkeye meyilli bir kişi haline gelmesine sebep olabilir. Sonuçta erken yıllarda konsantrasyon ve hiperaktivite bozuklukları gibi birçok davranışsal sorun ortaya çıkabilir.

Kişisel kontrol, empati ve vicdanla birlikte çocuğun alacağı kararlar için kilit noktadır: Çocuk düşündüğünü uygulayabilecek ya da uygulayamayacaktır.

Kişisel kontrolün gelişimini desteklemek için:

– Kişisel kontrolün ne olduğu, nasıl elde edildiği yine çocuklara model olunarak gösterilir. Ebeveynler öfke ve streslerini dizginleyebildikleri, soğukkanlılıklarını koruyabildikleri ölçüde iyi birer örnek olurlar. Burada söz konsu olan yalnızca duygusal boyutta değil, davranışsal boyutta kontrolü sağlamaktır. Otomobil kullanırken hız limitini aşmamak, alışveriş sırasında harcamaları kontrol altında tutmak, herhangi bir etkinliğe aşırı yoğunlaşmamak, çok fazla yememek gibi...

– Aile içerisinde koyulacak kurallar kişisel kontrol gelişimini destekleyebilir. Örneğin, bir anne herhangi bir konuşma sırasında kontrolünü kaybedeceğini, sinirleneceğini ve konuşmak yerine bağıracağını hissederse biraz yatışmak için bekleyebilir.

– Kişisel kontrolün önemini belirten sözler ve deyişler de etkili olabilir. "Önce düşün, sonra hareket et" gibi.

– Ebeveyn kontrolünü yitirse bile çocuğuyla bunun hakkında konuşabilmeli, onunla birlikte davranışlarını analiz edebilmelidir.

– Çocuğun kendi davranışlarını değerlendirmesi de önemli bir adım olabilir.

Çocukları kişisel kontrolü başarıyla uyguladıkları zamanlarda ödüllendirmek de iyi bir motivasyon kaynağı olabilir. Önemli olan, ödülü maddi formlardan çıkararak övgü, onaylama ve beğenme belirten sözel temellere dayandırmaktır.

Öfke Kontrolü

Ebeveynler çocuklarının kişisel kontrolü başarabilmeleri için yol gösterici ve öğretici olmalıdır. Özellikle çocukların öfkeli zamanlarında kişisel kontrollerini sağlayabilmeleri için ebeveynlerin yardımcı olmaları gerekmektedir.

Öfke çocukların sıkça dışa vurabileceği bir duygudur. Oysa aslında birçok çocuk kendisini tam olarak nasıl ifade edeceğini bilmediğinden zor zamanlarında öfke dolu davranışlar gösterir.

Çocukların öfke dışındaki duygularını da tanımlayabilmesi ve dışa vurabilmesi için öncelikle duygusal durumlarını ifade edebilen kelime dağarcıkları gelişmiş olmalıdır. Ebeveynlerin zor zamanlarda çocuklarıyla konuşmaları ve aslında hangi duygu durumunda olduklarını anlamaları gerekmektedir.

Ebeveynler çocuklarına duygusal durumların fiziksel olarak ne tür tepkilere yol açtığını da öğretmelidir. Örneğin öfkeli olduğu zamanda sesin daha gür çıktığını, soluk alıp verişinin arttığını, dudakların kuruduğunu (ve benzeri belirtileri) anlatmak çocuğun içinde bulunduğu duygu durumunu fiziksel sinyallere de bakarak adlandırmasına yardımcı olacaktır.

Öfkeli zamanlarda kontrolü elde etmek için insanın içsel konuşma yapması ve durumu değerlendirmesi yerinde olur. Bu sebeple çocuğa bu içsel konuşmayı anlatmak ve önermek mümkündür.

Nefes alıp verme tekniği de öfke ile baş edebilmek için bir diğer yoldur. Çocuklara bu ve benzeri birçok tekniğin öğretilmesi önemlidir.

SAYGI

Saygı, çocukların kazanmasını beklediğimiz değerlerden biridir. Oysa yapılan araştırmalar ebeveynlerin ortalama olarak günde 18 defa çocuklarına karşı saygısızca tutumlar sergilediğini göstermektedir. Bağırmak, azarlamak, hakaret etmek ve fiziksel şiddet uygulamak vs... Ebeveynlerin bu tarz davranışlarda bulunmadığı zamanlarda da tehlike dinmiş sayılmaz. Televizyonda, sinemada veya bilgisayar oyunlarında şahit olunan birçok hareket tehlikeyi tırmandırır.

Çocukların saygılı davranmayı öğrenmesi için ebeveynlerin atabileceği adımlar şunlardır:

– Yine her zaman olduğu gibi, anne-baba çocuklarına saygılı davranırsa çocukların da ebeveynlerine ve diğer insanlara saygılı davranması ihtimali artar.

– Saygılı çocuklar yetiştirmek için öncelikle çocuğa koşulsuz sevgi verilmelidir. Sevgiyi hiçbir şarta ve başarıya bağlamayın.

– Çocuklarınızı ilgiyle ve dikkatle dinleyin ki çocuğunuz da bu dinleme biçimini içselleştirsin ve etrafındaki insanları saygıyla dinlesin.

– Saygının sadece kelimelerle değil, aynı zamanda vücut diliyle de ilgili olduğunu gösterin. Çocuğunuz mimiklerinin, hareketlerinin, ses tonunun bir bütün olarak diğer insanlara mesaj verdiğini anlasın.

– Çocuğunuzun olumlu bir kişisel imaj geliştirmesine yardımcı olun. Ona kırıcı, rencide edici, küçük düşürücü ve benlik değerlerini alçaltıcı sözler söylemekten kaçının.

– Çocuğunuzun saygısız tutum içeren davranışları varsa bunları ona anlatarak bu davranışlardan uzaklaşmasını isteyin. Bu sırada mümkün olduğunca davranışı ve bunun anlamını açıklayıp uygun bir dille bu davranışın kendisine yakışmadığını belirtin.

– Eğer saygısız tutumlarına ısrarla devam ederse, bu tutumu sona erene kadar ona karşılık vermeyin. Bu durumda ilgi göstermek, konuşmaya devam etmek olumsuz davranışını sürdürmesine yol açabilir.

– Tüm çabalarınıza rağmen saygısız davranışlarda ısrar ederse ceza yoluna başvurabilirsiniz. Ancak cezanın hangi davranışa verildiğini, ne olduğunu ve ne kadar süreceğini kesin olarak bildirin. Ceza sistemi ancak bu türden kurallar içerisinde caydırıcı hale gelebilir. Cezalandırma yöntemi olarak çocuğun haftalığından kesme, dışarı çıkmasını ya da arkadaşlarıyla telefonla görüşmesini yasaklama gibi yollar kullanılabilir.

– Bazen çocuklar her türlü müdahaleye rağmen saygısız tutumlarını devam ettirebilirler. Böyle zamanlarda asıl neden, çocuğun bu davranışın yerine gösterebileceği başka bir davranışın olmamasıdır. Ona kendini ifade etmek için daha uygun bir davranış gösterme yoluna gidin. Davranış değişikliğinin tamamlanması zaman alır. Önemli olan davranış değişikliği için çocuğun ve ebeveynin sakin olduğu bir zamanın seçilmesidir.

– Çocuklara saygı sınırlarını zorlamadan kendi haklarını ve düşüncelerini savunabileceklerini öğretin. "Üzgünüm ama size katılmıyorum", "Bunu kabul edemem" gibi cümleler iyi bir başlangıç olabilir.

NEZAKET

Nezaket, diğer insanların huzurunu ve mutluluğunu düşünmek demektir. Nazik kişiler etraflarındaki insanlara kibar davranırlar, onların huzurlarını ya da mutluluklarını bozabilecek herhangi bir davranışta bulunmazlar.

Ebeveynlerin çocuklarında nezaket değerinin gelişimini desteklemek için yapabileceklerinin başında yine model olmak gelir. Bunun yanında:

– Çocuğunuzun nezaketin anlamını kavramasını sağlayın. Nazik bir insanın diğer insanların duygularını önemsediğini, haklarına saygı gösterdiğini, kendisini bu sayede daha iyi hissettiğini anlatın.

– Çocuklarınızın nezaketten yoksun tavırlarına karşı müsamahakâr olmayın. Nezaketsiz davranışların sonucunda diğer insanların kendilerini nasıl hissedeceğini anlatın. Çocuğun yaptığı hatanın sonucunu tamamıyla anlamış olması önemlidir.

– Nazik olmayan davranışların sonucunda diğer insanların neler hissedebileceği hakkında konuşmak çocuğun empati yeteneğini de geliştirir. Kalbi kırılmış, üzülmüş bir insanın ne hissettiğini anlamak, çocuğun böylesi kaba davranışlardan kaçınmasını sağlayabilir.

– Çocuğunuzun nezaketsiz davranışlarını değiştirmek için çaba sarf edin. Kırdığı kişilerden nasıl özür dileyebileceği, onların gönlünü nasıl alabileceği hakkında konuşun.

– Kaba davranışlar için örnek olabilecek televizyon programlarını, video oyunlarını ve internet kaynaklarını kontrol edin.

3–5 yaş arası çocuklarımıza:

– "Teşekkür ederim" demeyi alışkanlık haline getirmelerini sağlayalım.

6–12 yaş arası çocuklarımıza:

– Telefona nasıl cevap vereceklerini, telefondaki kişiyle nasıl konuşacaklarını öğretelim.

– Kendi odalarını ve ortak kullanım alanlarını temiz ve düzenli tutmalarının önemini anlatalım.

– Kız çocuklarımızı birer hanımefendi gibi, erkek çocuklarımızı da birer beyefendi gibi davranmaları konusunda teşvik edelim.

– İnsanlarla konuşurken kullandıkları dile ve ses tonuna dikkat etmeleri konusunda onları uyaralım.

– Özür dilemenin öneminden bahsedelim.

– Yaşlılara, ihtiyacı olanlara yardım etmeyi öğretelim.

13–19 yaş arası çocuklarımıza:

– Yetişkin arkadaşlarımızla yemek yediğimizde, çocuklarımızı da sohbete dahil edelim.

– Arkadaşlarına nasıl davranmaları gerektiğini anlatalım.

– Özür dilemekte hızlı, eleştirmekte yavaş olmalarını tavsiye edelim.

– Bizim haberimiz, iznimiz olmadan bir yere gitmemeleri gerektiğini öğretelim.

Şükran duygusunun eksikliği, bugünün çocukları arasında salgın gibi yayılıyor. Çünkü bazı aileler:

- Hak edilmeyen övgülerde bulunarak, çocuklara kanaat etmeyi değil, beklentide olmayı öğretiyorlar.
- Çocuklara yeterli anne-baba ilgisi ve şefkati dışında her şeyi veriyorlar.
- Onlara çok fazla şey verip çok az şey bekliyorlar.

HOŞGÖRÜ

Özellikle son yıllarda insanlar birbirlerine karşı daha önyargılı ve hoşgörüsüz davranıyorlar. Oysa hoşgörü insanların birbirlerine milliyetlerine, cinsiyetlerine, görünüşlerine, kültürlerine, inançlarına ve becerilerine odaklanmadan değer vermesi demektir. Farklılıkları kabullenmek, ahlaki gelişimin bir parçasıdır.

Her konuda olduğu gibi, ebeveynler hoşgörü konusunda da çocuklarına örnek olmalıdırlar.

– Hoşgörülü çocuklar yetiştirmek isteyen ebeveynler öncelikle kendi önyargılarıyla yüzleşip bunları yenmelidir. Unutmayın ki hiç kimse önyargılardan tamamıyla arınmış değildir. Önemli olan, sahip olunan önyargıları kabul etmek ve değiştirmeye çalışmaktır.

– Özellikle çocuklarınızın olduğu ortamlarda ayrımcılığa dayalı, hoşgörüsüz davranışların ve sözlerin engelleyicisi olun. Çünkü çocuklar yalnızca ebeveynlerini değil, etraflarındaki başka insanları da örnek alırlar.

– Bütün farklılıklar ve farklı gruplar için olumlu imgeler oluşturun ve söz konusu gruplardan bahsederken bu imge-

leri kullanın. Böylece çocukların zihnindeki yapılandırma ayrımcılık ve önyargı üzerine değil, hoşgörü üzerine gelişir.

– Mümkün olduğunca çocuklarınızın farklı kültürleri tanımasını sağlayıp bu kültürler hakkında filmler izletin, hikâyeler okutun. Çevrenizde varsa çocuklarınızın farklı kültürlere sahip yaşıtlarıyla arkadaşlıklar kurmasını sağlayın.

– Farklılıklar çocuğa ne kadar erken yaşlarda tanıtılırsa çocuk için kabullenilmesi o derecede mümkün değerler haline gelir.

– Çocuğunuz önyargılı ve hoşgörüsüz bir davranışta bulunursa, onu dikkatle dinleyip ne düşündüğünü tam olarak anlayın. Önyargılı hiçbir düşünceye taviz vermeden onunla sakin, saygılı ve soğukkanlı bir şekilde konuşarak davranışının neden yanlış olduğu anlatın.

– Bazen kurallar koyarak da hoşgörünün gelişmesini destekleyebilirsiniz. Örneğin ayrımcılık içeren konuşmaları yasaklamak iyi bir yönlendirici olabilir.

ADALET

Adalet, kişinin doğru olanı tarafsızca yapması, hakkı olan kişinin hakkına saygı duyması ve bu kişinin hakkına sahip olabilmesi için onu desteklemesi demektir. Bir ebeveynin haksızlık yapması ve çocuğun bunu gözlemlemesi gitgide çocuğun gözünde haksızlık yapmanın normal bir davranış haline gelmesine sebep olur. Bu durumda çocuk, ne adil olmanın doğru bir davranış olduğunu fark edebilir ne de haksızlık yapmanın hatalı olduğunu görebilir.

Ebeveynler bazen farkında olmadan çocuklarını haksız davranışlara teşvik edebilirler. Örneğin, okuldaki başarının çok önemsendiği ailelerde, çocuğun kopya çekmesi görmezden gelinebiliyorsa çocuk bu davranışı normalleştirebilir. Bu, üzerinde düşünülmesi gereken bir sorundur.

Adil çocuklar yetiştirmek için;

– Öncelikle çocuklarınızla iletişiminizde adil olun. Gerektiğinde kendinizi eleştirin, çocuklar için koyduğunuz kuralları, hedefleri gözden geçirin. Koyduğunuz hedeflerin ne derecede ulaşılabilir veya gerçekçi olduğunu ya da çocuğunuzun ihtiyaç ve isteklerini ne derecede dikkate aldığınızı değerlendirin. Bunlar ebeveyn ve çocuk arasında adaletli bir iletişimin oluşması için üzerinde düşünülmesi gereken konulardır.

– Kendi hayatlarınızda da adil olun. Çocuğunuzun sizi daima gözlemlediğini unutmayın.

– Çocuklarınızdan adaletli davranmalarını bekleyin. Haksız ya da bencilce davranışlarına müsamaha göstermeyin.

– Adalet hakkındaki düşüncelerinizi çocuklarınızla paylaşın. Adaletin ne olduğunu, nasıl adil davranıldığını, insanların adil davranarak neler kazandığını ve kendilerini nasıl hissettiğini konuşmak çocukların ufkunu açar.

– ***Ne için olursa olsun, çocuklarınızı kesinlikle kardeşleriyle, arkadaşlarıyla ya da başka insanlarla karşılaştırmayın. Bu, olumsuz bir davranışı olumlu hale getirmek için en yararsız ve hatta en zarar verici yöntemlerden biridir.***

– Yalnızca bütün bir ailenin bir araya geldiği zamanlarda değil, çocuklarınızla bir arada geçireğiniz özel zamanlarda da adaletle ilgili konuşmalar yapın.

– Çocuklarınıza yalnızca adil olmalarını değil aynı zamanda haksızlıklara karşı çıkmalarını da öğretin. Böyle bir durumla karşılaştıklarında nasıl tepki vereceklerini, ne gibi çözüm yollarına başvuracaklarını anlatın.

– Çocuğunuzun adil olmak için ya da haksızlıklara karşı çıkmak için gösterdiği çabaları takdir edin.

Altıncı Bölüm

GELİŞİMDE ANNE-BABANIN ROLÜ

Sonbaharda gül fidanını yıkma ki, ilkbaharda onun güzelliklerinden mahrum kalmayasın.
Şeyh Sâdi

Büyümek denince hepimizin aklına çocuklar gelir; sanki sadece onlar büyür ve gelişirmiş gibi... Aslında bir grup olarak ailenin her bir bireyi, tüm hayatları boyunca gelişir. İnsanın gelişimi, çocukluktan sonraki dönemlerde de devam eder. Aile içi ilişkiler, bu gerçeği göz önüne alarak oluşturulmalıdır. Mesela gençlik çağına girilmesiyle birlikte, gencin aileden kopmadan çevreyle de rahat bağlantı kurabilmesi için ilişkiler biraz esnetilmelidir.

Benzer şekilde, yetişkinler evlendiklerinde kendi ailelerinden koparlar, yeni bir yuvanın temellerini atmaya çalışırlar. Hayatlarını düzenlerken artık eşlerini de hesaba katarlar. Paylaşmayı öğrenirler.

Çocukların doğmasıyla birlikte, bu ikili ilişkide ailenin yeni üyeleri için de yer açılır. Sonra çocuklar artık büyür, birer yetişkin olurlar. Onların evlenmeleriyle aileye gelin, damat, dünür ve torunlar katılır.

Ebeveynler için 40-50'li yaşlar, gelişimin biraz karmaşık bir dönemidir. Çünkü bir yandan evlatları artık birer yetişkin olarak hayatlarını kuruyorlardır, öte yandan da çoğunlukla yaşlanan anne-babalarına bakıyorlardır.

Gelişim ve değişim sürekli devam etse de, ebeveynlerin çocuklarını düşünmesi, onlarla olan ilişkileri her zaman hayatlarının bir parçasını oluşturur. Özellikle çocukluk döneminde, ebeveynler çocuğu en iyi nasıl yetiştiririm diye düşünürken iki uçta toplanma eğilimindedirler.

Bir grup, kendilerini geleneksel aile olarak adlandırır. Çocuklara kurallar koyup, asla onlardan vazgeçmezler, taviz vermezler. Çocukların hiçbir konuda fikirlerini almazlar, tamamıyla otoriter babanın ya da otoriter annenin sözleri karar sayılır. Evde 'yıldırıcı' cezalar uygulanabilir. Onlara göre başa gelecek en kötü şey çocuğu şımartmaktır.

Diğer yandan kendilerini özgür olarak nitelendiren ailelerde, çocuklarının tüm fikirlerini rahatça sözel olarak ve hareketle açıklamasına izin verilir. Bu ebeveynlere göre çocuklara kurallar koymak onların üretkenliğini zedeler. Onlara göre hayatta olabilecek en kötü şey çocuğu 'bastırmak'tır, onu serbest bırakmak lazımdır.

Yıllardır yaptığımız araştırmalar ve gördüğümüz vakalar gösteriyor ki, her iki uçta yer alan aile tarzları, çocuklar için hiç de olumlu sonuçlar doğurmamaktadır.

YAYGIN ANNE-BABA TUTUMLARI

Otoriter-Katı Kuralcı Aile

- Çocuk her kurala uymak zorunda bırakılır.
- Evde katı ve sert bir disiplin uygulanır.
- Ana baba sürekli araştıran, çocuğun her işine karışan bir tavır sergiler.

- Aile çocuğun her hareketini izler. Mutlaka onun hareketlerinde kusur bulur, olaya müdahale eder. Doğrusunu(!) hemen, o anda çocuğa öğretir veya öğretme çabasına girer.
- Çocuğun hata yapmasına fırsat verilmez.
- Kısa vadede bu yöntemle çocuğun bir disiplin altına alındığı görülse de, uzun vadede bu yöntem sağlıksız ve zararlıdır.

Çocuk üzerindeki etkisi:

- Çocuğun kendine olan güveni ortadan kalkar.
- Çocuk sessiz, uslu, nazik ve dürüst olabilir, ama küskün, silik, çekingen ve kolay etki altında kalan bir yapıya bürünür.
- Çocuk kolayca ağlar.
- Çocuk isyankâr, inatçı, huysuz bir yapıya da bürünebilir; ki bu durumda bu tip aileler genelde sorunu çözmek için baskıyı artırma yoluna giderler. Bu ise asiliği daha da artırır.
- Çocuk hırçın ve kindar, arkadaşları ile uyumsuz ve kavgacı olabilir.
- Hata yapmasına müsaade edilmediği için ileri yaşlarda hayatın sıkıntıları karşısında dayanıksız olabilir.

İlgisiz ve Kayıtsız Aile

- Aile aşırı rahattır, çocuğun dünyasına girmek gibi bir kaygıları yoktur.
- Çocuk sorumluluklarından kaçar. Ana baba çocuğa iyi bir model olamaz.
- Genellikle bu aile tipi davranışı anne ve babada aynı anda görülmez.

Çocuk üzerindeki etkisi:

- Çocuk bencil ve şımarık olur. Bu yüzden arkadaş çevresinde sevilmez.

- Çocuk evde veya okulda anne babasının dikkatini çekmek için alışılmadık davranışlar sergiler.
- Ailesi çocuğa model olamadığı için çocuk kendine başka modeller seçer. Gençlik dönemlerinde vaktinin tümünü arkadaşları ile geçirir.
- Çocuk genç yaşta zararlı alışkanlıklar edinmeye eğilimli olur.

Aşırı Koruyucu Aile

Bu aile tipi baskıcı otoriter aile ile karıştırılabilecek kadar benzer özellikler taşır. Aralarındaki temel fark; bu aile tipinde aşırı şefkatin, koruma güdüsünün disiplinin önünde gelmesidir. Bu aile tipinde:

- Çocuğa gerektiğinden fazla özen ve kontrol gösterilir.
- Özellikle anneler bu tip tavırlar sergiler.
- Çocuğun kendi yapacağı ve yapması gereken işler bile koruyucu ebeveyn tarafından yapılır.

Çocuk üzerindeki etkisi:

- Çocuk aşırı duygusaldır.
- İleri yaşlarda bile etrafına bağımlı olarak yaşar.
- Kendi ayakları üzerinde durması uzun yıllar alır.
- Toplum içinde kendi başına iş yapma cesaretini gösteremez.
- Anne babasından ayrı kalamaz, ileri yaşlarda bile sürekli anne babasının yanında olmak ister.

Tutarsız Aile

Genellikle genç ebeveynlerde ve ilk çocuğun yetiştirilmesinde görülse de, orta ve ileri yaşlardaki ebeveynlerde de görülebilmektedir.

- Eski-yeni çatışması olur ve ailenin çocuğa karşı tavırlarında tutarsızlıklar sergilenir.
- Tutarsız davranmanın nedeni genellikle eşlerin çocuk yetiştirmeye farklı bakmaları ve bunu çocuğa yansıtmalarıdır.
- Bazen de eşler çocuk yetiştirme metotlarında değişiklik yapma hususunda farklı düşünürler, bu da tutarsızlığa neden olur.

Çocuk üzerindeki etkisi:

- Tutarsızlığın neticesi olarak, çocuk asi, hırçın, inatçı olabileceği gibi, içine kapanık ve pısırık da olabilir.
- Çocukta ana baba sevgisi azalır.
- Çocukta dikkat toplayamama ve uzun süre bir işe odaklanamama problemleri ortaya çıkar.
- Çocuk anne veya babadan birisine çok yaklaşırken, diğerinden uzaklaşabilir.
- Çocukta yalan söyleme, izinsiz eşya alma gibi davranış bozuklukları başlayabilir. Kişilik bozukluğu için ciddi bir risk faktörüdür.

Sevgiye Dayalı, Hoşgörülü, Destekleyici ve Sınırları Belli Aile

En etkili olan ebeveynlik tarzı sevgiye dayalı, hoşgörülü, destekleyici olandır.

Bu ailenin en temel özelliği, eşlerin kendilerini anne-baba olmaya hazır hissetmeleridir.

- Anne ve baba, hissettikleri sevgiyi şefkat, anlayış ve sabırla yoğururlar. Sıcak bir aile ortamı sağlamaya çalışırlar.
- Müşfik bir şekilde olumlu davranışları onaylayarak, çocuğun karakterinin sağlıklı bir biçimde gelişmesini ve hayata hazırlanmasını sağlamaya çalışırlar.
- Evlatları ile vakit geçirmekten ve onlar için bir şeyler yapmaktan hoşlanırlar. Çocuklarının başarıları, kendi ayakları üstünde durabilmeleri onları gururlandırır.
- Böyle ebeveynler evlatlarının istek ve ihtiyaçlarını anlarlar, onların ilgi alanları ile sorunlarını ciddiye alır ve gerçekten bunlarla alakadar olurlar.
- Aynı zamanda net bir biçimde belirlenmiş kuralları vardır. Çocukları için standartları yüksek tutarlar, çeşitli davranışları için belirli kurallar vardır ve tüm bunları tutarlı bir şekilde uygularlar.
- Tatile çıkma, ziyaretler gibi planlar ile ilgili konularda çocukların da fikirlerini alırlar.
- Kendilerini hatasız görmezler. Çocuklarına farklı da olsa fikirlerini ifade edebilmeleri için uygun ortam sağlarlar. Yalnız, bunu yaparken belli bir saygılı üslup beklentisi içindedirler.
- Evlatlarının meraklı olmalarını ve soru sormalarını teşvik ederler. Çünkü ancak böylece konulan kural ve sınırlamaların, nedenleriyle birlikte daha kabul edilebilir olduğunun bilincindedirler.

- Çocuk yanlış bir tavır sergilediğinde, ona bunun neden yanlış olduğunu anlatırlar. Müdahale etmeyi ertelemezler. Aile kuralları neyi gerektiriyorsa onu hemen yaparlar.
- Böyle ebeveynler çocuklarının sorgusuz-sualsiz kendilerine itaat etmelerini beklemezler. Ama dizginleri de tamamıyla çocuğa vermezler.
- Kurallar belli bir mantık ve anlayış üzerine oluşturulmuş, sınırlar ise sevgi ile çizilmiştir.

İşte bu *Sevgiye Dayalı, Hoşgörülü, Destekleyici ve Sınırları Belli* aileler;

(1) Çocuklarını sevdiği halde onlara sınırlar ve kurallar koymada zorlanan aşırı müsamahakâr ailelerden

(2) Yeterli sevgi ve güven ortamını sağlamadan çocuklarına haşin davranan ve onların her şeyini kontrol etmeye çalışan baskıcı ailelerden ayrılırlar.

Sevgiye dayalı, hoşgörülü, destekleyici ebeveynler çocuklarıyla daha baştan iyi ilişkiler içindedirler. Ama bu durum, bugüne kadar çocuklarına karşı diğer 4 gruba giren tutumu sergilemiş olan aileler için çok geç olduğu anlamına gelmez. Bir yerden başlayıp, ilişkiyi yeniden düzenlemek mümkündür. *Sevgiye Dayalı, Hoşgörülü, Destekleyici* bir ebeveyn olmak öğrenilebilir bir davranış olup uygulandığı takdirde, çocukla olan ilişkide düzelmeler, yükselişler başlayabilir.

Hiçbir şey için geç değil. Geçmişi değiştiremeyeceğimiz, geleceği de bilemeyeceğimize göre, şu anı değerlendirmek yapılacak en akıllıca iştir. Zararın neresinden dönülse kârdır.

Değişime önce kendimizden başlayalım. Çünkü insanın bir başkasını değiştirmektense kendisini değiştirmesi çok daha kolaydır. Anne babanın olumlu anlamda değişmesi, çocuklarının ahlakı ve karakteri düzgün birer birey olabilmesini kolaylaştıracak demektir.

MUTLU ÇOCUK MUTLU AİLE

'Sevgi' ve 'Güven'le Başlamak

Çocuklara sevgi ile yaklaşarak, gençlere ise sevgiyle yaklaşmanın yanı sıra, anlaşıldıklarını hissettirerek onlarla yakınlık kurabiliriz.

Şirin ve sevimli olmaları sebebiyle doğal olarak sevilen çocuklar, büyüyerek sevimliliklerini yitirmeye başladıklarında, aileleri tarafından artık neden ve nasıl sevilecekleri kaygısını duyabilirler.

Daha da büyüdükçe, aile kontrolünden uzaklaşıp özgürlüklerini tamamen kazanmaya çalışırlar. Diğer yandan, ailelerinin onları fiziksel olmasa da psikolojik olarak terk edeceğinden çekinebilirler. Ebeveynler, sadece küçükken ne kadar sevimli ve eğlenceli olduklarını söyleyerek gençlerin bu korkularını farkında olmaksızın besleyebilirler. Bunun için gençlerin hem geçmişteki hem de halihazırdaki olumlu özellikleri gündeme getirilmeli, gençler onore edilmeli, kendine güven hissi pekiştirilmelidir. Gençlerin büyümelerinin, yanlış davranışlarının ya da anne-babalarının onlara kızmalarının aralarındaki bağa zarar vermediği ve vermeyeceği noktasında zaman zaman güven tazelemeye ihtiyaçları vardır.

İlgi göstermek ve anlamaya çalışmak ayrı şey, çocuğun her istediğini yapmak ayrı şeydir. Doğru olan ikinci olmadığına, kontrolün anne-babanın elinde olmasının ise onları evlatlarının nazarında pek de sevimli kılmayacağına göre, ebeveynin çocuklar ile yakınlık kurması nasıl sağlanacaktır?

Öncelikle çocuğun, ailesi tarafından sevildiğinin, kendisine değer verildiğinin farkında olması gerekir. Sevgi beraber vakit geçirdikçe pekişen bir duygudur. Sağlanabilecek pek çok maddi imkân, asla sevginin yerini tutamaz. Sınırları sevgiyle çizilmiş tutarlı bir ortam çocuğun önce evde, sonra da toplumda kendini güvende hissetmesine, çevresiyle sağlıklı iletişim kurabilmesine, toplumsal kuralları içselleştirebilmesine yardımcı olur. Bu sevginin gelişmesi ve pekişmesi için en güzel ve sağlıklı yolsa, çocuklarla beraber vakit geçirmektir.

Peki, ama nasıl?

Birlikte Vakit Geçirmek

Çocukla birlikte geçirilen vaktin süresinden ziyade, kalitesi önemlidir. Çocuğun, gün boyunca ev işleriyle ilgilenen annesinin yanında olması, ona fiziksel açıdan güvenli bir ortam sağlayabilir, fakat zihinsel ve duygusal gelişiminin ilerlemesinde fazla etkili değildir. Çocuğun anne-baba ile birlikte olması gereklidir, ama yeterli değildir.

Arkadaşımız ya da misafirimiz ile sohbet ederken nasıl ki muhatabı kırmamak için mümkün olduğunca göz teması kurmaya çalışıyor, onu dinlerken başka bir şeyle ilgilenmiyor ve sözünü kesmiyorsak; aynı dikkat ve özeni anne-babalar olarak çocuklarımız için de göstermeliyiz.

Oyun

Çocuğun hem anne ile hem de baba ile vakit geçirmeye, çeşitli paylaşımlarda bulunmaya ihtiyacı vardır. Bu paylaşımların çocuk için en cazip olanı *oyun*dur. Oyun, çocuk için kendi duygu ve yeteneklerini keşfedebilme fırsatını yakaladığı, aynı zamanda psiko-sosyal, duygusal, dilsel ve zihinsel gelişimine destek olacak bir fırsattır. Başlangıçta merak ve faaliyette bulunma isteği, çocuğu oyun oynamaya iter. Oyun aracılığı ile ilgileri gelişir. Zekâ, sosyalleşme, öğrenme gibi temellerin sağlıklı atılmasıyla kişilik de sağlıklı gelişir; bunun başlangıcı da oyunla olmaktadır. Çünkü gerek oyuncaklı, gerekse oyuncaksız oyunlar, hayattan sahneler içermektedir. Aslında oyun, aile yaşamının doğal ve eğlenceli bir yönüdür. Oyun yoluyla hem aile bireyleri arasındaki etkileşimi güçlendirmek hem de çocuğun çeşitli alanlardaki gelişimine destek olabilmek mümkündür.

Maria Montessori, oyun için "Çocukların en ciddi işidir" demiştir. Çocuk, oyun sayesinde diğer insanlarla ilişki kurmayı öğrenecek, zihnini çalıştıracak, yetişkinlerin dünyasını anlamaya başlayacaktır. Oysa günümüzde bazı ebeveynler oyunu boşa zaman geçirmek olarak algılamaktadır. Oysa oyun oynamasını engellemek veya çocuğu sadece derslerini yapması veya kitap okuması için zorlamak ona zarar verebilir. Önemli olan çocuğun gelişimini destekleyici oyunları bulmak ve kimi zaman onunla birlikte bu oyunları oynamaktır.

Çocuğun kaç yaşında okumayı öğrenmesi gerektiği kültürlere göre farklılık göstermektedir. İngiltere'de çocukların 5 yaşındayken kitap okumaya başlamaları gerektiği, İsveç'te ise 7 yaşın bunun için daha uygun olduğu düşünülmektedir. Osmanlı geleneğinde ise çocuk 4 yaşındayken 'âmin alayı' denen bir kutlama ile eğitim-öğretim hayatına adım atardı.

Jean Piaget, çocuklarda oyun faaliyetine çok önem vermiştir. Ona göre oyun, hem çocuğun kapasitesini artırır hem de sosyal deneyim hissi yaşamasını sağlar. Oyun, çocuğun ilişkileri hissetmesinde de önemli rol oynamaktadır. Bunu psikanalizin babası olan Sigmund Freud da belirtir. ***Oyun çocuğun küçük dünyasıdır. Bu küçük dünyada çocuk aslında gerçek dünyadaki rollerin provasını yapar. Gerçek dünya ile fantastik dünyayı ayırırken duygularını keşfeder.***

İki yaşın altındaki çocuklar tek başlarına oynamayı severler. İkinci yılın sonlarına doğru ise, yalnız oynamaktan çok, sosyal ilişkiler kurmayı tercih ederler. Vygotsky'e göre, taklit etme çocuğun bilincinde olmayan yeni bir düzendir. Bu düzen oyun ile yapılandırılır. Çocuk oyun oynarken özgürdür, yeni kurallar keşfeder. Oyunlar çocuğun davranış yapısını kontrol etmesini sağlar, kurallara uymayı öğretir. Çocukların ahlak kuralları ile fiziksel kurallar arasında yaşayabileceği karışıklık oyunla giderilebilir. Bunun yanı sıra, oyun oynarken karar verme becerilerini ve ilgi alanlarını keşfetme fırsatını yakalar.

Yemek Saatleri

Çocuklarla birlikte vakit geçirmenin en doğal ve kolay olan yolu belki de *yemek saatleridir.* Bu saatlerin aile içi iletişimi arttırmadaki rolü inkâr edilemez. Buna karşılık, yemek saatlerinin aile içi iletişim ve çocukların kişilik gelişimi için taşıdığı önemin yeteri kadar fark edildiği de söylenemez.

Yemek saatleri ailevi bağları kuvvetlendirmek için önemli bir fırsattır. Böylece, diğer vakitlerde şu ya da bu sebepten ötürü konuşulamayan aile bireyleriyle sohbet edebilme imkânı yakalanmış olur.

Bu bakımdan:

- Mümkünse yemek saati boyunca telefonları kapatmak gerekir.
- Küçük büyük ayrımı yapmaksızın ailenin tüm fertlerine konuşma fırsatı verilmelidir.
- Kimsenin sözü kesilmemelidir.
- Anlatılan konular hakkında ilgiyle dinlenildiğini gösteren sorular sorulmalıdır.
- Mümkün olduğu kadar genelgeçer konular konuşulmalı, tartışma ortamı oluşturulmamalıdır.
- Yemek zamanını eğlenceli, neşeli geçirmeye çalışılmalıdır.
- Yemekte konuşmamak diye bir kural yoktur. Aksine, sohbet etmek sevgi ve muhabbeti arttırır.

Gerek yemek saatleri, gerek çocuklarımızla baş başa geçirdiğimiz diğer zamanlar tatlı ve sevecen göz temasını da içermelidir. Çocuğunuzun gözlerinin içine özenle bakmak, sevginin sizin kalbinizden onunkine doğru akmasına sebep olacaktır.

Bazen aile üyeleri ceza olarak birbirlerine bakmayı reddederler. Bu çok zalimcedir. Çocuğunuzun davranışı ya da koşullar ne olursa olsun, sevginizi sürekli olarak vermeniz gerekir.

Çocuğunuzla vakit geçirdikçe onu daha iyi tanıma imkânı kazanırsınız. Birden fazla çocuğu olan anne ve babaların, çocuklarından her birine haftada en az birer özel saat ayırabilmeleri son derece yararlı olacaktır.

Birlikte vakit geçirmek, anne-babalarıyla vakit geçirmeyi özleyen çocuklar için, sevildiklerini hissetmelerini sağlayacak en emin yoldur. Çocuklarınızla vakit geçirdiğinizde onları sadece dış dünyanın 'tuzaklarından' korumuş olmakla kalmayıp, ömür boyu hatırlanacak anılara da sahip olursunuz. Çocuklarımız sevgiyle dopdolu olduklarında, başta biyolojik olmak üzere psiko-sosyal ve manevi gelişimleri de sağlıklı bir seyir izleyecektir.

Mehmet'e babasının kendisini sevdiğini nereden anladığını sorduğumuzda, şu cevabı veriyor: "Çünkü benimle birlikte zaman geçiriyor. Birlikte basketbol oynuyoruz, araba yıkıyoruz, berbere gidiyoruz..."

Yusuf'un gözleri genellikle ışıl ışıl. "Annemle babamın beni sevdiğini biliyorum, çünkü benimle vakit geçiriyorlar" diyor. "Babam akşam işten gelip dinlendikten sonra bulmaca çözüyoruz, kırılmış oyuncağımı ya da bozulmuş radyoyu tamir ediyoruz. Bazen askerlik hatıralarını anlatıyor, arkadaşlarımdan, tuttuğumuz takımdan, geleceğe dair planlarımızdan konuşuyoruz. Şarkı bile söylediğimiz oluyor birlikte. Annemle de arkadaşlarım hakkında konuşuyor, hikâyeler, masallar okuyoruz..."

Leyla on yaşında. "Annemle babamı çok seviyorum. Onların da beni sevdiğini biliyorum" diyor. "Biz üç kardeşiz, ama yine de her birimizle tek tek ilgilenip, bize kendimizi özel hissettiri-

yorlar. Annem çay saati için mutfakta benimle birlikte kurabiye yaparken, babam da kardeşimle sohbet ediyor. Babam çok güzel masal anlatır, bazen de kitaptan okur. Haftada en azından bir kez bize masal anlatır. Ödevimde yapamadığım bir soru olduğu zaman babama sorabileceğimi bildiğim için ders çalışmaktan çekinmiyorum. Annem, babam, kardeşim ve ben en çok sessiz sinema oyununu seviyoruz. Bir de babamın başımı okşaması, 'İyi geceler Leylacığım' demesi çok hoşuma gidiyor. Beni önemsediğini hissediyorum..."

Anne-babaların çocuklarıyla iletişim noktasında dikkat etmesi gereken bir husus, eşler beraberken çocuğun ikinci plana düşebilmesidir. Eğer diğer kardeşler de ebeveynler ile beraberse, çocuk daha da çok dikkat çekmek isteyebilir. Normalde göstermediği davranışları sergileyebilir. Onun için kimsenin takımın dışında kalmamasına dikkat edilmelidir. Her bir çocuğumuza, ilişkimizin özel olduğunu hissettirebiliriz.

Her bir çocuğumuzla samimi bir sohbette bulunmak için, yatma zamanından faydalanabiliriz. O zaman çocuklar yatma zamanını iple çekerler. Çünkü çocuklar anne-babalarıyla yalnız kalmayı severler. Çocuğumuzu dikkatli bir şekilde dinlersek o da umutlarını, korkularını, isteklerini paylaşmayı öğrenir. Bu samimi ilişkiler onun endişelerini azaltacaktır.

"Sıkıldım" Rutini: Çocuklardan "Sıkıldım" kelimesini sık sık duyarız. Bazen onca oyuncaklarına rağmen yapacak bir şey bulamazlar. Bu gibi durumlarda çocukları eleştirmemek, onlara kızmamak gerekir. **"Sıkıldım" aslında "Seninle vakit geçirmek istiyorum" demektir**. Ona birlikte yapabileceğiniz faaliyetler önerebilirsiniz.

5-8 Yaş İçin Etkinlik Tavsiyeleri

"Şekilleri yiyelim": Ekmek dilimlerini farklı geometrik şekillerde her birinden en az ikişer tane olmak üzere kesin: kare, üçgen, daire, dikdörtgen. Çocuğunuzdan benzer şekilleri göstermesini istedikten sonra, şekillerin bir tanesinin üzerine reçel vb. sürün ve şeklin benzerini reçelin üzerine koymasını isteyin.

Gizli harfler: Konserve kutularının ya da elektronik eşyaların üzerindeki bazı harfleri bulup, göstermelerini isteyin. 5 tane A harfi, 3 tane C harfi gibi. Sonra bulduğu harfleri bir kâğıda yazsın ve o harflerden türetebildiği kadar çok kelime türetsin.

Görünmez harfler: Çocuğunuzla birlikte bir kova su ile bir fırça alarak ufak bir park gezisi yapın. Çocuğunuz fırçayı kovaya batırdıktan sonra yola bazı harfler/rakamlar/kelimeler yazsın, siz de onları tahmin edin. Sonra da ne yazdığı üzerine konuşun.

Hikâyenin sonu: Seçtiğiniz bir hikâyeyi yüksek sesle okuyun ama sonuna gelmeden durun. Çocuğunuza hikâyenin nasıl sonlanabileceğini sorun. Ardından hikâyenin sonunu okuyun ve gerçekten de onun tahmin ettiği gibi bitip bitmediği üzerine konuşun.

Çamaşırlarla matematik: Çamaşır yıkamadan önce ya da yıkadıktan sonra çocuğunuza kaç tane çorap, tişört, pantolon, gömlek yıkayacağınızı/yıkadığınızı sorun. Her birini saysın. Sonra da gömlekleri, çorapları vs. gruplandırsın.

"Ne büyütür?": İki saksı menekşe alıp evinizin veya balkonunuzun aynı yerine koyun. Her ikisinin de aynı oranda güneş ışığı almasına, rüzgâra maruz kalmasına vs. dikkat edin. Çocuğunuz, birinci saksıyı düzenli olarak sularken, ikinciyi bir veya iki hafta sulamasın. Ama bu süre zarfında saksıların yerlerini hiç değiştirmeyin. Bir-iki hafta sonra, çocuğunuzla birlikte iki menekşeyi karşılaştırın. Ne olmuş, neden olmuş, konuşun.

9-10 Yaş İçin Etkinlik Tavsiyeleri

Ömür boyu okumak: Ömür boyu okumayı destekleyin. Şiirleri, hikâyeleri içlerinde adları geçen kahramanlarını canlandırarak okuyun. Mümkünse seslerinizi kaydedin ve sonra dinleyip eğlenin.

Televizyon ve dünya: Televizyonunuzun yakınına bir dünya haritası yerleştirin. Haberleri seyrederken, çocuğunuzdan adı geçen yerleri harita üzerinde bulmasını isteyin. Evdeki kitapları ve ansiklopedileri rahatça ulaşılabilir yerlerde bulundurun. Böylece bir şeyi merak ettiğinde hevesi kaçmadan araştırmaya başlayabilir.

Resimli hikâyeler: Çocuğunuz dergi ve gazetelerden dörtbeş resim kessin ve bunları sıralayıp bir hikâye anlatsın. Sonra resimlerin sıralarını değiştirip farklı hikâyeler oluştursun.

Market gezisi: Çocuğunuzdan yemek için bir şeyler hazırlamasını isteyin: puding, sandviç, salata vb. Önce malzeme listesini çıkarsın, sonra beraber markete gidin. Bırakın ne alacağına o kadar versin. Tabii evde yaptığı listeye bağlı kalarak. Alışverişin sonunda aldığı fişi kontrol etsin. Aldığı ürünlerin fiyatlarını bir kâğıda tek tek yazıp toplasın ve fişteki toplamla karşılaştırsın.

Tarih şeridi-Aile tarihinizi kaydedin: Her bir çocuğa ayrı ayrı olmak üzere büyük boy kâğıtlar verin. Kâğıdın üzerine 1-1,5 metrelik bir kronoloji çizgisi çekin. Çocuklarınızdan kendi hayatlarında önemli buldukları günleri, olayları dünyaya geldikleri günden başlayarak kaydetmelerini isteyin. Boya kalemleri ve resimler de kullanabilirler. Sonra bir müddet bu aile tarihi şeritlerini görülebilecek yerlere asın.

11-13 Yaş İçin Etkinlik Tavsiyeleri

"Haberleri takip et!": Ailece gündemdeki konulardan birini seçin. Her biriniz o konu üzerine ne kadar çok bilgi toplayabilirse toplasın. Sonra da herkes bulduğu bilgileri birbiriyle paylaşsın.

Reklamlar: Birlikte bir reklam seçip seyredin. "Reklamın ana fikri nedir? Hangi detaylar kullanılmış? Neden?" gibi başlıklar altında konuşun. Mesela güçlü, yakışıklı bir erkek elinde bir içecekle pahalı bir arabanın içindeyse bu reklam bize o içecek hakkında bir mesaj(!) vermek istiyor demektir.

Ufkumuzu genişletelim: Çocuğunuzun değişik ülkelerin insanları, kültürleri hakkında bilgi edinmesine yardımcı olun. Çeşitli kitaplar, broşürler, internet araştırmaları, belgeseller veya konsolosluk ziyaretleri, çocuğumuzun dünyanın sadece yaşadığı çevreyle kısıtlı olmadığını fark etmesine yardımcı olduğu gibi, ufkunu da genişletecektir. Çocuğumuz, topladığı bilgileri bir çay saati öncesinde aile bireylerine sunabilir.

Bazı aileler çocuklarının ve etrafındaki kişilerin istedikleri her şeyi yapmaya çalıştıkları için kendilerine vakit ayıramıyorlar. Çocuklarının ya da yakınlarının her isteğini gerçekleştirmeye çalışırken, kendilerinden ödün veriyorlar. Oysa her bireyin ve ilişkinin kendine zaman ayırmaya ve ilgiye ihtiyacı vardır. Çocuklarınıza kusursuz bir hayat sunmaya çalışırken kendinizi ve eşinizi ihmal etmeniz dolaylı olarak çocuğunuza da yansır. Kendinize ayıracağınız zaman, eşinizle birlikte geçireceğiniz bir akşamüstü kendinizi daha rahat hissetmenizi sağlayacaktır. Rahatladıkça da daha iyi bir ebeveyn olduğunuzu göreceksiniz.

Gençlerle Sohbet Etmekte Güçlük Çekenler İçin Öneriler

Yüzlerce gençle yapılmış görüşmeler sonucu ortaya çıkan, gençlerin en çok konuşmaktan hoşlandıkları sekiz başlık şu şekilde sıralanabilir:

Aile meseleleri: Gençler, taşınma ya da tatile çıkma gibi aileyi etkileyecek meselelerde olduğu kadar, harçlık, dışarı çıkma saatleri ve kurallar gibi kendileriyle ilgili konularda da fikirlerinin alınmasını isterler. Eğer ailenin gündeminde maddiyatla, işle ilgili bir sıkıntı veya olası bir boşanma yahut ciddi bir rahatsızlık durumu varsa, gençler bunlardan da haberdar edilmek isterler.

İhtilaflı meseleler: Gençlerin zihinleri sorularla doludur. Bu soruların bir kısmı bize saçma ve anlamsız da gelebilir. Yine de, gençler bizden "Yaşın bunlar için çok küçük" ya da "Bunlar açıklaması zor konular" gibi sözler duymaktansa, kendileriyle anlayacakları ölçüde konuşmamızı beklerler.

Duygusal meseleler: Gençler anne-babalarının gerçekte neler hissettiğini bilmek isterler. Pek çoğu anne-babalarından *Seni seviyorum/Koçum/Yavrum* gibi mesajları sevgi dillerinin farklılığına göre duymak isterler. Bu nedenle "Çocuk sadece beşikte sevilir, kucağa alınmaz" gibi onlarla aramızda aşılmaz duvarlar örecek anlayışları sorgulayabilmeliyiz.

Büyük 'neden'ler: Neden savaş çıkıyor? Neden bazı insanlar zengin, bazıları fakir? Neden burada dünyaya geldim de başka yerde değil? Gençler, soyut düşünceye geçmenin verdiği sancıların yansıması olarak, ebeveynleri ile bu konuları konuşmak isterler.

Gelecek: Gençler üniversite, iş hayatı, evlilik, kariyer vb. konular üstüne konuşmayı severler.

Günlük meseleler: Dünyada veya ülkede gündemde olan konular/olaylar üstüne konuşmayı da severler.

Kişisel ilgi alanları: Gençler kendi hobi ve ilgi alanlarının büyükleri tarafından da paylaşılmasını isterler. Arkadaşları, okul futbol takımı, boncuktan bileklik yapma ya da hoşlandıkları müzik grubu... hakkında anne ve babalarıyla konuşabilmeyi beklerler.

GÜNÜN NASIL GEÇTİ OĞLUM ?
İYİ...

HADİ BUGÜN OKULDA NELER YAPTIĞINI ANLAT !

OKUL... BÜYÜK BİR BİNA...
BAŞKA ...

Ebeveynlerin kendileri: Gençler anne-babalarının kendi yaşlarındayken neler yaptığını merak ederler. Özellikle onların duygusal olarak yaşadıklarını, zaaflarını ve hatalarını öğrenmek isterler. Burada amaçları, aslında, hatalar ve zaaflar konusunda yalnız olmadıklarını görmek istemeleridir.

Gençlerle yaptığımız görüşmeler ve yapılan araştırmalar, gençlerin aileleriyle vakit geçirmek istemediklerini değil, daha çok vakit geçirmenin yanı sıra, aileleriyle de yaşlarına uygun faaliyetlerde vakit geçirmek istediklerini göstermektedir.

Beraber balık tutmak, alışverişe gitmek, sergileri, müzeleri gezmek, konsere gitmek, musluğu tamir etmek, akşam yemeği için birlikte süslü bir salata hazırlamak, mangal yapmak, uzmanların anne-babalara tavsiye ettiği beraber zaman geçirme faaliyetlerinin birer örneğidir.

Çocuğumuzla birlikteyken, onunla ve beraber yapılan işle meşgul olmak önemlidir. Bazı ebeveynler çocukla beraberken çok rahat başka şeylerle ilgilenebiliyorlar. 'İsim-şehir' oynarken, bir arkadaşı telefon ettiyse oyuna uzun bir ara vermekte beis görmeyebiliyorlar. Unutmayın, herkes gibi çocuklar da karşılarındaki kişinin samimiyetini rahatlıkla anlayabilirler.

Eğer genç normalde ailesiyle yapmayı sevdiği bir şey için büyüklerinin davetini reddediyorsa, anne-babasına karşı ilgisinin azalmasından çok, bir 'zamanlama' hatası söz konusu olabilir. Çocuklarımız büyüdükçe, onlarla daha çok ve kaliteli zaman geçirmek istiyorsak, faaliyet planlarımızı birlikte yapmamız gerekir. Ayrıca eğer çocuğumuzun cep telefonu varsa gün içinde arayıp hatırını sormamız da kendini iyi hissetmesini sağlayabilir.

Biz anne-babaların, gençliğe yeni adım atmış çocuklarımızın arkadaşlarıyla vakit geçirme isteklerini, 'artık bizimle vakit geçirmek istemiyorlar' diye anlamamız bir açıdan doğrudur. Ancak, her ne kadar ergenlik çağına girmiş gençlerin aileden daha çok yaşıtlarıyla vakit geçirmek istedikleri evrensel bir bulgu ise de, bu 14 yaşında bir delikanlının babası ile maça, annesi ile alışverişe veya ailece pikniğe gitmeyi istemediği ve istemeyeceği anlamına gelmez. Ya hep aile ya da hep akranlar düşüncesi işlevsel bir düşünce değildir.

Çocukların İlgi ve Kaygıları Hakkında Konuşmak

Anne ve baba çocuğun ilgi alanlarına ve kaygılarına samimi bir ilgi gösterdiği takdirde, çocuk anne-babasına yavaş yavaş açılır.

Sadece *"Günün nasıldı?"* veya *"Hımm. İlginç, Allah Allah!"* deyip bir yandan da gazete okur ya da televizyon açarsak, çocuk da kendisiyle kurulan diyalogda samimi olunmadığını anlayacaktır.

Genelde günlük ebeveyn konuşmaları evi temizlemek, toparlamak, odayı düzenlemek gibi sıradan işler üzerinedir.

– *Odanı ne zaman toplayacaksın?*

– *Sivilcenle oynamayı kes. Bizim bir komşu kızı vardı, yüzü kocaman şişti, sivilcesinin kökü tâ içerilerdeymiş.*

– *Sakalın çıkmayacak, oynama sivilcenle!*

– *Ben sana kaç kere söyledim hâlâ anlamıyorsun...*

gibi cümlelerle başlanacak diyaloglarda elbette pek de içten şeyler konuşulmaz.

Peki, yanlış gördüğümüzde uyarmayacak mıyız? Tabii ki uyaracağız. Ama suçlamadan, yargılamadan. Dahası, tam da çocuk kendisi için önemli bir olayı paylaşırken değil...

Anne-Babanın Kendi İlgi, Duygu ve Kaygılarını Paylaşması

Çocukların yetişmesinde onlara sağlanacak en büyük desteklerden biri de, onların bizim dünyamıza girmelerine imkân sağlamaktır. Çocuk, anne-babasının da kendisi gibi hisleri, umutları, hayalleri, kızgınlıkları, düş kırıklıkları olduğunu, onların da zaman zaman gelgitler yaşadığını görerek yetişkinliğin aslında öyle çok da uzak bir hedef olmadığını fark edecektir.

Kendi hayatımızda sadece 0 ya da 100'ü değil aradaki sayıları da fark etmeye çalıştığımız gibi, çocuğumuzla ilişkimizde de dengeyi koruyabilmeliyiz. Çocukla ne 'ahbap-çavuş' ilişkisi kurulmalı ne de arada dondurucu rüzgârların estiği yalnız çocuklar yetiştirilmeli.

Evlilik veya işle ilgili problemleri çocuğa yansıtmak, onunla çözmeye çalışmak, hatta patolojik ilişkilerde gördüğümüz gibi onu eşin yerine koymak sağlıklı sonuçlar vermez. *Anne-baba olarak bizler çocuklarımıza arkadaş olmaya değil, arkadaşça davranmaya ça*lışmalıyız. Çocuğumuzla aramızda her zaman sevgi ile bırakılmış net bir mesafe bulunması, zor zamanlarda çocuğun lehine kontrolü kaybetmemek açısından önemlidir.

14 yaşındaki Mehveş, bir gün annesine bir gençlik dergisine abone olmak istediğini söyler. Annesi Emine Hanım endişelenir. Çünkü bu tür dergilerin gençler üzerindeki olumsuz etkilerinin farkındadır. Dergide sağlıksızlık derecesine varacak kadar zayıf olmanın güzel olduğunu söyleyen, zaman zaman da gençlerin duygu dünyalarını olumsuz etkileyen yazılara yer verdiklerini bilmektedir.

Emine Hanım şöyle bir çözüm yolu bulur: Kızının teklifini kabul etmekle beraber, dergiye zaman zaman birlikte göz atmalarını ister. Mehveş, bu teklifi kabul eder.

Daha sonraları, anne kızına bazı yazılar hakkında ne düşündüğünü sorar, hoşlandığı yazılarda onu etkileyenin ne oldu-

ğunu anlamaya çalışır. Fakat Mehveş'in duygu ve düşüncelerini yargılamadan, eleştirmeden dinler.

Bu şekilde davranmakla, Mehveş için neyin önemli olduğunu anlayan Emine Hanım, kızının neredeyse hastalıklı derecede zayıf olan kızları güzel bulduğunu öğrenir. Hemen bir öğretmen havasına girmektense başka bir yol izler. Sorular sorarak kızının aşırı derecede zayıf olmanın dezavantajlarını düşünmesini sağlar.

Emine Hanım, sorduğu sorularla kızının dergideki yazıları eleştirel bir gözle okuyabilmesini sağlamış, reklamlarda verilen alt mesajları, kızına karşı çıkmak yerine onu anladığını göstererek fark ettirmeye çalışmış, bu zor dönemi atlatması için Mehveş'e yardımcı olmuştur.

Ebeveynlere Bazı Tavsiyeler

Sağlıklı kuşkular geliştirin: Aldığınız tavsiyelere seçicilikle yaklaşın. Bilim, sağlık ve eğitimde farklı tarz ve yaklaşımlar vardır. Çocuk eğitimiyle ilgili konularda karar vermeden önce iyi düşünmek ve araştırmak gerekir. Kararsız kaldığınızda bir uzmana danışmak da size yarar sağlayacaktır.

Kendinize mola verin: Aile yapısını çekici hale getirmek sizin elinizdedir. Zaman zaman eşinizle baş başa vakit geçirin.

Aile önceliklidir: Aile, hayatınızda sahip olduğunuz çok şeyden daha önemlidir. Çocuklarınız aslında kendi hayatlarına adım atmadan önce kısa bir süreliğine sizin yanınızda misafirdirler. Bu zamanın nasıl geçtiği çok önemlidir. Bu yüzden, diğer işlerin aile kavramının önüne geçmesine izin vermeyin.

Yaptıklarınız söylediklerinizden daha önemlidir: Çocuklar her zaman gördüklerini model alırlar. Eğer yaşadıklarınız söylediklerinizden farklıysa, bilin ki çocuğunuz söylediklerinizi değil yaptıklarınızı örnek alacaktır.

Çocukları performanslarıyla yargılamamak gerekir: Performansları hakkında yorum yapılması, başarılı olup olmadıkları hakkında konuşulması çocukları baskı altına sokar.

Özellikle küçük yaşlarda sonuçtan çok sürece odaklanmak, çocuğun gösterdiği çabayı takdir etmek, oldukça yapıcı ve motive edici olacaktır.

Huzur ve memnuniyet, aile ve çocuklar için çok önemlidir: Her çiftin baş başa vakit geçirmeye, romantik bir akşam yemeği yemeye, eğlenmeye hakkı vardır. Her çocuğun da arkadaşlarıyla eğlenmeye, koşmaya, eğlenceli vakit geçirmeye. Çocukları çok fazla etkinliğe boğmak yerine, keyifli vakit geçirmelerini sağlamak gerekir.

Takviminizde boş zaman bırakın: Çocukların kendilerini tanımak, çevreyi gözlemleyebilmek için boş zamana da ihtiyaçları vardır.

Çocuğa Yeterince Güvenmek

Çocuğumuz büyüdükçe doğal olarak evden dışarıda geçireceği vakit de artacaktır. Anne-babalar olarak bizler günün herhangi bir saatinde çocuğumuzun nerede, kimlerle ve ne yapıyor olabileceğini biliyorsak, onun suç işleme, alkol veya uyuşturucu kullanma gibi pek çok duruma maruz kalma riskini azaltmış oluruz. Tabii burada da denge önemlidir. Uçlarda olmamalıyız. Ne çocuğumuzu kendini baskı altında hissettirecek kadar yakın takip etmeli ne de "Ben çocuğuma güveniyorum. Benim çocuğum kesinlikle yanlış bir şey yapmaz" inancına kapılıp onu başıboş bırakmalıyız.

Aileler, küçük yaştaki çocuklarına acil durumlarda kendilerine ulaşabilmeleri için telefon numaralarını öğretmeli veya yanlarında bulundurmalıdır.

Çocuklarımız büyüdükçe günlük faaliyetleri hakkında daha az konuşmayı tercih edebilirler. Genellikle 'Neredeydin?' sorusuna 'Dışarıdaydım' diye; 'Kimlerle beraberdin?' sorusuna 'Arkadaşlarla' diye, 'Neler yaptın?' sorusuna ise 'Hiçbir şey' diye cevap verirler. Bu tarz cevaplar daha çok gençliğe yeni adım atmış çocuklar tarafından verilebilir. Onun için, çocuklarının ders notlarının, arkadaş ve öğretmenleri ile olan ilişkilerinin, herhangi bir madde kullanımına dair belirtilerin takibi konusunda biraz daha hassas olunabilir.

Ailenin çocuğunun nerede kimlerle ve ne yaptığını bilmesi yeterlidir. Yoksa, arkadaşları ile konuştuğu her konuyu en ince detayına kadar öğrenmeye çalışmak, saat saat çocuğu takip etmek meseleye çözüm getirmeyecek, abartılı bir yaklaşım olacaktır.

Çocuğa Saygı Göstermek

Yetişkinler dünyasında bizler nasıl ki bir insanın kalbini kırmamaya, birbirimizle sağlıklı iletişim kurmaya çalışıyorsak, çocuklarımızla olan ilişkimiz de de aynı özeni göstermeliyiz.

'Kes sesini', 'Sen bilmezsin', 'Daha küçüksün' gibi sözleri muhataplarımızın kalbi kırılır, onlara saygısızlık olur diye sarf etmiyorsak, aynı özeni çocuklarımıza da göstermemiz gerekir.

Mesela şemsiyesini evimizde unutan bir misafire ne deriz? Hemen peşinden koşup, 'Ne zaman bize gelsen, bir şeyini unutuyorsun. Kardeşin ziyarete geldiğinde nasıl davranacağını çok iyi biliyor, oysa sen hep böylesin! Kırkdört yaşındasın artık! Hiç öğrenemeyecek misin? Ben senin bıraktıklarını arkandan toplamak zorunda mıyım!' der miyiz? Elbette hayır.

Saygının önemi, bireyler hemfikir olduklarında değil, farklı fikirlerde olduklarında veya bir sorun olduğunda ortaya çıkar.

Anne-babanın, çocuğunun kendisine saygısız davrandığını hissettiğinde 'Acaba onu hangi cezayı vererek hizaya getiririm?' yerine 'Acaba çocuğum neden bana böyle davrandı?' sorusuna cevap araması, bu probleme doğru çözümler bulmasına yardımcı olur.

Anne-babanın çocuğuna saygılı davranması, ona kendi eşiti ya da dengi gibi davranmasını gerektirmez. Aradaki

mesafeyi iyi ayarlamak gerekir. O, çocuk; anne-baba ise yetişkin birer bireydir. Ama önce insan, sonra anne-baba olan birer birey...

Çocuğa saygılı davranmak ile onun en yakın arkadaşı olmak arasında fark vardır. Uzmanlar, anne-babalardan 'Çocuğum ve ben birbirimizin en iyi arkadaşıyız' cümlesini duyduklarında pek de hoşnut olmazlar. Çocuk ile arkadaş olmak zaman zaman anne-babanın otorite uygulamak durumunda kalması sebebiyle pek sağlıklı değildir, çünkü insan dengine yaptırım uygulayamaz. Babasını bir gün en yakın arkadaşı, diğer gün kendisine bazı sınırlandırmalar getiren biri olarak görmek çocuğun kafasını karıştıracaktır. Anne-babanın da biraz evvel arkadaşıymış gibi davrandığı çocuğuna bir ebeveyn gibi davranması oldukça zor ve çelişkili sahnelerin yaşanmasına sebep olabilir.

Çocuğa saygılı davranmak, ebeveynin ona da çevresindeki diğer insanları kırmamak için gösterdiği nezaketi gösterebilmesi, çocuğa farklı fikirlere sahip olduğunda bunu uygun bir lisanla açıklayabilme hakkını vermesi ve konuşurken onu 'dinlemesi' demektir. Ebeveyn olmak çocuğa çoğu zaman arkadaşça davranmaya engel değildir.

Bir anne, çocuklarından masayı toplamalarını istedi, ama çocuklar geciktirdiler. Annenin canı sıkıldı. Eskiden olsa, bağırır ve tehdit ederdi. Bu kez tehditler yerine gerçekleri ifade etti: 'Masa temiz olduğunda, tatlı gelecek!' Bu cümleden sonra, çocukların hareketlenmesi annenin başarılı olduğunun göstergesiydi.

Çocuklar emir gibi olmayan kısa cümlelere karşılık verirler.

Soğuk ve rüzgârlı bir günde, dokuz yaşlarındaki Alper annesine 'Bugün takım formamın üstüne bir şey giymeden çıkmak istiyorum' dedi. Annesi, 'Git, hava durumuna bak. Yirmi derecenin üstündeyse formanla çıkabilirsin. Ama altındaysa formanın üstüne kabanını giyersin' diye cevap verdi. Alper termometreye baktı, 'Onbeş derece' dedi ve kabanını giydi.

Destekleyici Olmak

Hayatın zorlukları ile uğraşırken, çocukların problemleri bize önemsiz gibi görünebilir. Herkes kendine özgü, sabırlı, duygusal, heyecanlı, soğukkanlı, telaşlı, nüktedan, sıcakkanlı ve benzeri pek çok özellikleri ile diğerlerinden ayrılır. Bu da her birimizi toplum içinde özel yapar.

Anne-baba bir sorun yaşadığında yakın bir arkadaşına gidip dert yanarak, birlikte sorununu çözmeye çalışabilir. Sahip olunan arkadaşlar, dostlar yetişkinlere yeter. Çünkü artık kişilik gelişimi tamamlanmış ve hayattaki rutinleri belirlenmiştir: eşi, işi, çocukları... Henüz kişiliği tam oturmamış, gelişimin en hızlı olduğu dönemleri yaşayan çocuk ve gençlere nispeten zihinde taşınan soru işaretleri daha azdır.

8 yaşındaki Neslihan, o güne kadar hiç zayıf almamıştı, ama son yazılısından zayıf aldı. Ne yapacağını, neden böyle olduğunu anlayamamıştı. Ailesine ne diyecekti? Sınıfta adı okunduğunda yüzünün kıpkırmızı olup yandığını hissetmişti.

Halil'in ise liseye gitmesine rağmen hâlâ sakalları çok az çıkmıştı. Arkadaşlarınınki ise... Kendini oldukça kötü hissediyordu.

Okulda sınıflararası maçta kaleci olan 10 yaşındaki Gökhan son anda gol yemiş ve sınıfı yenilmişti. Takımdakiler ona soğuk davranıyordu...

Bizler o dönemlerden geçtiğimiz için, düzenli çalışıp anlaşılmayan noktalar sorulduğunda yazılılardan zayıf alınmayacağını, eninde sonunda sakalın çıkacağını, yenilginin dünyanın sonu olmadığını, önemli olanın devam edebilmek olduğunu zaten biliyoruz. Ama çocuklarımızın henüz bu tecrübeleri olmadığı için belli bir dereceye kadar kaygılanmaları normaldir. İşte böyle durumlarda çocuklarımıza canının ne kadar yandığını anladığımızı hissettirebilmeliyiz.

Ayrıca eğer çocuklar önemli stres olaylarına, mesela annebabadan birinin ameliyatı gibi olaylara önceden hazırlanırsa, bunu daha rahat atlatabilirler.

Ayşe Hanım hastaneye yatmadan iki hafta önce, bu olayı üç yaşındaki kızı Şeyma'ya anlayabileceği şekilde anlattı. Şeyma pek ilgi göstermedi, fakat annesi ilgilenmeyi bırakmadı. Anne "Hadi Şeymacığım, anne hastaneye gidiyor oyununu oynayalım" dedi ve doktor, hemşire ve hastaneyi temsil eden bir sürü oyuncak çıkardı. Onları düzenlerken, "Anne hastaneye iyileşmeye gidiyor. Anne evde olmayacak. Şeyma anne nerede diye merak edecek. Anne nerede? Anne evde yok. Mutfakta yok, salonda yok, yatak odasında yok. Anne hastanede. İyileşmek için doktora görünmeye gitti. Şeyma annemi isterim diye ağlıyor, ama anne iyileşmeye gitti. Hastanede. Annesi Şeyma'yı düşünüyor, seviyor, özlüyor. Şeyma da annesini özlüyor. Sonra anne eve geliyor. Şeyma çok mutlu oluyor. İkisi de birbirlerine sarılıyorlar" dedi.

Ayrılık ve yeniden kavuşma oyunu, anne ve kızı tarafından tekrar tekrar oynandı. İlk başta konuşmanın çoğunu anne yaptı, ama sonra Şeyma da katıldı. Uygun oyuncakları kullanarak doktor ve hemşireye annesine iyi bakmalarını söyledi. Annesi ayrılmadan önce oyunu bir kez daha tekrarladılar ve sonunda Şeyma "Anne, sen geldiğinde ben burada olacağım" dedi. Daha annesi ayrılmadan, anneannesi gelip Şeymalarda kaldı. Şeyma'nın uyku, yemek düzenleri oturdu. Anne, bir CD'ye Şeyma'nın en çok sevdiği masallardan bir-iki tane okudu. Kaçınılmaz yalnızlık anları boyunca Şeyma annesinin sesini dinledi, resmine baktı.

Cinsiyet Farkını Sorun Haline Getirmemek

Cinsel kimlik oluşumu ile çocuklar hemcinsleri olan ebeveyn ile daha çok vakit geçirmeye başlarlar. Aynı zamanda karşı cinsi de yakından tanımalıdırlar ki bilgi sahibi olabilsinler. İşte bu da çocuklarımızın hem anneleriyle hem de babalarıyla vakit geçirmeleri ile mümkün olabilir. Çocuklarımızın karşı cinsi de tanımaya ihtiyacı vardır: Nelerden hoşlanırlar? Öncelikleri nelerdir? Olaylara nasıl tepki verirler? Böyle pek çok sorunun cevabını kızlar babalarıyla, erkek çocuklar da anneleriyle vakit geçirirken öğrenirler.

Bizim toplumumuzda bazı babalar küçük kızları genç kız olunca, aralarına gereğinden fazla mesafe koymaya başlarlar. Kızlarının kendileriyle hâlâ belirli paylaşımlarda bulunmak veya hafta sonları pikniğe gitmek isteyip istemediklerinden emin değildirler. Kızlar babalarının çelişkili olarak gördükleri bu davranışlarından ötürü kırılabilir ve reddedildiklerini düşünebilirler.

Anneler ise hareketli, kanları deli dolu akan oğulları ile artık paylaşabilecekleri bir şeylerinin kalmadığını düşünerek, babadan kendi yerlerini almasını bekleyebilirler.

Cinsiyet farklılığı, anne-babaların çocuklarıyla olan ilişkisinin kalitesini düşürmemelidir. Onlar hâlâ babasının 'bi'tanecik kızı' ve annesinin 'aslan oğlu'dur.

Net ve Anlamlı Sınırlar, Kurallar Koymak

Anne-babaların çocuklarına sevgiden sonra verebileceği en önemli şey, sınırların konduğu belirli kurallardır. Çünkü sınırlar özgürlüğün, medeniyetin ve kişilik gelişiminin temelidir. Biz yetişkinler gibi çocuklarımızın da rahat ve düzenli bir hayat için özgürlük alanlarının sınırlarını bilmeye ihtiyacı vardır.

Bazı anne-babalar çocuklarına sınırlamalar getirmekten hoşlanmazlar. Her ne kadar doğru gibi gözükse de, bu, çocuğa zarar verebilecek bir düşünce ve davranış biçimidir. Çocukların belli kurallar çerçevesinde yaşamaya ihtiyacı vardır. Çünkü sınırların çizilmiş olması onlara kendilerini güvende hissettirecektir.

İnsanoğlunun davranışlarını kontrol edebilmesi, çeşitli kuralların olduğu belirli bir yapı içerisinde yetişmesine bağlıdır. Zamanla, dıştan kontrolün yerini, çocuğun vicdanı ve geliştirdiği kontrol mekanizması alacaktır.

Küçük yaşlardan itibaren çocuğumuza diş fırçalama alışkanlığı kazandırmaya çabalarsak, bu ancak bir süre sonra yerleşecektir. Burada önemli olan, dişlerini düzenli fırçalayan anne babaların varlığıdır. Toplum içinde uyulması gereken nezaket kuralları, ancak bizler de evde uygularsak çocuklarımızda yerleşir. Yatma saati aileden aileye bir-iki saat fark edebilir, ama önemli olan her ailede çocuk için bir yatma saati aralığının bulunmasıdır.

Anne-babalar olarak, sınırlar belirlerken dikkat etmemiz gereken en önemli konu, çocuğumuzun içinde bulunduğu yaştır. Beklentilerimiz ve sınırlarımız, çocuğun gelişim dönemi özelliklerine göre olmalıdır.

Mesela bebeğimiz emeklemeye başladığında onun ulaşabileceği yerlerdeki kırılacak eşyaları kaldırmalıyız ki, kendine ve eşyaya zarar vermesin. Ama hem evde her şey yerli yerinde dursun, hem de bebeğimiz onlara dokunmasın istiyorsak, bu pek de gerçekçi olmaz. Bebeğimizin o cam eşyanın kırılabileceğini ve kesiklere yol açabileceğini bilmesini bekleyemeyiz.

Burada dikkat etmemiz gereken bir konu daha var: Çocuklarımızı bebeklikten itibaren bize istediklerini ağlayarak yaptırmaya alıştırmamaya özen göstermeliyiz. Bebek tabii ki temel ihtiyaçlarını ve sıkıntısını kelimelerle ifade edemediğinde ağlayacaktır, fakat istediği şeye önce hayır deyip sonra ağladığında evet dediğimizde, bundan sonra tüm isteklerini böyle dile getirebilir.

Her yaş çocuğunun bize yardım edebileceği bir ev işi vardır. Önce çatal-kaşık getirmekle başlayabilir. Sonra sofra kurma, salata yapma, bulaşık yerleştirme gibi işleri üstlenebilir. Çocuğumuzdan her gün değilse de haftanın belirli günlerinde ev işleri için yardım isteyelim. Hatta yardım istemek değil, o işin sorumluluğunu ona verelim.

Çocuklar ergenliğe doğru ilerledikçe arkadaşları ile daha çok vakit geçirmeye ihtiyaç duyarlar. Onlardan görecekleri onay çok önemlidir. Fakat eğer genç, ailede yeteri kadar yüksek bir özsaygı kazanmışsa, akranlarının onayı onu çok fazla etkilemez.

Bu dönemlerde bazı gençlerin onay alabilmek, kabul görebilmek için saç, kıyafet, yaşam tarzı gibi pek çok konularda uçlarda tavır sergilediklerine şahit oluyoruz. Bu yüzden yaş döneminin özgürlük ve özerkliğe sahip olma isteği özelliğini de göz önüne alırsak, gençlerin haftanın uygun vakitlerinde sportif ve kültürel faaliyetlere katılmasını teşvik etmeliyiz. Spor pek çok genci ve çocuğu kötü alışkanlıklardan korur. İnsanın disiplinli ve düzenli hayatının olmasını, psiko-sosyal ve fiziksel açıdan sağlıklı olmasını, paylaşmayı, takım çalışmasını, sıra beklemeyi, yenildikten sonra tekrar kalkıp kaldığı yerden devam edilebileceğini fark edip öğrenebilmesini sağlar.

Özellikle küçük çocuklarımızın motor faaliyetlerini kısıtlamaktan kaçınmalı, küçük yaşlardan itibaren top oynama, ip atlama gibi etkinlikler için uygun ortamlar sağlamalı veya çocuğumuzu yüzme, futbol, basketbol, tenise başlatmalıyız. Küçük çocuklarda fiziksel aktivitenin engellenmesi, saldırganlıkla da ifade edilebilen duygusal gerilimlere neden olabilir.

Çocuğumuz gençlik çağında olsa da geç kalmış değiliz. Ona hangi dalda spora gitmek istediğini sorabiliriz. Ya da, artık hemen hemen her ilçede bulunan spor-fitness salonlarına gitmesine destek olabiliriz.

Çocukları ve gençleri isyan ettiren, ailelerin koyduğu kurallar değildir. Onları tepki vermeye iten şey, gücün herhangi bir açıklama yapılmaksızın keyfî biçimde kullanılması ve karar verilirken fikirlerinin alınmamasıdır.

Sadece çocuğumuza değil, çevremizdeki herhangi birine "Sana söylediğim şeyi yapacaksın, çünkü ben öyle istiyorum!" deyip de, hiçbir özel durumu göz önüne almadan bazı şeyleri ısrarla uygulatmaya çalışırsak, iletişimimizin öyle ya da böyle kopacağı aşikârdır. Çocuğumuz ilk başlarda sızlanarak da olsa biz yanındayken söylediğimizi yapacak, ama yalnız kaldığında istediği gibi hareket edecektir. Bunun için, çocuklarımızın istek ve ihtiyaçlarını da göz önünde bulundurarak, onlarla alay edip küçük düşürmeden içinde bulundukları gelişim dönemlerine göre sınır ve kuralları açıklamamız, zaman zaman da fikir alışverişinde bulunmamız gerekmektedir. Bu durumda bile çocuğumuz vardığımız karardan memnun kalmayabilir, ama bizim onun bakış açısını öğrenip anlamaya çalıştığımızı ve 'hayır' demek için geçerli ve mantıklı nedenlerimizin olduğunu fark ettiği için, bizim adil ve güvenilir olduğumuzu görecek, kendini güvende ve huzurlu hissedecektir.

Çalışmalardan elde edilen sonuçlara göre, zaten müşfik ve saygılı olan anne-babalar çocuklarıyla fikir alışverişi yapıyorlar. Bu tarz ailelerin çocukları, sürekli kendilerinin haklı olduğunu iddia eden ailelerin çocuklarına göre daha fazla "Ben büyüyünce annem-babam gibi olacağım" diyorlar.

Çocukları karar verme sürecine dahil etmemiz, otoritemizden vazgeçtiğimiz anlamına gelmez. Bu, onların artık büyüdüklerinin ve hayatlarını etkileyecek konularda söz hakkına sahip olduklarının göstergesidir. 'Sevgiye dayalı, hoşgörülü, destekleyici' aileler kontrolü ellerinde bulundururlar, çocuklarının da fikirlerini sorarlar ve değerlendirirler.

Sınır Konacak Yeri Bilmek

Sınırlar keyfî ve değişken değil, eğitici ve karakter inşa edici olmalıdır. Şiddet ve aşırı öfke olmadan sınırlandırmalara başvurulmalıdır.

Biz anne-babalar çocuklarımızla bazı kurallarla ilgili tartışma ortamları açabiliriz. Ama bazı aile kuralları vardır ki, onların tartışılmaz olduklarında tüm aile hemfikir olmalıdır. Bunlar, fiziksel ve duygusal güvenlik ile ailevi değerlerdir. Mesela kardeşlerin birbirlerinin canını yakmaması, eve belli saatlerden geç gelinmemesi, bayramda aile ziyaretlerine gidilmesi gibi...

Çocuklar bazen bu ana kurallara meydan okumaya çalışabilirler. Ama eğer:

– 'Tartışılamaz' kuralların sayısını sınırlı tutarak, onların gerçekten bizim için önemli olduğunu belirtirsek,

– Geçerli sebeplerimiz varsa ve bunlar sorulduğunda açıklayabiliyorsak,

– Bazı kuralları esnetebiliyorsak, mesela küçükken yalnız göndermediğimiz bazı yerlere büyüdükçe arkadaşları ile gönderebiliyorsak bu koşullar çocukların 'vazgeçilmez kurallara' uyabilmesini sağlar.

Sınırlar çocuğun kendisine duyduğu saygıya meydan okuyan bir dilde ifade edilmemelidir. Sınırlar, kısa ve kişisel olmayan bir tarzda ifade edildiğinde daha fazla önemsenir. "Okul geceleri sinemaya gidilir mi!" ifadesi, "Okul geceleri sinemaya gidilmeyeceğini biliyorsun" ifadesinden daha az kızgınlık doğurur. "Şimdi uyku zamanı" ifadesi, "Gece geç saate kadar oturmak için çok küçüksün, yatağına git" ifadesinden daha kolay kabul edilir. "Bugünkü televizyon izleme süren bitti" ifadesi, "Bugün yeteri kadar televizyon seyrettin. Yeter artık!" ifadesinden daha iyidir. "Birbirinize bağırmayın!" ifadesi, "Ona bağırmayı kessen iyi edersin" ifadesinden daha kabul edilebilirdir.

Kavga Etmek Yerine 'Düşünmek'

Tartışmaya sebep olan konuşmalar her zaman saygısızlık ve disiplinsizliğe yol açar. Çocuklarımızla onları kışkırtacak, kavga etmemize yol açacak şekilde konuşursak, bir orta yol bulamaz ve istediğimiz sınırları koyamayız.

Çocuklarınıza düşündürücü cümleler söylerseniz, sizinle tartışmaya girmek yerine düşünmeye odaklanabilirler. Bu düşündürücü cümlelere şöyle örnek verilebilir:

"Odandaki eşyaları topladıktan sonra bizimle yemek yiyebilirsin."

"Banyonu yaptıktan sonra sana kitap okumak isterim."

"Önüne konanları yemezsen diğer öğüne kadar aç kalabilirsin."

Bu tür cümlelerle ona seçme hakkı tanıdığınız gibi, istediklerinizi yapmasını da sağlayabilirsiniz.

Ayrıca konuşmalarınızda pozitif cümleler kullanmaya özen gösterin. Televizyon izlemek isteyen çocuğunuza, "Hayır, ödevini yapmadan olmaz" demek yerine, "Evet, ödevlerini yaptıktan sonra televizyon izleyebilirsin" diyebilirsiniz.

Çocuğunuzla kavga etmemek için onunla nazikçe konuşun. Örneğin, "Lütfen gidip odanı toplar mısın?" diyen bir annenin, çocuğu "Hayır" diye cevap verdiği zaman, "Peki ben bu durumdan bir şeyler öğrendim" deyip gitmesi yeterli olacaktır. O an için çocuğunuz istediğinizi yapmamış olabilir fakat ertesi gün gelip "Anneciğim, yarın beni maça götürür müsün?" dediğinde "Üzgünüm ama götüremem. Çünkü ben geçen gün senden bir şey kibarca istendiği zaman yapmamak gerektiğini öğrendim" diyerek çocuğunuzun yaptıkları üzerine düşünmesini sağlayabilirsiniz.

Yemek yemek istemeyen çocuğunuzu, "Yemezsen seni burada bırakıp gideriz, daha çok işimiz var" gibi cümlelerle tehdit etmek yerine "Peki, bu senin tercihin. Beş dakika içinde kalkmamız lazım. Ama sonra acıkırsan yiyecek bir şey olmayacak" diyerek yemek yiyip yememek konusunda düşünmeye sevk edebilirsiniz. Önemli olan, çocuğunuzun düşünüp karar verdiğinde sonucunu kendi görmesidir. Bu sayede, sunduğunuz seçeneklerle onu kontrol etmiş olursunuz.

Kontrol Ama Nereye Kadar?

Çocukların dış dünya ile karşılaştıklarında kendi ayakları üzerinde durabilmeleri, karşılaştıkları zorluklardan güçlenerek çıkabilmelerini sağlar. Çocuklar, yeri geldiğinde anne-babalarının tartıştığına şahit olmalı; konuşarak, öfkelenerek, zaman zaman üzülerek de olsa, problemlerin saygı çerçevesi içerisinde çözülebileceğini görebilmelidirler. Aile içinde yaşanan her problem çocuktan saklanırsa, çocuk ileride bir problem ya da tartışmayla karşılaştığında bunun üstesinden en sağlıklı şekilde nasıl geleceğini bilemez.

Ailelerin her şeyi kontrol altında tutamayacaklarının farkında olmaları gerekiyor. Çünkü her şeyi kontrol altına almaya çalışan ebeyenlerin çocukları ileride kendi sorunlarıyla baş edemeyen bireyler olurlar. Çocuklar biraz büyüdüklerinde, ebeveynlerinin gözetimi altında olmak şartıyla, kendi hayatlarının sorumluluğunu almalılar.

Aslında günümüz insanı 'kontrol' odaklıdır. Kontrol edemediği, öngöremediği durumlara karşı tahammülü iyice azalmıştır. Çünkü teknoloji ve bilim her geçen gün daha da ilerlemekte ve günlük hayatımızın içine girmektedir. Zamanımızın anlayışı; "Sen her şeyi zamanında yap, istediğinin

olmaması için hiçbir sebep olamaz"dır. Bu algı, yenilgilere, zayıflıklara, yaşlanmaya, kontrol altına alamadığımız olgulara tahammülü azaltmış, insanların yıpranma katsayısı artmıştır. Bu, bireylerin ebeveynlik sorumluluklarına da yansımıştır.

Bağımsızlık-Denetim Dengesi

İnsan kaç yaşında olursa olsun kararlarına müdahale edilmesinden pek hoşlanmayabilir. Çoğu zaman çocuğumuzun kendi kararlarını vermeyi istemesini, isyan bayrakları çekilmiş gibi algılayabiliriz. Halbuki bu çocuğumuzun kişilik gelişiminin bir parçasıdır ve şekillendirilmesi lazımdır. Bu görev de öncelikle biz anne-babalara düşmektedir.

Çocuğumuzun hem kendisine belirli sınırlar konmasına, hem de belirli bir oranda özgür bırakılmaya ihtiyacı vardır. Anne-baba olarak bizler çocuğumuza yeterli derecede sınır koyamazsak, çocuğun kendini kontrol yeteneği gereği kadar gelişmeyebilir. Diğer taraftan bazı konularda çocuğa tercih özgürlüğü vermezsek, bu sefer de ileriki yaşlarda karar verme ve bağımsız hareket edebilme yeteneği gelişmeyebilir. Kaygılı, korkak, kararsız, hiçbir zaman kendi ayakları üstünde duramayan biri olabilir.

Her konuda olduğu gibi burada da dengeyi korumak, uçlarda olmamak, öncelikle çocuğumuzun kişilik gelişimi ve sosyalleşebilmesi için, ikincil olarak da aile huzurunun temini için gereklidir.

Kendini doğru ve yeterli bir şekilde ifade edebilme, problem çözebilme, kendi ayakları üzerinde durabilme, kendini kontrol edebilme gibi özellikler sadece evden değil, çocuğumuzun gittiği okuldan gelecek destekle de gelişir.

Unutmayalım ki, 'denetim' çocuğun yaşı, ihtiyaçları ve yetenekleri dikkate alınmadan uygulandığında "baskıcı bir tutuma" dönüşebilir. Çocuğumuz büyüdükçe, uyguladığımız kontrol de yavaş yavaş azalabilmelidir. Burada önemli olan kuralların bir anda değil, tedricen kaldırılmasıdır. Çocuğumuzun kendini kontrol edebildiği her olayda onu överek ve bunu bahane ederek aşamalı olarak kontrolü gevşetmeliyiz.

Denetim Ne Kadar Olmalıdır?

Yemekte seçme hakkı: Çocuklarda yemek yeme problemi, çocuklarının damak tatlarıyla oldukça yakından ilgilenen anne-babalar tarafından oluşturulur. Uyku gibi, yemek de bir ihtiyaçtır. Bunu bazı anneler gibi büyük bir olay haline getirmemeli, yemek yüzünden evin huzurunu kaçırmamaya özen göstermeliyiz.

Herkesin bünyesi farklıdır. Burada ölçü çocuğun midesi olmalıdır. Sevdiği bir şeyi de yemekle beraber verip ailece yemek yeme ortamları oluşturduğumuzda, aslında sorunun büyük bir kısmı ortadan kalkacaktır.

İki yaşındaki bir çocuğa bile, yarım bardak mı, yoksa bir bardak mı süt içmek istediği sorulabilir. Eğer çocuğumuzun hep yarım bardağı seçeceğinden endişeleniyorsak, büyükçe bir bardak kullanabiliriz. Dört yaşlarındaki bir çocuğa yarım elma ile tam elma arasında seçim yapma hakkı verebiliriz. Altı yaşlarındaki bir çocuk, yumurtasının katı mı yoksa rafadan mı olacağına karar verebilir.

Küçük bir çocuğa kahvaltı için ne istiyorsun diye sormamak daha iyidir. Ama "Yumurtanı omlet olarak mı, haşlanmış olarak mı istersin?" gibi, "Sütünü soğuk mu, yoksa sıcak mı istersin?" gibi, "Portakal suyu mu yoksa süt mü içmek istersin?" gibi sorular pekâlâ sorulabilir. Çocuklara seçim yapabilecekleri birden çok seçenek sunulmalı; bu seçenekleri de anne-babalar belirlemelidir. Anne-baba seçenekler sunmalı, seçmek ise çocuğun sorumluluğunda olmalıdır.

Çocuğa sunulacak seçenekleri sınırlandırmak: Çocuğumuz kendi kararlarını kendisi verdiğinde kendini büyümüş hisseder ve mutlu olur. Aileler çocuklarının doğru kararlar vermesini, herhangi birinin tercih edilmesinde mahzur bulunmayan seçenekler sunarak sağlayabilirler.

Çocukların *yatma zamanı* esnek olabilir. "Yatma zamanın saat sekiz ile dokuz (veya dokuz ile on) arasında. Ne zaman istersen karar verir, yatarsın." Burada zamanın sınırlarını biz çizeriz, özel zaman ise çocuğumuz tarafından belirlenir. Çocuk su içmek için kalktığında ya da ortalıkta dolaştığında ise 'Bizimle daha çok vakit geçirmek istediğini biliyoruz, ama şimdi bizim baş başa olma zamanımız' ya da 'Yanında daha fazla kalabilseydim ne iyi olurdu, ama şimdi uyku için hazırlanma zamanı' diyebiliriz.

Küçük çocuklara *kıyafet alırken*, onların ihtiyaçlarına ve bütçemize olan uygunluğuna karar vermek anne-babanın sorumluluğundadır. Kıyafetlerden şartlarımıza uygun olanlardan birkaç seçenek belirleriz, çocuğumuz bunlar arasından istediğini seçebilir. Böylece altı yaşlarındaki çocuğumuz bile gömleklerini, çoraplarını, elbiselerini veya pantolonlarını seçmiş olur.

Çocuğumuzun televizyon başında geçirdiği saatleri azaltmak istiyorsak, hangi programları seyredebileceğini hatırlatmak yerine, "Televizyonda bir sürü program var ama senin hepsini izleyecek vaktin yok. Hiçbirimizin yok. O yüzden en çok istediğimiz programları seçip izliyoruz. Sen de bizim gibi yapabilirsin... En çok neleri izlemek istersin?" diyerek yönlendirmek daha uygun olabilir.

Günümüzde birlikte televizyon izlemek, aile bireylerini bir araya getiren bir faaliyetmiş gibi algılanabilmektedir. Halbuki televizyon izleyen aile bireyleri ortak bir amaç için birlikte hareket etmezler, güç harcamazlar, birbirleriyle iletişime geçmezler. Televizyon izlemek gibi bir faaliyette, aile bireylerinin paylaştığı hemen hemen hiçbir değer yoktur.

Çocuğun kararlarını takdir etmek: Kendisine ve çevresine zarar vermediği, genel ahlak kurallarını, ailenin inanç ve değer sistemlerini ihlal etmediği müddetçe çocuğumuzun seçimlerini takdir ederek, onun kendine güveninin güçlenmesine destek olmalıyız. Bu konularda hassasiyet gösterdiğimiz zaman kendine saygısı olan, benlik değeri yüksek bireyler yetiştirme yolunda önemli adımlar atmış oluruz. Bu da başta psikolojik olmak üzere pek çok rahatsızlığa karşı koruyucu bir faktördür.

Çocuğumuzun tercihlerini övmekten bir zarar gelmez: Seçtiği kıyafeti, restoranda sipariş ettiği yemeği veya annesine aldığı hediyenin güzelliğini... Çocuk yetişkinlik çağına girmiş olsa bile ailesi tarafından takdir edilmek, kabul görmek ister.

Çocuk adına tercih yapmaktansa, onu düşünmeye sevk etmek: Biz yetişkinler için durum çok net iken, çocuğumuzun kafası karışmış olabilir. Mesela; oyuncak alırken onun adına seçim yapmak yerine "Bunu mu tercih edersin, şunu mu?" diye sorarak tercihleri belli bir sayıyla sınırlandırma, sonrasında da "İkisiyle de oynamak gerçekten eğlenceli gözüküyor, ama sanki bu ötekine göre daha çabuk bozulacak gibi duruyor, değil mi?" diyerek yönlendirme yoluna gidilebilir. Çocuğumuz illa ki kırılabilecek olanı almak istiyorsa, bunun çabuk kırılabileceğini, sonra kırık oyuncakla bir müddet idare etmesi gerekebileceğini hatırlatıp istediğini almasına izin vermeliyiz. Çünkü çocuklar da tecrübelerinden pek çok ders çıkarabilirler. Çocuğa bir şıkkın diğerinden daha iyi olduğu, düşünmeye yöneltilerek fark ettirilmelidir.

Aileler zaman zaman çocuklarının hata yaparak ders almasına da izin vermelidir. Bazılarımız, çocuklarımızın yanlış tercihler yaptığında üzülüp kahrolacaklarını düşündüğümüzden, pek çok şeyi onların yerine yaparız. Aslında çocuğumuzun, sonucu kendisine ve çevresine zarar vermeyecek yanlış kararlar almasına zaman zaman izin vermek en doğrusudur. Bu aynen kozadan çıkarken zorlanan kelebek için bu sürecin onun kanatlarını kuvvetlendirmek için bir egzersize benzemesi gibidir. Bunun farkında olamayıp kelebeğe yardımcı olmak için kozasını yırtan biri, aslında kelebeğin kanatlarının güçlenmesini engellemiş, dolayısıyla onun hayatına mâl olmuş demektir.

Bir adım geride durulmalı: Oğlumuz geç kalkıp servisi kaçırdığında okula geç kalacağını veya kızımız ödevini geç teslim ettiğinde notunun düşeceğini yaşayarak görmelidir. Buna izin vermeyip müdahale ettiğimizde, çocuklarımızın kişilik gelişimi sekteye uğrayabilir. Tabii ki, her konuda olduğu gibi, burada da ya hep ya hiç hatasına düşmeden, dengenin iyi ayarlanması gerekir.

Diyelim ki çocuğumuz sabahları okul servisine geç kalıyor. Servis şoförüne 'Biraz bekleyin lütfen' demekten bıktık artık. Aslında şöyle bir alternatif de var: Önce çocuğumuzun vaktinde yatabilmesi için uygun ortamı sağlamalıyız. Sonra çocuğumuza onun da beğeneceği, odasında bulundurmaktan keyif alacağı bir çalar saat hediye edebiliriz. Saati normal kalkış saatinden 10 dakika önceye ayarlayıp, çaldıktan sonra 10 dakika daha yatakta kalmasına izin verebiliriz. Tabii çocuğumuzla konuşarak. Çünkü her insan hemen uykudan ayılamayabilir, sabahları güleryüzlü uyanamayabilir.

Eğer çocuk geç kalacaksa, aslında buna da izin verip sonuçlarına katlanmasını sağlamak iyi olabilir. Kahvaltı etmeden evden çıkmak, servisi kaçırmak, okula yürüyerek veya otobüsle gitmek zorunda kalmak, okula geç kaldığı için ilk derse girememek ve cezalı olarak çıkışta etüde bırakılmak vb. hep onun katlanmak zorunda kalacağı sonuçlardır. Yaptıklarının karşılığını görmesine zaman zaman izin verilmelidir.

Disiplinli ve Adil Olmak

Doktorların 'Her şeyden önce, zarar verme!' anlamına gelen 'Primum non nocere' düsturu anne-babalara, çocuklarını duygusal, psikososyal gelişimlerine zarar vermeden disipline etme sürecinde yardımcı olacak bir kuraldır aslında.

Disiplin, tıpkı ameliyat gibi bilinçli bir keskinlik gerektirir. Gelişigüzel kesikler olmamalıdır. Çocukları disipline ederken şu annenin anlattığı hataya düşülmemelidir: "Çocuklarımda kökünü kazımaya çalıştığım şeylere benzeyen taktikler kullandığımı fark ediyorum. Gürültüyü kesmek için sesimi yükseltirim. Kavga etmelerini engellemek için şiddete başvururum. Kibar olmayan bir çocuğa karşı nazik değilim, kötü kelimeler kullanan çocuğu azarlarım."

Gereksiz tepki göstermemek: Çocuğumuzun hatalı davranışlarına tepki gösterirken 'ekonomik' davranmamız gerekir. Tepki gösterme kredimizi ilk fırsatta kullanmaya kalkışarak israf etmek yerine, önemli meseleler için saklamayı bilmeliyiz. Evde fırtınalar estirecek tartışmalara girmekten kaçınmalıyız.

Doğru şık her zaman 'ceza' değildir: Bazen sadece kısaca "Beni hayal kırıklığına uğrattın ve bunun bir daha tekrarlanmasını istemiyorum" demek yeterli olur.

Çocuğumuz uygun olmayan bir davranış sergilediğinde, duygularımızı açıklarken çocuğu yargılamamaya özen göstermeliyiz. "Sana her zaman güvendim. Bunu bana nasıl yaparsın?" demektense "Böyle bir şeye kalkışman beni çok kızdırdı. Yaptığın çok tehlikeliydi" demek daha doğru olur.

Cezalandırmaya bir diğer alternatif ise çocuğa yanlış davranışının yaptırımının ne olması gerektiğinin sorulmasıdır. "Sen baba olsan çocuğuna nasıl davranırdın?" denebilir ya da "Sana göre, bu davranışının karşılığı ne olmalıdır?" diye sorulabilir.

Aslında bazı kurallar olaylar gerçekleşmeden önce uzlaşma yoluyla belirlenebilir. Çünkü önceden sınırları çizilmemiş durumlarla karşılaşıldığında "Ben baba olsam hiç kızmazdım" gibi afacan cevaplar gelebilir. Sınırlar ve kural önceden belli olursa, çocuk da ona göre davranışını düzenler. Üstelik çocuğun kendisi için öngördüğü yaptırım daha etkili olacaktır.

Anne-baba yaptırımın ne olacağına tek başına karar verirse; çocuk, öfke ve düşmanlıkla karışık bir tepki gösterebilir. Ama eğer birlikte karar verirse, çocuk "Ama bu adil değil!" diyemez. Ayrıca, kararın uygulanabilir olmasına da dikkat edilmelidir.

Yıldırıcı cezalar başkaldırıyı tetikler: Disiplin ve ceza aynı şey değildir. Çocuğun kişiliğini, güvenliğini tehdit edici, yıldırıcı cezalar çocuğu kendi nezdinde küçültür, yıpratır, motive etmez. Öte yandan çocuklarımızdan belli bir disiplin içinde davranmalarını bekleyemeyiz, bunu ancak biz inşa edebiliriz.

DİSİPLİN	CEZALANDIRMA
Değişime iter.	Küçük değişimler oluşturur.
Cesaretlendirir.	Cesaret kırar.
Doğruyu öğretir.	Utandırır.
Sevgiden doğar.	Korkudan doğar.
Saygı aşılar.	Küskünlük oluşturur.
Oto-disiplinin oluşumuna katkı sağlar.	Oto-disiplinin gelişimine ket vurur.
Çocuğun yararınadır.	Ailenin yararınadır.

Fiziksel şiddet kullanmamak: Yapılan araştırmalar, şiddetin çözüm olmak bir yana, yeni bir şiddeti doğurduğunu gösteriyor. Kızımızın yüzüne tokat atmak ya da oğlumuzu kolundan çekmek kesinlikle bir disiplin yöntemi değil, çocuk istismarıdır.

Fiziksel şiddetin uygulanması sadece yanlış değil, aynı zamanda kışkırtıcıdır da. Araştırmalar dayağın istenmeyen davranışı engellemediğini; aksine isyan ve şiddeti artırdığını göstermektedir.

Çocuklara lakap takmak, onlarla alay etmek de benzer olumsuz tepkileri doğurmaktadır. Eğer çocuğumuz gergin biz de kızgınsak, tartışmayı ertelemeliyiz. Olumsuz duyguların yoğunlaştığı bu anlarda, insanlar birbirlerini daha çabuk ve kolayca kırarlar.

Çocuğumuza kendimizi nasıl hissettiğimizi, "Şu anda konuşamayacak kadar kızgınım!" diye ifade etmeliyiz. Böylelikle

ÇAĞDAŞ DİSİPLİN ANLAYIŞI...

her iki taraf da sakinleşinceye kadar görüşmeyi ve karar almayı erteleyebilir.

Eğer bir kez kontrolümüzü kaybettiysek, bunu haklı göstermeye çalışmayalım, özrümüzü iletelim. "Sana asla vurmamalıydım, yanlıştı. Üzgünüm. Bir daha olmayacak" demeliyiz. Eğer biz ya da çocuğumuz kızgınlık anında sürekli olarak kontrolümüzü yitiriyorsak, bir uzmandan profesyonel yardım almalıyız.

Öfkemizle başa çıkmak: Huzurlu bir ev, fırtınalardan önce gerilimi azaltan yöntemler üzerinde düzenli olarak konuşmayı gerektirir.

Oniki yaşındaki Yiğit, "Futbol oynayamayacağım, formam yok!" diye bağırarak odaya girdi. Annesi oğluna herhangi bir öneride bulunabilirdi. "Normal bir tişört giy" diyebilir ya da onunla formasını arayabilirdi. Ama bunun yerine, gerçek duygularını ifade etmeye karar verdi: "Çok kızıyorum... En az üç tane forma aldım sana. Hepsi ya kayboldu ya da bir yerlerde unutuldu. Formanın durması gereken yer senin dolabın. Böylece ihtiyacın olduğunda nerede olduğunu bilirsin."

Burada Yiğit'in annesi oğlunu incitmeden öfkesini ifade etmiş oldu. Oğluna ne kadar sorumsuz ve dağınık olduğunu söylemeden, yalnızca ne hissettiğini ve gelecekte benzer tatsızlıkların olmaması için ne yapılması gerektiğini anlattı. Annesinin bu ifadeleri, Yiğit'in çözüme kendisinin ulaşmasına yardımcı oldu. Okulda ya da serviste unuttuğu formasını aramaya başladı.

Öfke, anne-babanın biraz rahatlamasını sağlayacak, çocukta anlayışa yol açacak ve her iki tarafın da zararlı bir etkiye maruz kalmayacağı şekilde ifade edilmelidir. İşte bu yüzden çocuklarımıza özellikle arkadaşlarının ve başka bireylerin yanında bağırmamalıyız. Bu onların daha yaramaz olmalarına, bizim de daha fazla öfkelenmemize neden olabilir. Güç gösterisi, intikam alma duyguları söz konusuysa, tartışmayı devam ettirmemeye bilhassa özen göstermeliyiz.

Öfkeli bir çocuğa karşılık vermek: *İkisi de üç-dört yaşlarında olan Bülent ile Ömer oynuyorlardı. Oyuncak arabası bozulan Bülent kızdı ve ağlamaya başladı. Annesi "Ağlamanı gerektirecek bir sebep yok. Susana kadar, onu tamir etmeyeceğim" dedi. Bülent ağlamaya devam etti, annesi de oyuncağını götürdü.*

Diğer yandan, arabası bozulduğu için ağlayan Ömer'e annesi "Araban bozulduğu için ağlıyorsun. Haydi tamir edelim" dedi ve oyuncağı eline alıp tamir etmeye koyuldu. Bunu gören Ömer ağlamayı bırakıp annesi ile beraber tamire başladı. Şimdi ne zaman bir oyuncağı bozulsa Ömer ağlamıyor, tamir etmesi için annesine getiriyor.

Ömer'in annesi problemi belirleyip çözüm önerirken, Bülent'in annesi oğlunu azarladı, tehdit etti, suçladı ve cezalandırdı.

Yalana zorlamamak: Çocuklar ağızlarında çikolata lekesi, üstlerinde boya izi olduğu halde 'çikolata yemedim, boyayla oynamadım' dediklerinde anne-babalar bu kadar açıkça yalan söylendiği için çileden çıkabilirler. Burada dikkat edilecek en önemli nokta çocuğa *cevabı bilinen sorular sormamaktır.*

Dört yaşındaki Ayşegül, "Anneannemi sevmiyorum!" diyerek odaya girdi. Annesi hem şaşırdı hem çok üzüldü ve: "Hayır, anneanneni seviyorsun! Anneannen sana hediyeler veriyor. Seni seviyor. Böyle korkunç bir şeyi nasıl söyleyebilirsin?" dedi. Ama Ayşegül ısrarcı, bir yandan da çok öfkeliydi. "Sevmiyorum işte... Bir daha bize gelmesin!" Annesi daha önce hiç böyle bir şey söylememiş olan kızından kendi annesi hakkındaki böyle sözler duyunca, kendini tutamayıp Ayşegül'e bir tokat attı. Ayşegül bir anda sustu. Cezanın devamı gelmesin diye, "Anneciğim, anneannemi seviyorum" dedi. Peki annesi ne yaptı? Ayşegül'e sarıldı ve öptü. "Aferin benim güzel kızıma" diyerek onu övdü.

Ayşegül ne öğrendi bu olaydan? Gerçek hislerini annesiyle paylaşmasının tehlikeli ve can yakıcı olduğunu. Eğer annesi, Ayşegül'e doğruları söylemeyi öğretmek isteseydi, "Kızım ne oldu da anneanneni sevmediğini söylüyorsun?" diye sorarak onun üzüntüsünü paylaşabilirdi. Ayşegül de "Anneannem bana değil, bebeğe hediye getirmiş" diyebilirdi.

Berk'in babası sınıf öğretmeni ile görüştü ve oğlunun ikinci matematik yazılısından zayıf not aldığını öğrendi. Eve gidip "Matematikten kaç aldın? Emin misin? Bu kez yalan söylemenin sana faydası olmayacak. Öğretmeninle konuştuk, zayıf aldığını biliyorum" gibi cümlelerin sarf edildiği bir konuşma yaptı. Bunun yerine doğrudan, "Oğlum bugün öğretmeninle görüştük. Matematikten ikinci yazılın zayıfmış. Ne yapalım, nasıl düzeltelim notunu?" diyebilirdi.

Tavrımızla çocuğu savunma yalanlarına itmemeye ve cevabını bildiğimiz soruları sormamaya gayret göstermeliyiz. Çocuğumuz yalan söylediğinde ise tepkimiz gerçekçi ve sorun çözücü olmalı.

Öfke nöbetini engellemek: *Dört yaşındaki Cem, oyun hamurundan ev, yol, araba yapıyordu. Belli ki, kendisine küçük bir şehir kuruyordu. Kimbilir daha neler yapacaktı? Ama yol yaparken birden annesine baktı ve "Yolum, evim, arabam fırtına yüzünden bozulacak. Şehrim altüst olacak. Ne yapmalıyım?" diye sordu. Annesi kızgın bir sesle, "Ne fırtınası be oğlum! Saçmalama!" dedi. Annesinin görmezden geldiği fırtına, evde Cem'in huysuzlaşmasıyla patladı. Bu fırtına, anne çocuğunun dünyasına girerek, "Yolun, araban, evin fırtına ile bozulacak mı şimdi? Ah yazık!" dese önlenebilirdi. Belki de anne "Fırtına dur! Oğlumun şehrini yıkma" ya da "Gel şehrini başka bir yere taşıyalım" diye ekleyebilirdi.*

Tutarlı Olmak

Kurallarda tutarlılık: Bir kuralı bir defaya mahsus uygulayıp sonra uygulamaktan vazgeçmemeliyiz. Ya da önceleri söyleyip sonra söylemekten bıkıp, yaptırımı bir sonraki sefere ertelememeliyiz. Biz tutarlı olmazsak çocuk disiplinde bir belirsizlik görecek ve bu onu başta kişilik gelişimi olmak üzere pek çok alanda olumsuz etkileyecektir.

Eşlerarası tutarlılık: Biz anne-babaların, çocuğumuzdan beklentilerimiz farklıysa bile, çocuğun gözü önündeki ortamlarda ona karşı birlik ve beraberlik izlenimi bırakmaya çalışmalıyız. Aslında çocuğumuzun ufak tefek fikir ayrılıklarına şahit olması, iki insanın bazı konularda farklı fikirlere sahip olabileceğini ve problemi uzlaşarak çözebileceklerini görmesi açısından önemlidir. Ancak temel konularda mutlaka beraber hareket edilmeli; "Birlikte evet ya da birlikte hayır" tavrı sergilenmelidir. Yoksa çocuk, anne-babasının farklı tavırlarından olumsuz etkilenebilir, nerede nasıl davranması gerektiği bilemeyebilir.

İnanç ve değerlerde tutarlılık: Eğer çocuğumuza dürüstlüğün öneminden bahsediyorsak, bize üç gün üst üste okulu astığını itiraf ettiğinde, bunu söylediğine pişman etmeyip neden böyle bir şey yaptığını sormalıyız. Problemi anlamaya ve birlikte çözmeye çalışmak daha faydalı olacaktır. Öte yandan, çocuğumuz okulu asıyorsa ve biz bunu okul idaresinden öğreniyorsak, problemi çözmek bir kademe daha zorlaşmış demektir. Bu davranış süreklilik arz ediyor, çocuğumuz da bunu her seferinde pervasızca dile getirebiliyorsa, iş dürüstlükten çıkmış, farklı bir problemin daha doğmasına yol açmıştır.

Çocuktan gelecek tepkilere karşı anne-babanın kararlı olması: Tüm çocuklar ailelerinin sınırlarını test edebilirler. Arkadaşlarının anne-babalarının daha özgürlükçü olduklarını, çocuklarına daha fazla güvendiklerini, daha çok harçlık verdiklerini vb. söyleyebilirler. Bu tür konularda şikâyetçi olabilirler. Böyle durumlarda bazı anne-babalar bilerek veya bilmeyerek çocuklarının kendilerini artık sevmeyeceği endişesiyle kimi prensiplerinden vazgeçebilirler ama çocuklar uzun vadede tutarlı tutumlar sergileyen ebeveynlerin yanında kendilerini daha güvende hissederler.

Çocuğu Birey Olarak Kabul Etmek

Çocuğumuzun birey olmasına imkân tanımak, ona mutlaka bizim istediğimiz gibi olması için baskı yapmamak gerekir. Yaşları ne olursa olsun çocuklarımızı bazen kendimizin bir uzantısı, devamı gibi görebiliriz. Mühendis olamamış bir baba, oğlunun fen derslerinden yüksek notlar alması için baskı yapabilir, gençken içe kapanık olan bir anne kızının kendisi gibi olmaması için arkadaş davetlerine katılması konusunda ısrarcı olabilir.

Hayata dair müdahalelerin, çocukluktan çok gençlik döneminde gerçekleşmesi, aslında biz yetişkinlerin kendi gençlik dönemlerimizi çocukluğumuza göre daha rahat hatırlamamız ve gençleri geri dönüşü olmayan kararlar vermekten korumak istememizdendir.

Aslında çocuklarımız büyürken biz de büyürüz. Yavaş yavaş 'orta yaş dönemi'ne girer ve az-çok 'kimlik krizi'yaşayabiliriz. Bazen kendi sorunlarımızı çocuklarımızın yaşantıları üzerinden çözmeye kalkışabiliriz.

Bizler tecrübelerimizden hareketle nasıl daha iyi bir seçim yapılabileceğini, fırsatların değerlendirilebileceğini, sağlığa daha çok dikkat edilebileceğini kolaylıkla fark edebiliriz. Yine de gençlerin kendi seçimlerini yapmalarına, fırsat vermek kişiliklerinin gelişebilmesi için gereklidir.

Çoğumuz, çocuklarımız büyürken o yaşlarımıza dönerek çocuklarımızın şahsında tekrar, şu anki bilgi ve tecrübemizle yaşamak isterken, farkında olarak ya da olmayarak evlatlarımızın üzerinde ciddi bir baskı oluşturabiliriz.

Çocuğumuzu hayattaki hedeflerimizi gerçekleştirmek adına ikinci bir şans olarak görmek, rahatsız edici bir durumdur. Ondan, bizim olgunluğumuz ve tecrübemiz doğrultusunda davranmasını beklemekse pek de adil değildir.

Çocuklarımızın 'kendi'leri olmaya hakları vardır. Biz onun yaşlarındayken sınıfın en çalışkan öğrencisi, futbol takımının kaptanı, onur kurulu başkanı veya siyasi konularda aktif idiysek bile, bu çocuğumuzun da bizim gibi olacağı anlamına gelmez. Yine biz, sınıfta veya girdiğimiz gruplarda kimsenin fark etmediği biri, düzensiz ve derslerden zar zor geçen bir öğrenci idik diye, çocuğumuzdan bizim olamadığımız her şeyi olmasını bekleyemeyiz.

Çocuklarımızın, kendi güçlü yönlerini keşfedip ilgi alanlarında ilerleme hakları vardır. Onlarla ortak zevklerimiz varsa, ne âlâ! Ama bizim zevklerimize ilgi duymuyorlarsa, bu bize karşı geldikleri anlamına gelmez!

Çocukların duygusal gelişimini engelleyen temel faktörlerden biri 'başarı baskısı'dır. Çocuğun gerçek bir öğrenci olması, öğrenmeyi sevmesi ve öğrenme yeteneğini geliştirmesi yönünde en büyük engellerden biri ailenin yaptığı başarı baskısıdır. İlk bakışta bu baskı olumlu bir etmen gibi görülebilir, ancak işin rengi ilk anda göründüğünden farklıdır. Kendini baskı altında hisseden çocuk içindeki öğrenme isteğini, merak ve kabiliyetlerini geliştirme arzusunu kaybeder, sadece iyi not alabilme endişesine dayalı yapay bir başarı çabasına girer.

Endişeli ebeveynler, endişeli çocuklar büyütürler. Endişe, çocuk için kolaylıkla engelleyici bir duyguya dönüşebilir çünkü kendini endişeli hisseden çocuk için güven duygusu yok demektir.

Ebeveynlerin çocukları için endişelendikleri nedenlerin en başında akademik başarı gelir. Bu durum göründüğünden daha zararlı olabilir, çocuklar 'mükemmeliyetçi bireyler' olmak üzere büyürler. İlk anda mükemmeliyetçilik olumlu bir özellik gibi görünse de bazen faydadan çok zarara yol açar. Mükemmeliyetçilik, çocuğun hayatındaki en önemli şeyi herhangi bir sınavdan alacağı not haline getiriyorsa, çocuğun bilişsel ve duygusal gelişimini engelliyorsa, çocuk uyuyamaz, günlük faaliyetlerini yerine getiremez durumdaysa ve sürekli en iyi notu alabilme endişesini taşıyorsa ona zarar veriyor demektir.

Ergenlik dönemi zaten çocuğun kimliğini inşa etmeye çalıştığı zorlu bir süreçtir. Zaten oldukça idealist ve kendini yargılayan bir yapıya sahip olan ergenin yaşayacağı ikinci ve güçlü bir baskı, ebeveyn baskısı, kişiliğin gelişimi açısından çokça yıpratıcı olabilir. Bütün ebeveynler çocuklarından başarılı olmalarını beklerler. Bu beklentileri karşılaması için çocuğa verilecek destek, anlayış, sabır ve başarıya bağlı olmayan koşulsuz sevgi çocuğun gelişimini kesinlikle destekler. Ancak yüksek beklentiler, anlayışsız, destek olmayan, eleştiriye ağırlık veren ve çocuğa gösterdiği sevgiyi başarılı olma durumuyla koşullayan ailelerde ciddi anlamda yıpratıcı olur.

Ebeveynler çocuklarının alacakları kararlarda gerektiğinden fazla ve baskıcı bir tutum benimsiyorlarsa bu aşırı kontrolcü tutum çocukta kızgınlık ve yabancılaşma gibi duyguların beslenmesine neden olur. Böyle durumlarda elbette ilk zarar gören, ebeveyn ve çocuk arasındaki bağdır. Bu bağın zayıflaması ebeveyn-çocuk ilişkisini yıpratır.

Çocuğumuza ağabeyinin veya ablasının kopyasıymış gibi davranmamak: Oğlumuz Emre'nin ağabeyi Mustafa'nın izinden gitmesini veya kızımız Başak'tan ablası Zeynep'in yaptığı hataları yapmamasını beklemek pek de gerçekçi değildir. Çocukların kardeşleriyle, komşunun çocuğuyla veya kendi çocukluğumuzla mukayese edilmesi, kendilerine duydukları güveni zayıflatacaktır.

"Neden Ahmet gibi olamıyorsun?", Eğer bende sendeki yetenek olsaydı, neler yapmazdım!" gibi kıyaslamalar, ister istemez çocuğa kendisi olduğu için değil, bir standardı yakalaması şartıyla sevildiği mesajını verecektir.

Çocuğumuza Neden Kızdığımızın Farkında mıyız?

Ebeveynin çocuğun gelişimine aşırı derecede müdahale ettiği durumlarda (ki ebeveyn bu durumu nadiren kabullenir; ona göre müdahalesi gayet yerindedir ve çocuğun gelişimini desteklemek amacındadır) çocuğun gelişimi engellenir. Bu tavrın altında çoğu zaman, ebeveynin kendi hayatında kontrol altına alamadığını ve düzeltemediğini düşündüğü, kendine ait mutsuzluk ve hayal kırıklıkları yatar. Çoğu zaman farkında olmadan kendi yaralarımızı sarmak için çocuğumuzun gelişimine fazlaca müdahale ederiz.

Ebeveynin kendi hayatı, memnuniyetsizlikleri, başarıları ve anne-babasıyla ilişkileri çocuk ile kurduğu ilişkiyi şekillendiren etkenler arasındadır. Ebeveynlerin çocuklarıyla olan ilişkilerini etkileyebilecek faktörlerden bazıları şunlardır:

(1) Özellikle aile ekonomisinden sadece bir ebeveynin sorumlu olduğu ailelerde çocukla ilgilenme görevini diğer

Mükemmeliyetçilikle Gelen Mutsuzluk: Mükemmeliyetçilik, azimle eşanlamlı değildir. Azim, mükemmel olamayacağını bilerek, elinden gelenin en iyisini yapmak için çabalamaktır.

Çocuğumuzun resim ödevini kendisinin yapmasına fırsat vermeyip biz mi yaptık? Kızımız yatağını düzelttikten sonra tekrar yatağını düzelttik mi? Çocuklar mutfak tezgâhını sildikten sonra üzerinden geçtik mi? Peki ya bunları yaparak, çocuklarımıza "Mükemmel olmayan her şey değersizdir" mesajını verdiğimizin farkında mıyız?

Eğer çocuğumuz:

– Sebepsiz kişisel beklentiler içindeyse,

– Yapıp ettikleri onu asla tatmin etmiyorsa,

– Kararsızlık problemi yaşıyorsa,

– Eleştirildiğinde dünyası başına yıkılıyorsa,

– Kaybetme korkusuyla işlerini erteliyorsa,

– Kendini fazla eleştiriyorsa mükemmeliyetçiliğin yıkıcı yollarında ilerliyor demektir. Onu bu durumdan kurtarmak için koşulsuz sevgimizi hissettirebilmeli; dikkatini başarılı olmaktan, yaşamının amacına yöneltmeliyiz.

Ayrıca kendi hayatımızda da:

– 'Hiçbir şey mükemmel gitmiyor' tavrından vazgeçmeli,

– Çocuğumuzu olduğu gibi kabul edip, potansiyelini en verimli şekilde kullanabilmesine yardım etmeli,

– Çocuğumuzun yaşındaki hallerimizi hatırlayıp onu anlamaya çalışmalı,

– Çocuğumuzu asla kimseyle kıyaslamamalı,

– Başarısız olduğunda kendi yaşadığımız başarısızlıklardan söz ederek onu rahatlatabilmeliyiz.

ebeveyn üstlenir. Bu genellikle annedir. Çocuğun tüm sorumluluğunu tek başına üstlendiğini hissetmek, annenin bazen kendini yalnız hissetmesine neden olabilir.

(2) Tek ebeveynin çalıştığı ailelerde eşler arasında bir güç dengesizliği hissedilebilir. Ailenin ekonomik devamlılığını sağlayan ebeveyn, diğer ebeveyn üzerinde baskıcı ve katı bir tutum oluşturabilir.

(3) Yoğun iş temposuna sahip olan ebeveynler aile içi ilişkilere yeterince zaman ayıramayacak hale gelebilirler. Sosyal bağların eksikliği bu ebeveynlerin duygusal açıdan sıkıntıya düşmelerine neden olabilir.

(4) Ailenin geçiminden babanın sorumlu olduğu ve çok yüksek tempoda çalıştığı durumlarda anneler babaların yokluğunu ve kendi duygusal açlıklarını örtmek için çocuklarına gösterdikleri ilgiyi abartılı seviyeye kadar çıkarabilirler. Bu ilgi artışı bazen çocuğun gelişimini engelleyebilir. Annelerin çocuklarına duydukları aşırı bağlılık, onları paylaşmak istememeleri ve yönlendirmeye çalışmaları çocuğun kendisini baskı altında hissetmesine yol açabilir.

Tecrübelerimiz Anne Babalık Tutumlarımızı Nasıl Etkiliyor?

Geçmişten getirdiklerimiz hayatımızın birçok alanını olduğu gibi, anne-babalık tutumlarımızı da etkiler. Hülya Hanım'ın çocuklarıyla yaşadığı bir tecrübeye göz atalım:

"Çocukluğumdan kalma bazı sorunların, kendi çocuklarımla ilişkilerimi olumsuz yönde etkilediğini ve aslında zevkli olabilecek deneyimleri nasıl bir huzursuzluğa çevirdiğini gördüm. Ne zaman oğullarıma ayakkabı almaya gitsek, seçtikleri ayakkabının rengi, modeli, fiyatı vs. ile ilgili düşünceler beynimde dolaşmaya başlıyordu. Sürekli onların seçtikleri ayakkabıları eleştiriyordum. Sonunda çocuklarım, 'Anne sen hangisi istersen

o olsun' diyorlardı. Alışveriş bittiğinde hepimiz çok yorulmuş oluyorduk. Böyle davranmak istemiyordum, ama nedense her seferinde aynı şeyi tekrarlıyordum.

Yine hayal kırıklığıyla biten bir alışverişten sonra küçük oğlum, 'Anne, sen çocukken ayakkabı almayı sevmez miydin?' diye sordu. Beynime çocukluğumda ayakkabı aldığımız günlerine dair olumsuz anılar hücum ederken, dudaklarımdan dökülen cevap 'Hayır'dı.

Dokuz kardeştik. Alınması gereken o kadar çok ayakkabı vardı ki, annem alışveriş için indirim günlerini seçerdi. Benim ayak numaram 37 idi, oysa indirime giren ayakkabılar hep küçük numaralar olurdu. Küçük numara ayakkabı giyen ablam için oldukça fazla seçenek varken, benim için aynı şey söz konusu değildi. Beğendiklerim de indirimde olmayan ayakkabılar olurdu. Annem para harcamanın ve onca çocuğa uygun fiyatlı ayakkabı bulmanın telaşından sinirli olurdu. Annemin siniri beni üzerdi. O anda mağazadan çıkıp hiçbir şey almadan eve gitmek isterdim.

Çocukluğuma dair ilk hatırladıklarım, bana davranışlarımı etkileyen şeyin şu anda yaşadığım alışveriş deneyimi değil, çocukluğumda yaşadığım alışveriş deneyimi olduğunu gösterdi."

Çocuklarımıza istemeden kırıcı tepkiler verdiğimizde veya onların davranışları bizi üzdüğünde iç dünyamıza yönelip o an aklımızdan ne geçtiğini ve ne hissettiğimizi düşünürsek, çocuklarımızla kurmak istediğimiz sağlıklı ilişkide davranışlarımızı nasıl yönlendirmemiz gerektiğini daha iyi görebiliriz. Kendi sorunlarımızı çözdükçe, çocuklarımıza verdiğimiz tepkiler de daha esnek olacaktır.

Eğer geçmişten gelen çözülmemiş veya üstü örtülmüş sorunlarımız varsa, bunlar zihnimizi, hislerimizi ve bedensel algımızı çeşitli yönlerden olumsuz etkileyebilir. Bizi istemediğimiz tepkileri sürekli olarak tekrarladığımız bir kısır döngü içine sokabilir. İlişkilerimiz ve iç deneyimlerimiz üzerine düşünmek, bu konuda yardım almak, kendimize ilişkin farkındalığımızı derinleştirmemizi sağlayabilir.

Sorunlarla başa çıkmada en zor aşama, "çözülmemiş bir şeylerin olduğunu kabul etmek"tir. Kabul edilemez gibi görünen hislerle yüzleşebilirsek gelişmeye giden yola adım atar ve olmak istediğimiz ebeveyn modeline daha çok yaklaşmış oluruz.

Anne-Baba Olarak Gücünüzün Dayanağını Fark Edin

Anne-baba ve çocuk arasındaki ilişki eşitlerarası bir ilişki değildir. Elbette ki ebeveynlerin çocuklarına karşı bir gücünün olması gerekir. **Duygusal rehber** olan anne-babalar için bu gücün kaynağı bu gücün dayanağı tehdit, küçük düşürme, fiziksel şiddet değil, *çocuk ve ebeveyn arasındaki duygusal bağdır.* Sizin ve çocuğunuzun birbirinize karşı duyduğunuz sevgi ve saygı sınır koymada temel aracınız olacaktır. Ailesi tarafından küçük düşürülmüş, acımasızca eleştirilmiş veya etiketlenmiş bir çocuk, anne-babasını mutlu etmek için çok fazla çaba sarf etmeyecektir.

Çocuklarla ilişkilerimizde şu iki prensip son derece önemlidir:

– ***Tüm duygular kabul edilebilirdir, ancak tüm davranışlar kabul edilebilir değildir.*** Çocuğunuz kızgınlık hissedebilir, ama bu kızgınlıkla içinden gelen her şeyi yapma hakkına sahip değildir. Kızgınlığını dışa vurma konusunda aşmaması gereken sınırlar olduğunu bilmelidir.

– ***Çocuk-ebeveyn ilişkisi iki eşitin ilişkisi değildir.*** Kuralları ebeveyn belirler, ancak bunu yaparken çocuğun ihtiyaçlarını, duygu ve düşüncelerini de dikkate alır.

Deniz feneri

"Eğitim filosuna verilmiş iki savaş gemisi birkaç gündür kötü hava şartlarında manevra yapıyordu. Ben, en öndeki savaş gemisinde görevliydim, hava kararırken köprüde nöbetteydim. Yer yer sis vardı, görüş alanı dardı. Bu nedenle komutan da köprüdeydi, bütün faaliyetleri denetliyordu.

Karanlık bastıktan kısa bir süre sonra iskele tarafındaki nöbetçi haber verdi:

- Işık! Sancak tarafında!

Komutan seslendi:

- Dümdüz mü ilerliyor, yoksa arkaya doğru mu gidiyor?

Nöbetçi:

- Dümdüz ilerliyor, komutanım, diye cevap verdi.

Bu, o gemiyle tehlikeli bir çarpışma rotası üzerinde olduğumuz anlamına geliyordu. Komutan nöbetçiye emir verdi:

- Gemiye mesaj gönder: 'Çarpışma rotasındayız, rotanızı 20 derece değiştirmenizi öneriyoruz.'

Karşıdan şu sinyal geldi:

- Rotanızı 20 derece değiştirmeniz önerilir.

Komutan:

- Mesaj gönder, dedi. 'Ben komutanım, rotayı 20 derece değiştirin.'

Karşıdaki:

- Ben deniz onbaşıyım, rotanızı 20 derece değiştirseniz iyi olur, diye mesajı cevapladı.

Komutan bu arada iyice öfkelenmişti. Hırsla emretti:

- Mesaj gönder: 'Ben bir savaş gemisiyim. Rotanızı 20 derece değiştirin!'

Karşıdaki ışıklarla cevap verdi:

- Ben de bir deniz feneriyim!

- ...

Mecburen rotayı değiştirdik."

Deniz feneri gemiyi yönetmez, sadece kaptana yol gösterir! Anne babalar da deniz feneri misali çocuklarına yol göstermelidir. Ancak kendi isteklerini çocuğa ısrarla yaptırmak yönünde değil, onun geleceği için en doğru olanı yapması yönünde...

Yedinci Bölüm

AİLE İÇİ İLETİŞİM VE PROBLEM ÇÖZME

Hayat olanca hızıyla akıp giderken, bizim çocuğumuzla olan iletişimimiz onun küçük ve masum dünyasında oldukça önemlidir. Aile içinde kurallar, evdeki görev dağılımı, alışkanlıklar, arkadaşlar, telefon, televizyon, harçlık ve daha nice büyük-küçük konuların tartışma konusuyken, anlaşmazlıkların çıkması gayet doğaldır. En önemlisi, bunların aile içi ilişkileri zedelemesini en aza indirmeye çalışmaktır.

Evlerimizde bazen, aile fertlerinin birbirini dinleyerek konuşmak yerine hep bir ağızdan konuşmayı tercih ettiklerine şahit oluyoruz. Bazen de sorunları çözmek için yapıcı yöntemler kullanmak yerine sorunu yok sayıyor veya günlük basit sorunları büyüterek çözümü zor hale getirebiliyoruz.

Kimi zaman, biz anne-babalar ve çocuklar birbirimizle iletişim kurmakta zorlanırız. Bunun nedenlerinden biri bizim çocuğumuzla *konuşmak* yerine ona bazı şeyleri sadece *söylememizdir.* Söylemek tek taraflı bir eylem iken, konuşmak duygu, düşünce ve istekleri karşılıklı olarak anlatma ve anlamaya dayalı, çözüme yönelik bir faaliyettir.

AİLE İÇİ İLETİŞİMİN ENGELLERİ

İyi iletişim kurabilmenin ilk adımı aile içi olumsuzlukları en aza indirgemektir. Bizler bazen farkında olmadan iletişimi zedeleyici, engelleyici veya koparıcı şekilde konuşabiliyoruz. İşte bazı örnekler:

(1) Eleştiri ve küçük düşürmek, dinleyicinin olumsuz değerlendirmeleri iletişimi bozar ve yok eder.

Etiketlemek: "Seni salak!" "Ne zaman böyle ötmeyi bırakacaksın?" "Tıpkı bir ergen gibi davranıyorsun!"

Kişisel saldırı: "Amma tembelsin ya! Tek problemin bu senin!" "Aptal aptal bakma etrafa öyle!" "Hınbıl hınbıl yürüme!"

Kinâye: "Müthiş bir fikir bu, her yerinden zekâ fışkırıyor!" "Harcanma buralarda!"

Özellikle başkalarının yanında küçük düşürmek: "Kör müsün be! Önüne baksana!" "Sana fikrini soran oldu mu?" "Bu kafayla mı mühendis olacaksın!"

Bazılarımız çocuklarımızı eleştirmezsek, onların asla ilerleme kaydedemeyeceklerini düşünürüz. Oysa yalnızca yapıcı eleştiriler bu görevi görür. Yukarıdaki tarzda eleştiriler ise karşı tarafta sadece savunmayı arttırır.

(2) Çok fazla emir veya nasihat vermek

Emir: "Şimdi yap, dedim sana!" "Kapa şunu be çocuk!' "Kaç kere daha, bunu yapma diyeceğim sana." "Bana elli kere aynı şeyi söyletme; hâlâ ödevini yapmadın."

Tehdit: "Yap, yoksa sonucuna katlanırsın!" "Beni sinirlendirme, ne olduğunu biliyorsun sonra!" "Babana söyleyeyim de, bak o zaman neler oluyor!"

Bu ve benzeri tehdit cümleleri sonunda, çocuk çoğu zaman zaten hiçbir şey olmayacağını öğrenmiştir. Bu sebeple davranışlarını pek de düzeltme ihtiyacı hissetmez. Yahut tehdit gerçekleşse bile bir süre sonra duyarsızlaşır, yine yapacağını yapar.

Nasihat: "Eğer senin yerinde olsaydım, şunu yapardım," "Senin şimdi şunu şunu yapman lazım" gibi cümleler zaten kendi ayakları üstünde durma arayışı içinde olan, gençliğe adım atmaya hazırlanan çocuğa kendisini yetersiz hissettirir.

(3) Çocukların sorunlarını anlamaya çalışmadan hafife almak

Teselli etmek: "Hadi neşelen, yarın her şey daha güzel olacak" "Üzülme, eminim sen en iyisini yapacaksın" "Boş veerr!! Hadi gel bir sinemaya gidelim."

Önemsememek: "Amaan, üzüldüğün şeye bak!" "Bu da sıkıntı mı?" "Kendi derdim bana yeter, bir de senin saçmasapan takıntılarınla uğraşamam." Tüm bu sözler, çocuğun üzüldüğü şeylerin anlamsız olduğu mesajını taşır.

SAĞLIKLI İLETİŞİMİN YOLLARI

1. En güzel kural, herhangi bir yetişkine söylemeyeceğimiz sözleri çocuklarımıza da söylememektir: Bir arkadaşımızla konuşurken "Kes sesini, kafam şişti!" diyemeyeceğimiz gibi, bize saygıda kusur etmemelerini istiyorsak, bunları çocuklarımıza da söylememek isabetli olacaktır. Unutmayalım ki ne ekersek onu biçeriz!

2. Aslında söylemek istediğimizi söylemek: Aslında sadece anne-baba olarak değil, günlük hayatta da çoğu zaman düşüncelerimizi tam ifade edemediğimizi aşağıdaki örnekleri okuyunca daha da net göreceğiz.

Doğru ve Yanlış Mesajlar	
Durum I	Çocuğumuz bir saattir telefonda konuşuyor.
Yanlış Mesaj (Sen)	"Yalnızca kendini düşünüyorsun."
Doğru Mesaj (Ben)	Saatlerce konuşarak telefonu meşgul etmene [davranış], bu sırada acil bir şey olsa, kimse bize ulaşamayacağı için [sonuç] endişeleniyorum ve kızıyorum [duygu].
Durum II	Mutfakta bir şeyler atıştırdı ve tabak çanağı toplamadı.
Yanlış Mesaj (Sen)	"Görevlerini yapmıyorsun."
Doğru Mesaj (Ben)	"Atıştırdıktan sonra mutfağı toparlamadığından [davranış], bana ilave bir iş çıktığı için [sonuç] canım sıkılıyor [duygu].
Durum III	Konuştuğunuz saatten bir saat sonra eve geldi.
Yanlış Mesaj (Sen)	"Sen beni sinirden çatlatmak mı istiyorsun?"
Doğru Mesaj (Ben)	"Eve vaktinde gelmeyince [davranış] başına bir şey mi geldi acaba [sonuç] diye düşünüp üzülüyorum [duygu].

Genelde kızgın veya üzgün olduğumuzda, kendimizi nasıl hissettiğimizi söyleyeceğimize (yani *'ben' mesajı* yerine), çocuğun davranışındaki anlamı çözmeye (yani *'sen' mesajı* vermeye) çalışırız.

Kendimizi nasıl hissettiğimizi (üzgün, kızgın, gergin vs.) söylemek: Bu duygu ifadesi, "Bencil, kendinden başkasını düşünmezsin zaten! Sorumsuz, ahmak, gerizekâlı!" gibi sözlerle çocuğumuzu suçlamak ya da küçük düşürmekten çok daha etkilidir. Bu sözleri işiten çocuğun dikkati anne-babasının hislerine yönelecek, böylece yaptığının başkaları üstünde etkili olduğunu ve onları incitmiş olabileceğini görebilecektir.

Böyle yaparak çocuğu da soruna ortak edip onun çözüme katkıda bulunmasını sağlar, ona saygıdeğer bir iletişim muhatabı gibi davranarak özsaygısını besler ve sorumluluğu paylaşarak özgüvenini arttırırız. Ona ne yaptığını bilmez, aptal biri gibi davranırsak işbirliğini elde edemeyiz.

Ben Mesajı: Belirli bir durum hakkında, değer yargısı atfetmeden, yargılamadan hislerimizi belirtmektir. Doğru ve etkili mesajdır, çünkü çözüme yöneliktir.

Sen Mesajı ise; diğer insanın hislerini, karakterini ve tutumlarını değerlendirip yargılamaktır. Yanlış mesajdır, çünkü karşıdakini suçlar.

"Ben" Mesajı Formülü:

"**Şöyle şöyle** yaptığında [*yargılamadan olanı söyleyin*], **böyle böyle** olduğu için [*bu davranışının hayatınız üzerindeki etkisini netleştirin*] kendimi **şöyle şöyle** hissediyorum [*hislerinizi belirtin*]."

Yetişkinler dünyasında da bu böyledir. Bize saygılı ve olumlu yaklaşan birini reddetmek mi daha kolaydır, yoksa hakaret edip küçümseyen birini mi?

Net olmalı: Çocuğumuzun rahatsızlık veren davranışını dile getirirken, net olmalı; lafı dolandırmamalıyız. "Elbiselerini çıkardığında toplaman daha iyi olmaz mı?" demek, "Odanı darmadağın etmişsin yine yaaa!" demekten daha etkilidir.

Objektif olmalı: Olay veya duruma odaklanarak, "Tembel teneke" "Beceriksiz" gibi laflarla meseleyi kişiselleştirmekten uzak durmalıyız:

Genelleme yapmamalı: "Sen zaten her zaman böylesin." "Asla düzenli bir çocuk olamayacaksın."

Lafı uzatmamalı: "Futbola kendini o kadar çok kaptırdığında, bir ailen olduğunu unutup eve kirlenmiş çamaşırlarla, üstelik geç gelmen beni kızdırıyor" denildiğinde, bizi neyin kızdırdığı konusunda çocuğumuzun kafası karışacak, dikkati dağılacaktır.

(1) Futbol oynamasına mı? (2) Sporla bu kadar çok ilgilenmesine mi? (3) Arkadaşlarıyla çok vakit geçirmesine mi? (4) Oyunlarında ailesini unutmasına mı? (5) Eve geç gelmesine mi? (6) Eve kirli çamaşırlarla gelmesine mi? Bunlardan hangisine kızıldığını anlayamayan çocuğumuz, dolayısıyla kendisinden ne istendiğini de tam olarak anlayamayacaktır.

Mesaj cümlelerimizin tek bir konusu olmalıdır. Zamanla, deneye deneye, doğru ve etkili "Ben" cümleleri kurmayı öğrenmeliyiz.

Hislerimizi ifade ederken, iç dünyamızı doğru biçimde yansıtacak kelimeler seçmeliyiz. Çünkü kızmak, çok sinirlenmekten; huzursuz olmak, kaygılanmaktan; üzülmek, korkmaktan farklı anlamlar taşımaktadır.

Bazılarımız, genelde durumlar farklı da olsa 'kızmak' fiilini kullanmayı severiz. Çocuğumuz okul çıkışı ödevde kullanmak üzere el işi kâğıdı almak için kırtasiyeye uğraması gerektiğini bize söylemeyi unuttuğunda; önce geç kaldığı için acaba başına bir şey mi geldi diye korkarız. Sonra eve geldiğinde bizi o kadar korkuttuğu için kızarız. "Nerede kaldın? Niye haber vermedin?" gibi sözleri duyan çocuk, onun için endişelendiğimizi anlamaz bile. Genelde ilk ne hissedildiyse, o söylenmelidir: "Eve dönmekte gecikince, başına bir şeyler gelmiş olabileceğini düşündüm ve çok korktum" ya da "Nerede olduğunu bilmediğim için korktum" gibi...

ÇOCUĞUMUZLA KONUŞURKEN AKTİF DİNLEYİCİ OLABİLMEK

Konuşmak ancak dinleme ile bir aradaysa asıl hedefine ulaşır. Karşımızdakinin mesajının bize ulaşması için öncelikle dinlemeyi bilmemiz gerekir. Bizimkinin ulaşması için de onun dinlemeyi bilmesi. Anne-baba-çocuk ilişkisinden bahsettiğimiz için, önce biz yetişkinler dinleyeceğiz ki, çocuklarımız da bizden model alıp öğrensinler.

Görüştüğüm çocuklardan biri "Arkadaşlarım beni dinliyor, ama ailem genelde benim konuşmalarımı sadece duyuyor" demişti. Çoğu zaman çocuklar bu konuda haklıdırlar. Sürekli yakınımızda olanlar dikkatimizi çok çekmezler.

Aile üyeleri genelde herkesin ne söyleyeceğini az çok tahmin edebildiklerini düşündükleri için, birbirlerini dinleme zahmetine pek girmezler. Konuşan, cümlesini bitirmeden onlar tamamlarlar; sözün sonunu beklemeden cevap verirler. Dinliyormuş gibi görünüp aslında televizyon seyreder, gazete okur veya yolda önlerinde giden arabanın markasına takılırlar. Kimi zaman da dinledikleri halde karşı tarafın ne hissettiği ile ilgilenmezler.

Demek ki, dinleme pasif değil, kesinlikle aktif olunması gereken bir eylemdir. Peki, doğru dinleme nasıl olur?

Dikkatimizi verelim: Birini dinlerken, aynı anda yemek yapıyor, gazete okuyor veya bulaşık yıkıyorsak karşımızdaki kişiyi hakkıyla dinlememiz mümkün değildir. Gerçek dinleme diğer düşüncelerden arınmayı, tüm ilgimizi konuşmacıya yöneltmemizi gerektirir. Göz teması kurup, bedenimizi muhatabımıza çevirerek, çeşitli baş sallamaları ve "Hı hı, gerçekten mi, sonra ne oldu, anladım" gibi sözlerle karşı tarafa "Seninleyim" mesajını vererek doğru bir iletişim içinde olabiliriz. Eğer o anda dinleyecek durumda değilsek veya bir işimiz varsa "Seni dinlemek isterim ama şu an için bir işim var. Öğleyin yemekten sonra görüşelim mi?" diyebiliriz. Konuşma zamanını tayin için öneride bulunmayı unutmayalım ve kesinlikle sözümüzde duralım, atlatmayalım.

Sadece kulaklarımızla değil, gözlerimizle de dinleyelim: Kelimeler hikâyenin yalnızca yarısını anlattığından, karşımızdakinin ne hissettiğini ve satır aralarında ne demek istediğini tam olarak anlamak istiyorsak aynı zamanda beden diline de bakmamız gerekir. "Hiç etkilenmem, umurumda değil" diyor, ama omuzları çökmüş, bitkin, bakışları cansız bir görünüm sergiliyorsa, tabii ki kelimeler ruh halini tam olarak yansıtmıyor demektir. Beden dili ile kullandığı sözcükler farklı şeyler ifade ediyor ise, beden dilinin söylediği, gerçeği daha çok yansıtır.

Soru ve yorumlarla konuşmayı bölmeyelim: Biz yetişkinler gibi çocuklarımız da sözleri kesilmeden dinlenilmeyi isterler. Kızgın veya hüzünlü olduklarında, genelde nasihat duymaktansa anlaşılmış olmayı tercih ederler. Çocuğumuzun ne anlatmak istediğini anladığımızda, hemen bölüp, durumu bir cümleyle özetlemeyelim. Konuşurken duraksadığında orada olduğumuzu hissettirmeli, ama dilimize de hakim olmalıyız. Genelde hepimiz sohbet ortasında bir sessizlik olduğunda rahatsız olur, konuşmayı devam ettirmek adına bazen ilgili ilgisiz laflar ederiz. Ama eğer karşı taraf konusuna odaklanmışsa, sessizliğin ona zihnini toparlama fırsatı verdiği unutulmamalıdır.

Çocuğumuzun eleştirileri karşısında hemen savunmaya geçmeyelim: Hepimiz, haklı veya haksız, eleştirildiğimizde dilimize hakim olmakta zorlanırız. Eğer çocuğumuz bizim herhangi bir durumumuzu veya ona karşı bir davranışımızı eleştiriyorsa; eleştirisinin nedenini anlamaya çalışmalıyız. Bu eleştiri uygun bir dille yapılmadıysa, usulünü düzeltmesi yönünde onu uyarmalıyız. Sonra yalnız kaldığımızda eşimizi, dostumuzu, çocuğumuzu eleştirirken kullandığımız üslubu gözden geçirmeliyiz.

Çocuğumuzun söylediklerini kendi kelimelerimizle yeniden dile getirelim: Çocuğumuzla konuşmaya başladığımızda yapmamız gereken ilk şey, onun söylediklerini kendi kelimelerimizle tekrar söylemektir. "Takım için bu kadar çok uğraşmaya değer mi diye düşünüyorsun galiba," "Nihat'a seni yarı yolda bıraktığı için kızgınsın," "Yani şimdi kafan epeyce karışık" gibi... Karşı tarafın dediklerini kendi kelimelerimizle ifade etmenin 3 önemli sonucu vardır:

(1) Karşımızdaki kişiyi, doğru mu yanlış mı anladığımızı kontrol etme imkânı verir.

(2) Karşı tarafa "Seni dinliyorum ve anlamaya çalışıyorum" mesajını verir.

(3) Karşımızdaki kişiye ne söylediğini 'tekrardan duyma' şansı verir; ki bu da konuşmanın devamında söyleyeceklerinin kontrolünü sağlar.

İletişim İçin Çocuğumuza Uygun Ortam Hazırlamak

'Ne' söylediğimize ve 'nasıl' söylediğimize dikkat edelim!: Çocuğumuz okuldan eve biraz üzgün geldi. Nasıl karşılık veririz?

Eleştirel: "Bu sefer ne yaptın? Yine zayıf mı aldın?"

Boş bir teminat vermek: "Haftaya bu zamanlar bugün ne olduğunu hatırlamayacaksın bile! Boşver!"

Acelece nasihat vermek: "Şaşkın ördek gibi dolaşmanın bir faydası yok; daha önce aklın neredeydi? Arkadaşlarınla dolaş dolaş, zihnini açar, sana takdir verirler."

İşte tüm bu yaklaşımlar iletişimin kapılarını kapatır. Bu kapılar "Biraz üzgün görünüyorsun. Neler olduğunu anlatmak ister misin?" diyerek aralanabilir.

6-10 yaş arası çocuklarla iletişimde etkili olacak cümleler:

"Sende en çok takdir ettiğim nokta..."

"Seninle oyun oynamak beni mutlu ediyor."

"Seninle zaman geçirmeyi gerçekten çok seviyorum."

"Bir şeylerle uğraştığın veya yeni bir şey öğrendiğin zaman gözlerinin içi parlıyor."

"Merakın, hayal gücün, öğrenme isteğin gerçekten takdire değer."

"..... ile yakından ilgilendiğin ve bakımını üstlendiğin için seninle gerçekten gurur duyuyorum. Ona nasıl bakacağını iyi biliyorsun"

11- 14 yaş arası çocuklarla iletişimde etkili olacak cümleler:

"Gerçekten ne söylemek istediğini merak ediyorum ve seni dinlemek istiyorum. İstersen hemen konuşabiliriz, istersen birazdan. Tercih senin."

"Bazen kendin olmak cesaret ister. Sence bu konuda seni arkadaşlarından farklı düşünmeye iten sebep ne olabilir?"

"Şu an kendini kötü hissettiğini biliyorum. Kendini daha iyi hissetmek için neler yapabilirsin sence?"

"Yardımın için gerçekten çok teşekkür ederim, benim için çok değerliydi."

"Kendini ifade edebilmen gerçekten çok güzel."

"Bizimle geçirdiğin zamana arkadaşlarınla geçirdiğin zaman kadar değer verdiğin için çok mutluyum."

15-18 yaş arası çocuklarla iletişimde etkili olacak cümleler:

"Bu hafta sonu arkadaşında kalmak istemen fena bir fikir değil. O zaman önümüzdeki hafta sonu birlikte bir şeyler yapalım, ne dersin? Bu arada bu hafta sonu neler yapmayı planlıyorsunuz, biraz anlatmak ister misin?"

"Gerçekten zor bir durumdu, fakat sen üstesinden geldin, tebrik ederim!"

"Sorumluluklarını yerine getirdiğinin farkındayım ve seni takdir ediyorum."

"Beni anlamaya çalıştığının farkındayım ve bunun için sana çok teşekkür ederim."

"Söylemek istediğin her şey benim için çok önemli. Paylaştığın için çok memnunum."

Önce göz teması kuralım: Bedenimiz ona dönük olsun. Konuşmaya başlamadan önce bir süre sessiz kalarak düşüncelerini toparlamasına izin verelim. Hem konuşmaması hem de odayı da terk etmemesi gibi durumlardan hareketle, konuşmakta kararsız olduğunu hissettiysek, bunu ona fark ettirelim: "Konuşmak hakikaten zor olmalı."

Eğer bu "Konuşmak ister misin?" davetine "Pek de değil" diye bir cevap aldıysanız, "Biliyorsun, benimle her zaman konuşabilirsin" veya "İçinde kalmasın" gibi sözlerle onu zorlamayın. "Ne zaman istersen dinlemeye hazırım" diyerek açık kapı bırakın.

Unutulmamalıdır ki; herkesin kendi fikir ve hislerini kendine saklama hakkı vardır. Onu konuşmaya zorlamanız ço-

cuğunuz için bireyselliğinin inkâr edildiği anlamına gelebilir. Ona ihtiyacı olduğunda yanında olduğumuzu hissettirerek karşılıklı bir güven sağlayın. Ama burada bahsedilen karşılıklı güven, biraz vakit alacaktır, aceleden kaçınmak gerekir.

Bazı ailelerde de sorun; aile bireylerinin birbirlerini dinlemeyecek kadar güvensiz olmalarından değil, her bir ferdin çok yoğun olmasından kaynaklanır. Gönülden yapılacak sohbetlere vakit ayırmak aslında çok gereklidir: Herkes evden sabah erken çıkıyorsa kahvaltılar veya akşam yemekleri, tüm aileyi ilgilendiren meselelerin görüşülmesi ve birlikte zaman geçirmek için değerlendirilebilecek fırsatlardır.

Çocuğumuzun büyümüş olması, kendisiyle vakit geçirmemizi istemediği anlamına gelmez. Yatmadan evvel odasına uğrayıp, işlerinin nasıl gittiğini sormamız hoşuna gidecektir. Ama odasına girmeden önce kapıyı tıklatmayı unutmadan...

SORUN ÇÖZMEK

Sorunlar, istesek de istemesek de hayatımızın bir parçasıdır. Birlikte yaşayan insanlar arasında değerler, inançlar, fikirler, istekler, ihtiyaçlar ve alışkanlıklar ile ilgili farklılıklar vardır. Sorunlar da, aslında hayatımıza zenginlik katan bu farkların yaşarken nasıl bir yol izlendiğiyle bağlantılı olarak ortaya çıkar.

Sorunlar kelime itibarıyla olumsuzlukları çağrıştırır. Ancak her kriz bir fırsata dönüştürülebilir. Bu, sorunun nasıl kullanıldığı ve nasıl algılandığına bağlı olarak değişir. Sorun bir şeylerin yolda gitmediğini gösterir ve bu, o şeyleri yoluna koymak için bir fırsat olabilir. Enerjimizi birbirimizi suçlarken kullanmak yerine, bu olaydan ders çıkarmaya ve sorunu anlayıp düzeltmeye harcamak daha verimli olacaktır.

Sorunlar bizi pasif durumdan hareketli duruma getirmeli, hakikatmiş gibi kabul ettiğimiz şeyleri yeniden sorgulamamızı sağlamalı; rutin olarak yaptıklarımızı değiştirmemizi, problemlere çözümler üretmemizi teşvik etmelidir.

Sorun aşağıda belirtilen durumlar varsa oluşur:

- Aileden biri diğerlerinin kendisinin değerlerini, algılarını, hayat tarzını, adalet hissini veya alanını tehdit ettiğini düşündüğünde,
- Aile bireyleri varacakları hedefte aynı fikirdeyken, oraya nasıl varılacağı noktasında ayrılığa düştüğünde,
- Bazı kaynaklar yetersiz olduğunda: para, mekân, telefon, zaman, ilgi, duygu gibi.

Aile içi iletişim koptuğunda, bir ya da birçok sebepten ötürü çıkmaz bir yola girildiğinde, bu çıkmaz yolun ötesine geçmedikçe, ailede darılma, kızgınlık, birbirini yok sayma gibi his ve davranışlar ya da uzun sessizlikler artacaktır.

Sorunları olan aile üyeleri;

- Birbirlerini daha iyi anlamalarına uygun zemini hazırlayarak,

- Bireysel farklılıklara hoşgörüyle bakarak,
- Hedeflerini yeniden şekillendirerek,
- Kendilerini daha çok memnun edebilecek yeni hedefler belirlemeye yönelerek aile içi ilişkilerini daha da kuvvetlendirebilirler.

Sorunlar aslında tehlikeli birer fırsattır.

Sorun kişisel saldırı ve güç savaşlarına dönüşmeden çözülebilmelidir. Çünkü aksi durumda ilişkiler zedelenir. Olumsuz sorunlar kırgınlık ve düşmanlıklara sebep olur. Kendine güvende azalma, güvensizlik ve karmaşaya yol açar. Olası makul, mantıklı, üretken tartışma ortamlarının oluşmasına engel olur. ***Unutulmamalıdır ki, aile üyelerinin birbirleriyle olan savaşında kazanan yoktur.***

"Kazanan Yok" Çözümleri

Bazı anne-babalar çocuklarıyla olan sorunlarını çözmeye çalışırken kimi zaman sıkı önlemler alırlar, kimi zaman pes ederler, bazen de sorunları görmezden gelirler. Her bir yöntemin avantajları olduğu kadar dezavantajları da vardır. Bütün bu yöntemlerin dışında bir alternatif daha vardır: 'işbirliği yapmak.'

Önce diğer yöntemleri inceleyelim.

Çocuklarla sorun yaşandığında, tartışmayı sonlandıracak *birinci yöntem; anne-babanın,* sahip olduğu otoriteyi kullanarak *sıkıyönetim ilan etmesi*dir.

Güç gösterisinde bulunmak ebeveyne kendini galipmiş gibi hissettirebilir. Ordu komutanı gibi, ebeveynler de yeni emirler hazırlayıp ilan edebilirler. Ama çocuğun ihtiyaçlarını gözardı edip, onu şu veya bu sebeple karar sürecine dahil etmezlerse, çözüm getirmesi beklenen yeni emirlerin işleme ihtimali azalır.

Baskı ne kadar artarsa, karşı tarafın kırılganlığı da o kadar artar. Bu yaklaşım; alışkanlık haline getirilip süreklilik arz ederse, uzun vadede çocuk ebeveyne karşı kin besleyebilir. Hatta yaşı daha büyük çocuklarda başkaldırılara neden olabilir.

Bu yöntem sadece çabuk karar verilmesi gereken acil durumlarda uygulanabilir.

İkinci yöntem de çocuğumuza istediğini vermektir.

- 4 yaşındaki çocuğun o gün giymesi için verilen temiz tişörtü beğenmeyip geçen gün giydiği lekeli tişörtü giymek istemesine izin vermek.
- 12 yaşındaki çocuğun o gün odasını toplamamasına izin verip, odanın kapısını kapatıp, dağınıklığı görmezlikten gelmek.
- 15 yaşındaki çocuğun biriktirdiği parayı harcama konusunda tam inisiyatif kullanma isteğini kabul etmek.
- 16 yaşında hobi olarak gitar kursuna giden çocuğun, o hafta artık çok yorulduğunu söyleyip bir hafta boyunca çalışma yapmamasına izin vermek.

Çocuklar hayatlarındaki bazı konularda inisiyatif sahibi olduklarını hissetmeye ihtiyaç duyarlar. Çocuk için çok önemli, ama anne-baba için pek de önemli olmayan konularda kararı çocuğa bırakmak, anne-babanın da çocuk üzerindeki kredisini tüketmeyecek, aksine onların çocukları nazarındaki itibarlarını artıracaktır.

Üçüncü yöntem, kaçınmadır. Bazen aileler çocuklarıyla karşı karşıya gelmemek için ellerinden geleni yaparlar. Konuyu değiştirirler veya köşelerine çekilerek herhangi bir şeye karışmaktan kaçınırlar. Kaçınmak, yani 'görmezden gelmek' şu şartlar altında uygun olabilir:

- Konu çok önemli değilse: mesela, o gün odasını toplamadıysa
- İki taraftan biri ya da her ikisi yoğun bir stres altındaysa: bir yakının ani ölümü veya ertesi günkü önemli bir sınav vb...
- Kızgınlığın geçmesi için sadece zamana ihtiyaç varsa.

Ama unutulmaması gereken en önemli şey; sorunları çözmekten kaçınmanın yaraları iyileştirmediği, aksine kangrene dönüştürdüğüdür.

Dördüncü yöntem, uzlaşmaktır.

- Tatlıyı çok seven 5 yaşındaki çocuğa, tabağındaki sevmediği sebze yemeğinin yarısını yediği takdirde tatlı yeme izni vermek.
- Ödevlerini hafta sonu bir oturuşta 3-4 saat çalışarak yapacağına, hafta içi her akşam düzenli olarak yarımşar saat çalışarak yapmasına teşvik etmek.
- Sokakta oynarken 1 saatlik daha izin istediğinde yarım saat vermek.
- Babanın, önemli bir telefon bekliyorsa, arkadaşı ile konuşan çocuğundan telefonu hemen değil de 5 dakika içinde kapatmasını istemesi.

Bu yöntemde anne-baba ve çocuk orta yolda buluşur. İki taraf da isteğine tam olarak ulaşamamasına rağmen tartışma ortamı oluşmadan sorun çözüldüğü için, çoğunlukla iki taraf da memnun olur. Bu yöntem aileye, sorunla karşılaştığında zaman ve emek tasarrufu sağlar.

Ancak, her iki taraf da isteklerine tam anlamıyla ulaşamadığı için, kullanılması alışkanlık haline getirildiğinde, pek de memnuniyet sağlamaz. Üstelik uzlaşma çok önemli konularda kullanılabilecek bir yöntem değildir. Yukarıda bahsedilen durumlarla aile içinde çok sık karşılaşılır. Bunun için çocuk bu sefer tabağın yarısını değil de iki kaşığını yemeyi, sokakta yarım saat değil de 45 dakika oynamayı istemek gibi pazarlıklara başlayabilir.

Anlatılan tüm bu yaklaşımlarda, aslında sorun çözülmeyip ortada kalmıştır; ihtiyaçlar ve hisler tam tatmin edilmemiş, sorunlar hasıraltı edilmiştir. Dahası her bir yöntemde birileri hep kaybetmektedir. Sıkıyönetimde çocuk, pes edince ebeveyn, problemi yok sayınca da her iki taraf zararlı çıkmaktadır. Uzlaşmak, en az kaybettirmesi yönüyle tercih edilen bir yöntemdir. Tüm bu "*Kazanan Yok*" yaklaşımlarına bir alternatif daha vardır.

İşbirliği ile problem çözmek: Burada amaç, mümkün olduğunca her iki tarafı da memnun edecek bir 'kazan-kazan taktiği' uygulamaktır. Bu yaklaşım biraz evvel açıklananlardan daha fazla enerji ve zaman gerektirmektedir, çünkü mutsuz olan bireylerin birbirleriyle yüzleşmesini de içermektedir. Onun için başlangıcı her zaman pek de hoş olmayabilir. Öte yandan çoğu durumda incinmeyi, soğukluğu veya düşmanlığı en aza indirgeme, yok etme ve böylece sorunu gerçekten çözebilme ihtimalini arttırır.

Çocuk ve anne-baba bir kural hakkında mutabık kalamıyorsa, her iki tarafı da tatmin edecek yeni bir kuralın uygulanıp uygulanamayacağına bakmak lazımdır. Başka bir deyişle, anne-baba kuralı kaldırmayacak, ama onu revize edebilecektir. Bu yöntemin tabii ki ailenin vazgeçilmez değerlerini, inançlarını veya bireyin sağlığını, güvenliğini tehdit edecek konularda kullanılmayacağı aşikârdır.

Mesela, anne 5-6 yaşlarındaki çocuğuyla oturarak onun en çok sevdiği sebze yemeklerinin listesini hazırlayıp, hangi günlerde bunları yemek istediğini kararlaştırabilir. Tabak sebze veya meyvelerle çeşitli şekillerde süslenip çocuk için cazip hale getirilebilir. Bu tabii ki anneye fazladan yük getirecektir, ama zorla yedirmeye çalışmanın hem can sıkıcı hem de yıpratıcı olacağı düşünüldüğünde bu yöntem tercih edilecektir.

13-15 yaşlarındaki çocuğun yapması gereken ev işlerinde üstüne düşen vazifeyi yerine getirme zamanı konusunda esneklik sağlanabilir. İlla ki Çarşamba günleri değil de, bir haftayı geçirmemek koşuluyla, gününe çocuk karar verebilir.

Tabii ki bu metot her zaman kullanılamayacaktır. Anlatılan her metodun kullanılacağı durumlar farklıdır. Bazen ebeveynin otoritesini ortaya koyması, bazen vazgeçmesi, bazen anlaşması, bazen de birlikte çözüm arayışına gitmesi lazımdır.

Mesela, henüz mantık yürütebilme melekesi gelişmemiş olan 3 yaşındaki bir çocuk ile anne-babanın oturup tüm sorunlara ortak çözümler araması veya her konuda onu ikna etmek için saatlerce neden sıralaması ciddi zaman ve enerji kaybıdır sadece.

İşbirliği ile problem çözmek, meseleyi kazanan ve kaybedenin olacağı bir yarış havasından çıkararak, çocuğa işbirliği yapmanın faydalarını göstermesi ve aynı konunun ileride bir daha gündeme en azından ciddi bir şekilde gelmemesi bakımından oldukça etkili bir yöntemdir. Bu yöntem elbette çocuğu olgunlaştıracaktır.

Sekizinci Bölüm

ÇOCUK VE MEDYA

Televizyon izlemenin çocukların gelişimi üzerindeki etkileriyle ilgili sayısız fikir vardır. Televizyonun tamamen kaldırılması gerektiğini düşünenlerden tutun, televizyonu neredeyse hiç kapatmayanlara kadar geniş bir yelpazede farklı görüş ve uygulamalar bulmaktayız.

Öncelikle televizyonun hayatımıza yaptığı olumlu katkılara bir göz atalım: Televizyon dünyayı tanımamıza, daha önce görmediğimiz yerleri, insanları görmemize, onları öğrenmemize yardımcı olur. Bu sayede dünyada olup bitenden haberdar oluruz. Televizyon sayesinde çocuk da dünyadan haberdar olabilir. Bazen de televizyon sadece eğlence amacıyla kullanılır.

İyi amaçlar için kullanıldığında televizyonun olumlu etkileri inkâr edilemez. Tüm diğer teknoloji ürünleri gibi televizyonun değerini de nasıl kullanıldığı belirler. Pek çok insan davranışında olduğu gibi televizyon konusuna da ya hep ya hiç mantığıyla yaklaşmamak gerekir. Bir yanda tamamen televizyonu yasaklamak diğer yanda ise kuralsız ve sınırsız biçimde televizyona müsaade etmek vardır. Çocuğun yararına olacak dengeyi sağlamak ve terazinin hangi yönüne, ne zaman kayacağına karar vermek ebeveynin sorumluluğundadır. Çocukların televizyon izlemeleri ve ondan etkilenmeleri bir yetişkininkinden farklıdır. O yüzden burada daha çok çocuklarımız için tehlike oluşturabilecek durumları ele alacağız.

Anne babalar için çocukların televizyon izleme zamanı, çocukların taleplerinin azaldığı, sorun çıkarmadıkları ve kendi başlarına eğlendikleri bir zamandır. Çocuklar için ise hayal dünyalarını doyasıya yaşayabilme zamanı.

Çocukların dünyayı, anne-babaları ile etkileşimleri sayesinde tanıdığını ve dünyada olup biteni anlamlandırdığını söylemiştik. Bu etkileşimin çocuğun gelişiminde ne kadar önemli olduğunu belirtmiştik. Televizyonda ise böyle bir etkileşim yoktur. Dolayısıyla ebeveyn etkileşimi yerini 'etkileşmemeye' bırakmaktadır.

Anne-babalar ve çocuğun etrafındaki diğer yetişkinler, çocuğun sosyal gelişimini sağlayan model davranışları, kuralları ve tecrübelerini ona iletirler. Son yıllarda yetişkinlerin üstlendiği bu göreve televizyonun da dahil olduğunu, üstelik etkisinin hiç de azımsanamayacak boyutta olduğunu söyleyebiliriz.

Günümüzde çocuk dünyaya gözünü açtığı andan itibaren televizyon da hayatına giriyor. Çocuğun sosyalleşmesinde, oyun oynama, diğerleriyle birlikte olma, paylaşma, konuşma ve düşünmenin yerini pasif bir biçimde televizyon izlemek alıyor. Çocuk televizyona soru soramadığı, müdahale edemediği ve onu eleştiremediği için, çocuğumuz kendi evlerimizde televizyona 'maruz kalıyor'.

Bazen ebeveynler sessiz olması, onları rahatsız etmemesi karşılığında çocuğu evlerdeki sanal bebek bakıcısı olan televizyona çekinmeden emanet etmekte, çocuğun sosyalleşmesini gönüllü olarak televizyona bırakmaktadırlar. Peki, bunun olumsuz etkileri nelerdir? Çocuğumuz televizyonun karşısında hangi risklere maruz kalmaktadır? Bunu birazdan ele alacağız. Ama önce medya çağında çocuk yetiştirmeye bir bakalım.

Günümüzde çocuk yetiştirmek giderek zorlaşıyor. Çocuğumuzu nasıl doğru yetiştireceğimiz hakkında her kafadan ayrı bir ses çıkıyor, tavsiye, nasihat ve her cinsten uzman görüşü havada uçuşuyor. Bu bilgi seli, ebeveynlerin kafasını daha fazla karıştırıyor.

MEDYA ÇAĞINDA ÇOCUK YETİŞTİRMEK

Anne-baba olmak hiçbir zaman kolay değildi. Günümüzde ise daha da zorlaştı. Yirminci yüzyılın ilk yarısında aileler çocuklarını daha çok kendi ailelerinde gördükleri gibi yetiştiriyorlardı. Ebeveynliğin başlıca kriteri, çocuğun fiziksel ihtiyaçlarını karşılamaktı. Yaşam şartları nedeniyle çocuklar da aileye destek olacak görevler üstlenmek zorunda kalabiliyorlardı. Sanki bir zorunluluktan, çocuğun üstlenmesi gereken bir yükten söz ediyor gibi görünüyoruz ancak, bu sayede çocuklar da ailelerini daha yakından izleyebiliyor, böylece yetişkinlerin kurallarını ve toplumun beklentilerini öğrenme fırsatını yakalıyorlardı.

Psikoloji biliminin gelişimiyle anne-babalık ile ilgili teoriler de geliştirilmeye başlandı. 1950'lerde çocukları 'kontrol etmek' yerine, onlarla 'arkadaş olma'yı öneren yeni bir anne-babalık modeli sunuldu. Zamanla başka teoriler de geliştirildi ve iyi ebeveyn olabilmek için yapılması gerekenlerin listeleri çıkarıldı. Ebeveynlik, artık çocuğun fiziksel ihtiyaçları karşılamanın ötesinde bir anlama kavuşmuştu. Çocukların duygusal ihtiyaçlarını karşılamak ve onlara kaliteli bir eğitim vermek giderek önem kazanıyordu. Çocuğun sosyalleşmesine yardımcı olmak, yaşıtlarıyla birlikte vakit geçirmesini desteklemek, okul dışı etkinliklere katılması için ona fırsat vermek gerekiyordu.

İletişim çağıyla birlikte sosyalleşmenin anlamı ve sınırları da önceki zamanlarda olmadığı kadar genişledi. Artık çocuklar için en iyi okulları bulmak, okul öncesi kurumları seçmek, okuldan çıkınca gidilecek etüt merkezini belirlemek, çocukları madde kullanımına karşı korumak, cinsel konularda gerekli eğitimi vermek, televizyon ve bilgisayar başında geçirilen zamanı kontrol altında tutmak ebeveynin düşünmesi gerekenler listesinin üst sıralarında.

Araştırmalar, okul öncesi dönemdeki çocukların, kendilerine yönelik programlar kadar televizyon dizilerini de izlediklerini gösteriyor. Üstelik çocuklar için hazırlanan yapımlarda bile bir saat içinde ortalama beş tane şiddet içerikli sahne görülebiliyor. Bazı popüler çocuk programlarında şiddet içerikli sahnelerin sayısı saatte 200'e kadar çıkabiliyor. Özellikle 5 yaş ve altındaki çocuklarda şiddet içeren davranışlara yönelim artıyor. Şiddet içerikli bilgisayar oyunları, her ne kadar üzerlerinde 'yetişikinlere yönelik' yazsa da çocuklar tarafından da sık sık oynanıyor.

Bilgisayar oyunları ve televizyon programlarında şiddet ve cinsellik içeren görüntüler arttıkça, çocukların zihinlerinde oluşturdukları objeler, hayvanlar, insanlar ve olaylarla ilgili şemalar şiddet ve cinsellik temaları üzerine kurulmaya başlamıştır. Medyada normal dışı gösterimlerin sayısı arttıkça, çocuklar normal şartlarda kendi dünyalarında karşılaşma ihtimallerinin çok düşük olduğu imgelerle farklı bir gerçeklik kurar hale gelmişlerdir. Üstelik merak duyguları körelmeye ve yön değiştirmeye başlamıştır.

Beynin çalışma sistemine kısaca göz atmak, anlatmak istediklerimizi daha iyi izah edecektir. Beyin dışarıdan gelebilecek ve alışılmadık her uyarıyı dikkate almak üzere çalışır. Aslında beynin bu fonksiyonu tamamen insan yaşamını devam ettirmeye yöneliktir. Fakat medyada gösterilen programların içerikleri çoğunlukla şiddete veya cinselliğe yönelik olunca, beyindeki bu sistem de her seferinde devreye girer. Daha gelişmiş olması gereken düşünce sistemi, bir müddet sonra bu sistemin devreye girmesiyle yavaşlar. Hiperaktivite ve huzursuzluk artar, konsantrasyon yetisi azalır, şiddete yönelik davranışların sayısında artış meydana gelir.

Çocukların günlük 4-5 saat televizyon izlemeleri sırasında bu sistem her üç ile beş saniye arasında tetiklenir. Oysa çocukların, yaptıkları işe konsantre olmaları, bu sırada kendi kendilerine iç sesleri ile konuşmaları, yaptıklarını sorgulamaları ve bir sonraki hamleyi hesap etmeye çalışmaları gerekmektedir.

İç konuşma, özellikle televizyonun açık olduğu ortamlarda sürekli olarak kesintiye uğrar. Sürekli uyaran aldıkça ister istemez beynin dışarıdan gelen verileri değerlendirme sistemi harekete geçer. Bu noktada program yapımcılarının kendilerini savunurken "Biz sadece insanlara istediklerini veriyoruz" demeleri bir açıdan doğrudur. İnsanlar şiddet içerikli görüntüler izlemeye koşullanırlarsa, bu tarz programları izleme isteği elbette artar. Bu durum özellikle yeni gelişen beyinlerde, yani çocuklukta ve gençlikte şiddet ve cinsellik içerikli görüntülere maruz kalan bireylerde sıkça görülür.

Yoğun bir günün ardından, çocuklara zaman ayırmak anne-babalara zor gelebilir. Bu nedenle bazı ebeveynler çocuklarla birebir zaman geçirmek yerine, onları oyalayıcı başka faaliyetler bulmaya çalışırlar. Çocuklar bilgisayar başında veya televizyon karşısındayken ebeveynler de dinlenme fırsatı bulurlar. Bu yöntem, pratik bir çözüm olarak ilk başta işe yarar gibi görünse de, sonrasında ebeveyni meşgul edecek, üzecek ve hatta ona suçluluk duygusu hissettirecek sorunlara da sebep olabilir.

Endüstri çağının beraberinde getirdiği hızlı hayat, kimi zaman ebeveynlere kim olduklarını, sorumluluklarını ve önceliklerini unutturabiliyor. Ancak birçok inceleme, iş saatlerini ve günlerini çocuklarıyla vakit geçirmek için yeniden düzenleyen ebeveynlerin, bu düzenlemelerden sonra kendilerini çok daha iyi hissettiklerini gösteriyor. Çocuklarıyla daha çok zaman geçiren ebeveynler, kendi içsel arzularına karşı çıkmadıkları için zamanla kendilerini daha iyi ve enerjik hissediyor, daha mutlu oluyor, enerjilerindeki artış, iş ve özel hayatlarına da olumlu yönde yansıyor. ***Anne-babaları ile aralarındaki bağın kuvvetlenmesi çocuklarda da huzursuzluk ve hırçınlık gibi davranışları azaltıyor, kardeşlerle iletişimde olumlu gelişmelere yol açıyor.***

> **Sevmek pasif bir eylem değildir.**

Günümüzde sadece çocuklar değil, ebeveynler de medyanın etkisi altındadır. Birçok kaynaktan nasıl daha iyi ebeveyn olunacağına ilişkin bilgi akışına maruz kalan anne-babalar, aslında çocuklarını sağlıklı bir biçimde gözlemlediklerinde ne yapmaları gerektiğine karar verebilecekken bilgi yağmuru altında kafa karışıklığı yaşayabilirler. Medyanın yücelttiği ebeveynlik tutumları anne-babalarda oradan gelen beklentileri karşılama gerekliliği hissini doğurabilir. Bu beklentiyi karşılayamayan ebeveynler kendilerini toplum tarafından kabul görmemiş ve hatta reddedilmiş gibi hissedebilirler. Halbuki ebeveynler çocuklarını tanımaya, sevmeye ve onlar için neyin gerekli olup olmadığını bilmeye çalışarak en sağlıklı kararları alabilirler.

Örneğin, çocuğunun okulda daha sağlıklı yiyeceklerle beslenmesi için çaba sarf eden bir anne, oğlunun beslenme çantasına peynir ve tahıllı ekmekten yapılmış sandviçler koyarken, diğer ebeveynler çocuklarının hazır yiyecekler yemesine izin veriyor olabilir. Bu annenin çocuğu, kendisini diğer çocuklarla kıyaslayıp başka annelerin daha 'lezzetli' yiyecekler hazırladıklarını düşünebilir. Ancak anne bu tutumunun nedenlerini anlatıp çocuğunun gelişimi için özen gösterdiğini net bir biçimde ifade edebilirse ***çocuk hem yaşadığı ayrıcalığın farkında olacak, ileride alacağı bazı kararların toplumdan farklı duruş sergilemesini doğal karşılayabilecektir hem de kendi ailesinin değer yargılarını içselleştirecektir.***

Bebeklik Döneminde Yakın İlişkilerin Önemi

İnsan, bebeklik döneminde etrafında sıklıkla gördüğü ve hissettiği objelere yakınlık duyar ve bu objelerle arasında bir bağ kurar. Normalde bu bağın ebeveynle kurulması gerekir. Fakat ebeveynlerin veya çocuğa bakabilecek, sevgi ve ilgi gösterebilecek kişilerin eksikliği durumunda, çocuğun ilgisi cansız bir objeye; örneğin bir oyuncağa yönelebilir.

Cansız objelerle bağ kurmak çocuklarda sık görülen bir durumdur. Aynı zamanda ebeveynlerle sağlıklı ve güvenilir bir ilişki kurulmuşsa bunun bir sakıncası olmayabilir. Ancak günümüzde ebeveynlerin çocuklarına yeteri kadar zaman ayıramadığı durumlarda çocuğun bağ kurduğu öncelikli obje, etrafta rahatlıkla bulunan ve çocuğun oyalanması için bir araç olarak kabul edilen televizyon veya bilgisayar olmaktadır.

Bebekliğin ilk zamanlarından başlayarak, ebeveyniyle, özellikle annesiyle yakın bir ilişkiye giren çocuk, annenin ses tonunu, mimiklerini ve davranışlarını algılamaya ve birleştirmeye başlayarak duyguları anlamlandırmayı öğrenir. Ebeveynin yüzündeki işaretlerin anlamını ve hangi duyguları ifade ettiğini anlayan çocuk için, karşı tarafa yollamak istediği mesajları iletmek artık daha kolaydır. Mimiklerini, ses tonlarını kullanarak kendi duygularını ifade etmeyi ondan öğrenir. Aslında bu, çocuk gelişiminde sanıldığından daha önemlidir. Çünkü normalde duygular ve düşünceler bütünlük içindedir; bunlardan birinin çocuk tarafından doğru bir şekilde öğrenilmesi diğerinin gelişimini de etkileyecektir. Duygusal tepkileri öğrenmiş olan bir beyin, düşünce mekanizmalarında da tutarlı ve sağlıklı biçimde çalışacaktır. Ebeveynleri ile sıcak ve güvenilir bir ilişki kurmuş olan çocuk, ileriki yıllarda bilişsel düzeyi yüksek, öğrenme yetenekleri gelişmiş, sosyal, duygusal ve akademik açıdan zeki bir çocuk olmaya adaydır.

Beyni inceleyen bilim adamları "*Limbik Yankılanma*" adı verilen bir olayın varlığını keşfetmişlerdir. 'Limbik' kısım, beyinde duygu mekanizmalarının yönetildiği bölgedir. İki veya daha çok insanın yakın ilişkide bulunması sırasında her birinin beynindeki limbik dalgalanmalar, diğerinin limbik

kısmıyla senkronize olur. Aynı anda karşılıklı bir uyum içinde çalışmaya başlar. İster romantik ilişkilerde olsun, ister çocuk ve ebeveyn arasında, bütün yakın ilişkilerde limbik yankılanma olayı görülür. Bu, her birey için güven, rahatlık, huzur duygusunu da beraberinde getirir. Doğdukları zaman bütün bebeklerin beyni birbiriyle tam olarak bağlanmamış ve kendi içinde senkronize olamamış milyonlarca hücreden oluşur. Bebekle ilgilenen, ihtiyaçlarını karşılayan, ona sevgi gösteren bir insanın varlığı sayesinde oluşan limbik yankılanma, bebeğin beyninin ebeveynin beyniyle senkronize olmasını, düzgün ve ahenkli çalışmasını sağlar. Bu durum, beyindeki neokorteks tabakasının gelişmesine yardımcı olur.

Televizyonun Çocuğun Psiko-Sosyal Gelişimine Etkisi

Çocukların gerçek ve hayali ayırt etme becerisi ileri yaşlarda gelişen bir beceridir. Üç yaştan önce çocuklar için televizyonda gördükleri her şey gerçektir. Mesela, televizyonda gördükleri bir bardak suyun, eğer televizyon yana eğilirse döküleceğini zannederler. Üç yaşından sonra ise televizyondaki gerçekliğin yaşamımızdaki gerçeklikten bir ölçüde farklılık gösterdiğini anlamaya başlarlar. Bir şeye atfedilen gerçeklik ne kadar fazla ise ondan etkilenmemiz de o derece fazla olacağından, gerçeği ve hayali ayırt edemeyen küçük çocukların televizyondan etkilenmelerinin daha büyük boyutlarda olduğunu görebiliriz.

Özdeşim kurdukları sanal kahramanlarla yatıp kalkan, tıpkı o çizgi kahraman gibi olmak isteyen, onun gibi kötülerle savaşan, kavga eden çocuklar için yaşları küçüldükçe gerçeği ve gerçek olmayanı ayırt etmek o kadar daha zordur. Çok fazla televizyon izleyen çocuklar sürekli izledikleri sanal dünyada yaşamaya ve gerçek hayata adaptasyon sorunları çekmeye başlarlar. Bunun trajik bir örneği de, birkaç yıl önce sevdikleri bir çizgi film kahramanı gibi uçacağını zannedip evlerinin üst katından atlayan çocukla ilgili haberlerdir. Bu elbette çok uç bir örnektir. Ama aynı zamanda bizi çocukların dünyasını anlamaya ve gerekli önlemleri almaya sevk eden bir örnektir.

Benlik Algısı ve Kişilik Gelişimi: Çocukların kendi özgün kimliklerini oluşturana kadar özdeşim kurmaları bu sürecin doğal bir parçasıdır. Çocuk da zaman zaman kendini izlediği programlardaki karakterler yerine koymaktadır. Kahramanı kimse o da o olmayı istemektedir. Özellikle ergenlikle birlikte bu süreç daha önem kazanmaktadır. Kimliğini şekillendirmeye çalışan ergen için model alacağı kişiler önemli bir etkiye sahiptir. Ve bu kişiler genelde popüler medyada yer alan kişilerdir. Televizyonun -ve aslında tüm medyanın- bize 'iyi' olarak sunduğu bireyler, ergenlerin gelecekte olmayı hayal ettikleri kişilerdir.

Peki nedir bu 'iyi'?

Televizyon özellikle kızlara zayıflık ve güzelliği empoze etmekte, onların benlik algıları reklamlarla etkilenmektedir. Zayıf olanlar 'güzel', normal kilolu ve toplu olanlar 'çirkin' olarak etiketlenmektedir. Bu etiketlemeye maruz kalan ergen, kendini kabul edebilmek, iyi ve güzel algısına sahip olabilmek için erken yaşlarda rejim yapma, aşırı spor yapma, kozmetik ürünler kullanma, televizyondaki zayıf ve güzel kişi olabilme çabasına girebilir. Televizyondaki kızlar bakımlı, güzel, zayıf, dışa dönük, bakım ve güzellik konularıyla ilgilenen; erkekler ise güçlü, zengin, bakımlı olarak gösterilmekte, bu standartlara erişemeyen kızlar ve erkekler kendilerini yetersiz hissedebilmektedirler. Dizilerdeki güzel kızı, zengin ve yakışıklı delikanlı kapmaktadır. Kızlar o kız gibi güzel olabilmeyi, erkekler de o erkek gibi zengin ve güçlü olabilmeyi arzu etmektedir. Kendisini 'güzel' gören bazı kızlar karşılarına dizilerdeki gibi güçlü, zengin ve yakışıklı erkeklerin çıkmasını beklemektedir. Bazen de bazı evli kadınlar, eşlerinden kendilerine dizilerdeki 'jön'ler gibi davranmalarını, sürprizler yapmalarını beklemekte, bu olmadığında ise ciddi hayal kırıklığına uğramaktadırlar.

Televizyon izlemek pek çok etkinlikten daha önemli ve eğlenceli hale gelmiştir. Çünkü tüm dünya o kutunun içindedir. Tiyatroya gitmek, sinemaya gitmek, kitap okumak yerine televizyon izlemeyi tercih eden çocuğun/ergenin sosyal ilişkileri zayıflar.

Taklitle Gelen Şiddet: Bandura ve arkadaşlarının yaptığı bir araştırmada, çocukların şiddetin uygulandığı sahnelere şahit olduklarında, kendileri de benzer ortamlarda bulunduklarında benzer davranışları uyguladıkları ortaya çıkmıştır. Bir deneyde, yetişkin bir birey kısa bir süre çevresindeki oyuncaklarla oyalanmış ve sonrasında oradaki bir oyuncak bebeğe yaklaşmış, ona ağaç bir çekiçle vurmuş, bebeği tekmelemiş, bir yandan da "Al sana! Vur başına!.." gibi cümleleri bağırarak sarf etmişti. Diğer durumda ise sessizce odadaki diğer oyuncaklarla ilgilenmişti. İlk sahneyi seyreden gruptaki çocukların, aynı ortama girdiklerinde; oyuncaklarla sessiz-sakin ilgilenen yetişkini seyreden çocuklara göre daha saldırgan davrandıkları görüldü. İlk gruptaki çocuklar, seyrettikleri yetişkine benzer hareketlerle ve ifadelerle oyuncak bebeği tekmelediler, ona vurdular. Çocukların saldırgan davranış sergilemeye, artık deney ortamından öncesine göre daha eğilimli oldukları açıktı.

Şimdi Bandura'nın da deneyini göz önünde bulundurarak, şiddetin çocuklarımız üzerindeki muhtemel etkilerini ve önlem olarak neler yapabileceğimizi ele alalım.

Televizyon ve Şiddet: Televizyondaki şiddet içerikli görüntü ve haberlerin hem yetişkin hem de çocuklar açısından zararlı yönleri olduğu su götürmez bir gerçektir. Her gün haberlerde, dizilerde ve çeşitli programlarda izlediğimiz şiddet haberleri normal bir olay gibi sunulmakta, buradan başkalarının acılarına duyarsız kalmanın sorunları çözmenin kabul edilebilir bir yolu olduğu mesajı çıkabilmektedir. Şiddet, haberlerde, filmlerde, çizgi filmlerde hayatın doğal bir parçası gibi sunulmaktadır. Önlem olarak yetişkinlere hitap eden programların çocuklara izlettirilmediği evlerde bile çocuk şiddet unsurundan tam olarak korunamamaktadır. Yetişkinlerin izlediği şiddet içeren programlardan korunan çocuğun izlediği çizgi filmler de şiddet ögeleriyle dolu olma riski taşımaktadır.

Dünyayı tanımaya çalışan çocuklar için sorunun ciddiyeti daha ileri boyuttadır. Çocuk, şiddeti görenle özdeşim kurması durumunda da şiddeti uygulayanla özdeşim kurması durumunda da zarar görmektedir. İlkinde şiddeti görenle özdeşim kuran çocuk, 'kötü dünya sendromu'na yakalanabilir. Yani;

dünyaya olan güvenini yitirir ve kendini güvensiz, saldırgan bir dünyada yaşayan zavallı biri gibi görür. Özellikle küçük çocuklarda korkular geliştirme, uyku ve yeme bozuklukları, sık sık ağlama nöbetleri, şiddetin mağduru olacağı korkusu görülebilir. Bazı çizgi filmlerde kahramanlar dövüşmekte, yaralamakta ve yaralanmakta, aldıkları darbelerden sonra bile bir şey yokmuş gibi 'özel güçleri' sayesinde ayağa kalkmaktadırlar. Yani şiddet onlara zarar vermemektedir.

Çocuk, izlediği çizgi film kahramanlarıyla özdeşim kurduğunda ise, kendini riske atacak davranışlara girişme tehlikesinin ortaya çıktığını görürüz. Ayrıca başka bir bireye vurduğunda, şiddet uyguladığında da aynı o kahraman gibi hiçbir şey olmayacağını düşündüğünden, karşısındakine daha kolayca ve düşünmeden vurabilmekte, zarar verebilmektedir.

Bazen çizgi film kahramanı kötülerle savaşan, onları cezalandıran ve kıyasıya şiddet uygulayan biridir. Ancak o, 'kötüleri' cezalandırdığı için, yaptığı şey kabul edilebilirdir. Çocuk da büyük bir tezahüratla kahramanın, rakibini dövmesini desteklemektedir. Kötünün ne olduğunu dahi bilemeyecek, anlatamayacak çocuk anlamadığı şiddeti destekler konuma gelmektedir. Çizgi filmlerde, şiddet dışında başka çözüm yolları aramayı öğretmek yerine, en basit, kaba ve ilkel sorun çözme metoduna dönüş vardır. Oturup konuşup uzlaşan çizgi film kahramanları kaç tanedir dersiniz? Böylece çocuklar alternatifler üretmeyi, işlevsel çözümler aramayı bırakıp, kaba gücün hüküm sürdüğü bir dünyayla tanışmaktadırlar.

Okul Başarısına Etkisi: Çocukların okul öncesi becerilerinin geliştiği çağlarda televizyonu çok izlemenin gelecekte okul başarısını da düşürdüğü gözlenmiştir. Okul başarısı ile ilgili çalışmalarda, evlerinde daha çok televizyon izleyen ve odasında televizyonu olan çocukların, daha az ve ebeveyn eşliğinde televizyon izleyenlere göre daha başarısız oldukları ortaya çıkmıştır.

Araştırmacılar günlük televizyon izleme süresinin ortalama 2 saat ile sınırlı tutulmasını ve izlenen programın içeriğinin eğitsel ve yaşa uygun olmasını, izleme eyleminin ebeveyn gözetiminde olmasını ve sonrasında program hakkında konuşulmasını tavsiye ederler. Böylelikle televizyonun tek yönlü etkileşimi ortadan kaldırılmaya çalışılır. İzlenen programda net olmayan mesajları netleştirmek, oradaki bir olay hakkında yorum yapmak ve çocuğun programdan kötü etkilenmesine sebep olabilecek belirsizlikler, anlaşılmamış veya yanlış anlaşılmış noktalar üzerinde konuşup çocuğun izlediğini anlamlandırmasını sağlamak için, yetişkin yardımına ihtiyaç vardır.

Amerikan Pediatristler Birliğine göre, çocukluğun ilk yıllarında pasif biçimde televizyon izlemek, üreticiliği ve problem çözme becerisi gelişimini olumsuz etkilemektedir. Hatta daha da ileri gidilerek, 0-2 yaş aralığındaki çocuklara televizyon izletilmemesi tavsiye edilmektedir.

Reklamlar ve televizyondaki şovlar, renkli, canlı ve hareketli bir dünya sunmaktadır. İmajlar sürekli değişmektedir. Böylece çocuğun dikkati sürekli bölünmekte ve uzun süreli olarak bir şeye odaklanamamaktadır. Televizyondaki bilgi, eğlence ve her şey hızlı bir biçimde tüketilmekte, çocuklar da bu hızlı tempoyu hayatlarına transfer etmektedir. Böylece derste dakikalarca yerinde oturup dinlemek, okumak onlara tekdüze gelmektedir. Oysa televizyon başında geçirdikleri süre ne kadar canlı, işitsel ve görsel açıdan hareketlidir! Bu yüzden, pek çok ebeveyn çocuğun uzun süre televizyon izleyip bilgisayarda oynadığından, ama dersi dinlemediğinden şikâyet eder.

Mahremiyet İhlali: Uygun olmayan yaşlarda televizyonda ve artık daha sık şekilde internette maruz kalınan mahremiyet ihlallerinin sadece küçük çocukların değil, yetişkinlerin de ruh sağlığı üzerinde oluşturabileceği olumsuzluklar uzun süredir tartışılmaktadır. Birey ile toplumun sınırları gün geçtikçe birbirine karışmaktadır. Pijamayla başkasının yanına çıkmanın saygısızlık ve özensizlik sayıldığı bir yaşam biçiminden, sadece yarışma kurallarının önem kazandığı, kamera karşısında mahremiyetin neredeyse ortadan kalktığı bir yaşam biçimine doğru gelinmiştir.

Özellikle okul öncesi dönem çocuklarının da evde anneleriyle oldukları gündüz saatlerinde yayınlanan 'realite' programlarında gündem oluşturan travmatik olaylar en ince detayına kadar seyirci ile paylaşılmakta, bu da gelişim dönemi itibarıyla 'neyin neden olabileceğini' anlayamayan çocuğun dünyasına 'tam olarak adlandırılamadan' girmektedir.

Reklamlar

Televizyon izlediğimiz zamanın yaklaşık dörtte biri reklamlara ayrılmıştır. Reklamların sesi izleyicinin dikkatini çekmek için normal programlarınkinden daha yüksektir. Üstelik reklamlar sürekli tekrarlanır. Böylece reklamın verdiği mesajdan kaçış yolumuz kalmaz.

İşitsel ve görsel uyaran zenginliği, özellikle çocukların dikkatini çekmenin en kolay yoludur. Çocuk oyuncakları o yüzden rengârenk ve seslidir. Ufak bir çocuğun dikkatini çekmek için çıngıraklı bir oyuncak yeterlidir, değil mi? O yüzden gerçek dışı bir dünya sunan reklamların en büyük hedef kitlesi gerçeği ve hayali ayırt edemeyen küçük çocuklardır. Reklamcılık stratejisi gereği, satılmak istenen ürünler rengârenk ve ışıltılı bir dünyada mutluluk, eğlence, popülerlik gibi kavramlarla özdeşleştirilmektedir. O ürünü almanın bize bu kavramları da beraberinde getireceği işlenir. Çocuklar da ailelerinden 'televizyonda gördükleri' şeyi istemeye başlarlar. Ürünü almak istemeyen aile ile çocuk arasında pazarlıklar artar ve çocuklar reklamdaki ürünü alan 'iyi, anlayışlı ve çocuğunu seven ebeveyn' gibi olamayan kendi ebeveynlerini suçlarlar.

Çocuklara hitaben yapılan reklamların bir diğer etkisi de yıllar sonra görülür. Günümüzün çocukları gelecekte de, senelerce çarpıcı müzikler ve görüntülerle bilinçaltına işlenen ve iyi kavramlarla özdeşleştirilen bu markaların sadık tüketicileri olacaktır. Kısacası bugün reklamlarda bihassa çocukları etkilemeye odaklanan stratejilerin arttığı gerçeği ile yüz yüzeyiz.

Reklamların önemli bir kısmı da yağ, şeker, karbonhidrat oranı yüksek abur-cubur gıdaları için hazırlanmıştır. Çocuk televizyonda tanıtılan abur-cuburu yiyerek televizyonun önünde oturmaktadır. Daha uzun süre oturdukça daha fazla yemekte, daha fazla yedikçe obezite riski artmaktadır. Televizyonun önünde geçirilen saatler çocuğun koşup oynayacağı, sağlıklı fiziksel egzersizlere vereceği zamandan çalmakta, hatta uyku vakti konusunda pazarlıklara sebep olmaktadır. Kısacası, televizyon -izin verildiğinde- bir çocuğun sağlıklı gelişimi için önemli sayılabilecek uyku, beslenme ve spor alanlarını sabote edebilme gücüne sahiptir.

Alışveriş

Ebeveynlerin çocuklarıyla alışveriş yapması eğlenceli bir deneyim olabilir; gerçekten gerekli şeyler satın alınıyorsa bu güzel bir paylaşıma dönüşebilir. Ancak alışverişin gerçekten ihtiyaç duyulan ürünleri tamamlamak amacını taşıması çok önemlidir.

Günümüzde alışveriş farkında olarak ya da olmayarak bir tür terapi yöntemi olarak da kullanılmaktadır. Eğer ebeveynler çocuklarının yaşadıkları herhangi bir sorunu unutması veya üstesinden gelmesi için, alışverişi bir rahatlatma çabasına dönüştürüyorlarsa, bu, çocukta önemli kayıplara neden olabilir. Özellikle stresi azaltmak amacıyla tekrar edilen alışverişler çocuğun gelişiminde sanıldığından büyük yaralara yol açabilir. Çocuk sorunlarla baş edebileceği yeteneklerini geliştirmeyi öğrenecekken, dikkatini çözüme hizmet etmeyen bir etkinliğe yöneltir. Alışverişin verdiği geçici rahatlama, insanın kontrol mekanizmasını harekete geçirmesindendir. Alıcı gücü kendisinde hisseder; kontrol ondadır. Bu sebeple reklamlar çoğu zaman izleyenlerin farkında olmadığı bu kontrol ve güç dürtüsü üzerine kurulur. Bu tür reklamların başarılı olması pek de şaşırtıcı değildir.

Çocuklarla Alışveriş Yaparken Dikkat Edilmesi Gerekenler

Bebeklerle Alışveriş: Eğer karnı doymuş ve dinlenmişse, bebekle alışveriş yapmak çok daha kolaydır. Bebekler ve küçük çocuklar alışveriş merkezlerinin kuru havasında susayabilirler, bu nedenle sık sık emzirilmeleri ya da sıvı gıdalar almaları gerekir. Bebekler kucakta taşındıklarında mutlu olurlar; askı veya taşıyıcı, onun için bebek arabasından çok daha konforlu ve duygusal açıdan güven vericidir. Yakın temasta olmasının zarar vermeyeceği bir oyuncak, bebeğinizin ilgisini çekecek ve alışveriş esnasında onu rahatlatacaktır.

Çocukların Kapasitelerinin Sınırlı Olduğunu Hatırlayın: Eğer çocuklarla alışveriş yapıyorsanız, onların ihtiyaçlarına karşı dikkatli olun. Yorgun mu, acıkmış mı, gürültü veya şaşkınlıktan dolayı aşırı heyecanlı mı, biraz dışarıya çıkıp hava almaya mı yoksa sadece güven veren bir kucağa mı ihtiyacı var?

Çocuklar Meraklıdır: Çocuk, yapısı itibariyle meraklıdır. İlgisini çeken bir şeyi incelemek istiyorsa, azarlanmamalıdır. Azarlamak yerine, merakının paylaşılmasına ihtiyacı vardır. Eğer alışveriş esnasında eline almak istediği şeyler varsa, istediği şeyi güvenle tutabilmesi için yardım edin. Dokunmasını istemediğiniz bir şeye uzanıyorsa da "Bu kırılabilir bir şey, hadi ona beraber bakalım" diyerek kontrolü elinize alabilirsiniz.

Çocuğunuzu alışveriş esnasında vereceğiniz kararlara dahil edebilirsiniz. "Şu şeftalilerden hangileri sana daha iyi görünüyor?" gibi sorularla alışverişi daha keyifli hale getirebilirsiniz. Çocuklar kendilerine seçim yaptırılmasından çok keyif alırlar. Ayrıca aldığınız bir kitabı, meyve suyunu ya da sevdiği bir yiyeceği taşımasını teklif etmeniz de hoşuna gidecektir.

Kalabalıklardan Sakının: Akşam yemeğinden biraz önce, aç ve yorgunken, dükkânlar kalabalıkken alışveriş yapmak çok stresli olabilir. Hafta içi öğleden önce alışveriş yapmaya çalışın ya da akşam yemeğini erken yiyip öyle alışverişe çıkın. Stres verici, kalabalık mekânlardan kaçındığınızda alışverişten daha çok keyif alırsınız.

Kasada Kuyruk Sorun Olabilir: Özellikle alışveriş sonunda aç ve yorgunken, renkli sakız ve şeker paketlerinin bulunduğu kasa önleri sıkıntıya sebep olabilir. En basit alternatif, evden çocuğun sevdiği sağlıklı bir yiyeceği getirmek ya da önceden satın almaktır.

"Hayır" Deme İhtiyacı Duyduğunuz Zaman: "Hayır" demenin en önemli kısmı, tüm ihtiyaçlarını karşılayamasanız bile çocuğa onun tarafında olduğunuz mesajını vermektir. Ona 'evet' dediğinizdeki gibi hoş bir şekilde 'hayır' da diyebilirsiniz. Tebessümün, kucaklaşmanın serbest olduğunu hatırlayın!

Bıçak Kemiğe Dayanırsa: Eğer sabrınızın ve enerjinizin sonuna gelirseniz, öfke ve yorgunluğunuzu azaltmak için mola verebilirsiniz Birkaç dakikalığına dışarı çıkıp hava almak sizi de çocuğunuzu da rahatlatacaktır. Eğer çocuğunuz acıktıysa veya yorulduysa da alışverişe ara verin. Alışveriş bekleyebilir; ama yorulmuş, acıkmış çocuk bekleyemez.

ÇOCUKLARI TELEVİZYONLA BİRLİKTE GELEN TEHLİKELERDEN NASIL KORUYABİLİRİZ?

Aslında, günümüzün okul öncesi çocuklarının anne-babaları televizyonun güçlü etkisi altında büyümüş ilk kuşaktır denebilir. Hal böyle olunca pek çok ebeveyn için televizyonsuz bir hayat düşünülemeyebilir. RTÜK tarafından, ülkemizde 5.360 kişi üzerinde yapılan bir araştırma, günlük televizyon izleme süresinin ortalama 4 saat olduğunu ortaya koymaktadır. Toplumumuzun yüzde 20'lik bir kısmı da, günde 5 saat televizyon izlemektedir. Tüm bunlar göz önünde bulundurulduğunda ve söz konusu insan yetiştirmek olduğunda 2+2=4 eşitliği her zaman işlemeyebilir; bunun yerine elde etmek istediğimiz 4'e farklı yollardan da erişebiliriz.

Çocuğumuzu televizyonu kontrollü şekilde izlemeye mümkün olduğunca erken yaşlarda alıştırmamız, televizyon izlediğinde de bunun belirli bir zamanı aşmayacak şekilde olması tavsiye edilmektedir. Ödevini yaptıktan sonra, yemeğini yedikten sonra veya arkadaşlarıyla oynadıktan sonra gibi, ailenin ve çocuğun rutinine uygun zaman sınırlamaları getirilebilir. Böylece televizyonun kendine ait bir zamanının olması gerektiği vurgulanmalıdır. Tıpkı yemek yeme, uyuma, oynama, ders çalışma, okula gitme gibi aktivitelerin kendi içinde sınırları olduğu gibi, televizyon izlemeye de bu çeşit bir sınırlama getirilmesi önemlidir.

Çocuk okuldayken oyun oynamaz veya yemek zamanında uyumaz, uyuyacağı zaman ders yapmaz. Ancak televizyon izlemek bu aktivitelerden hemen hemen hepsine eşlik edebiliyor; televizyon yemek yerken açıktır, oyun oynarken açıktır, ders yaparken, hatta uyurken... Bu da televizyonun hayatımızda ne kadar yaygın ve esnek sınırlar içinde ne kadar kabul edilebilir biçimde yer aldığını ve hayatımızdaki hemen her etkinlikle kesiştiğini gösterir.

Yine bu sebeple, ailece yemek yerken televizyon izlenmemesi tavsiye edilir. Akşam yemeği genelde tüm ailenin bir arada olduğu tek öğündür. Ailece paylaşıma ve iletişime ayrılmış olan zamana televizyonu ortak etmek elbette ailelerin kararına kalmıştır. Ama bunun iyi bir karar olmayacağı da ortadadır.

Televizyona ayrılan zamanlarda ise çocuğu bir başına televizyonun karşısında bırakmak yerine hangi programları izlediği takip edilmeli ve mümkünse birlikte izlenmelidir.

Birlikte izlenilen programlar hakkında çocukla konuşulmalı, çocuğun anlamadığı noktalara açıklık getirilmelidir. Çocuğun izlediği olayları nasıl değerlendireceğini öğrenmesi, çocuğun sağlıklı gelişmesi, çocuk-ebeveyn iletişimini devam ettirmek ve kültürel değerlerimizi çocuğa aktarmak açısından önemlidir.

RTÜK KORUYUCU SİMGE SİSTEMİ ÇALIŞMA GRUBU RAPORUNUN UYGULAMA REHBERİ*

İlgili Notlar

Bu çalışma, bilişsel ve sosyal-duygusal gelişim temel alınarak, çocuk izler-kitle, 2-6 yaş grubu, 7-12 yaş grubu, 13-18 yaş grubu olmak üzere, üç ana grupta incelenmiştir: Bebekler (0-2 yaş), zihinsel yetileri bakımından çocuk izler-kitle içine alınmamakla birlikte, özellikle bu yaş grubuna televizyon izlettirilmesi ve bu yaş çocuklarının uzun saatlerini televizyon karşısında geçirmeleri, psikolojik ve fiziksel sağlıkları için son derece zararlıdır. Bebeklerin, ana-baba gözetimi olmaksızın televizyon karşısında bırakılmaları uygun değildir. Örneğin, uzun süreler müzik kanallarındaki kliplerin izlettirilmesi, çocuklarda önemli ruhsal yakınmaların ortaya çıkmasına neden olabilmektedir. Bu konuda, ailelerin çok duyarlı olmaları gerekmektedir.

Aşağıda, belirtilen üç yaş grubu ve gelişim özellikleri ayrı ayrı ele alınmaktadır:

* RTÜK Özel Çalışma Grubu Sonuç Raporu: *Televizyon Programlarındaki Şiddet İçeriğinin, Müstehcenliğin ve Mahremiyet İhlallerinin İzleyicilerin Ruh Sağlığı Üzerindeki Olumsuz Etkileri.* (www.rtuk.org.tr)

2-6 Yaş Grubu:

- Benmerkezcidir, dünyası kendi algılarıyla sınırlıdır.
- Farklı bakış açılarını ayırt etmekte güçlük çeker.
- Hayal gücü yüksektir ve hayal ile gerçeği ayırt etmekte zorlanır. Bu özellik, bu yaş çocuklarını, özellikle taklit etme eğiliminde olabilecekleri televizyon karakterleri karşısında kırılgan bir durumda bırakır.
- Cansız nesnelere insan özellikleri yüklediği için, izlediği karakterlerin gerçek yaşamda da var olduğunu ya da insan niteliği taşıdığını düşünür. Bu nedenle Süpermen'i taklit edebilir ya da tanıdık nesnelerin ürkütücü bir biçimde şekil değiştirmesinden aşırı derecede korkabilir.
- Taklitçilik-Model Alma özelliği vardır. Gelişimi sırasında, kendisine model aldığı kişilerin özelliklerini benimseyerek özdeşim kurar. Çocuk, önce anne ve babasının taklidiyle başlar bu serüvene; daha sonra öğretmenle tanışınca, ona göre her şeyi bilen bu kişinin özelliklerinin benimsenmesi ön plana çıkar; kısa süre sonra ise televizyonda gördüğü kahramanlar önem kazanacaktır. Bu nedenle çocuklara, özdeşim kurabilecekleri olumlu kahramanları izletmek çok önemlidir.
- Anne ve babalar, televizyon karşısında çok zaman geçiriyor, seçici davranmıyor ve onu çok önemsiyorsa, çocuklar da televizyonu sorgulanmayacak doğruları olan bir araç gibi göreceklerdir.
- En çarpıcı görüntüye (ki bu genellikle ilk gördüğüdür) odaklanma, takılıp kalma özelliği belirgindir. Aynı şekilde hızlı, renkli ve yüksek sesli görüntü akışına daha kolay ilgi gösterir. Şiddet içeren pek çok görüntü de hareketlidir (Örneğin, aksiyon filmleri). Dolayısıyla çocukların, hareketli oldukları için 'takılmaları' olası görüntüler de muhtemelen onlar için uygun olmayan bir içerik taşımaktadır.

- Karşısındaki insanların niyetlerini anlamakta zorlanır. Çocuğun, düşüncesini oluşturmada fiziksel özelliklere ilişkin algılar başlatır; görünüşe aldanır ve bu özelliği yanılsamaya yol açabilir (Örneğin, iyi giyimli bir yetişkinden zarar gelmeyeceğini düşünür).
- Dikkat kapasitesi ve süresi sınırlıdır. Dikkatin çabuk dağılması, süresinin kısa olması ve dikkati kontrollü biçimde kullanma zorluğu görülür.
- Parça ile bütün arasında bağ kurmakta zorlandıklarından, çocuklar için her bir görüntü kendi içinde, bütünden bağımsız olarak önem taşımaktadır; dolayısıyla, yanlışı göstererek doğruyu buldurmaya yönelik yapımlar, bu yaş grubu için uygun değildir.
- Kendine yakın olan şeyleri daha kolay algılar, kendi dünyasından tanıdık nesnelere daha çok ilgi gösterir. Tanıdık nesneler ve kişiler aracılığıyla sergilenen olumsuz davranışlar, çocuğun güvensizlik yaşamasına yol açabilir (Filmdeki kötü karakterler öğretmen, polis ya da akraba gibi kişiler olduğunda, bu, çocuklarda güvensizlik duygusuna yol açabilir. Oysa bu dönemlerde, çocuğun güvene gereksinimi vardır.)
- Birbiriyle bağlantılı olaylar arasındaki ilişkiyi kavramakta ve zaman dilimlerini karmaşık bir biçimde gösteren yapımları anlamakta zorlanır.
- Dili kullanmada giderek ustalaşır; sözcük dağarcığı hızla gelişir. Televizyondan duyduğu kötü sözleri de sözcük dağarcığına ekler.
- Olumsuz iletiden olumlu yönü çıkaramaz. Bu yüzden, mesajın olumlu olması ve olumlu yaklaşımla başlayarak verilmesi çok önemlidir. Önce verileni daha kolay algıladığı ve zihnine yerleştirdiği için, olumlu olanı önce vermek gerekmektedir.
- Somut-görülebilir sonuç önemlidir. Niyeti kavrama ve irdelemede güçlük görülür (Örneğin, bu yaşlarda çocuğun

iyi davranmasının nedeni, kötü davranışın maddi sonuçlarından/cezadan kaçmaktır). Bu dönemdeki çocuklar için davranışın ne niyetle yapıldığı değil, sonucun ne olduğu önemlidir (Filmdeki kahraman yalan söyleyerek ya da sahtekârlıkla istediği bir şeyi elde ediyorsa, çocuk, niyetini değil, kazancını önemseyerek onu taklit edebilecektir).

- Başkalarından yardım almadan kendi başına bir şeyler yapabilmek ve yetilerini sınamak bu evrede çok önemlidir. Özerkliğini ortaya koymak için her fırsatta girişimde bulunur (Örneğin, evden kaçıp uzak bir yere tek başına gidebilen veya bir casusu yakalayan 5 yaşındaki çocuğun davranışlarını taklit etme riski vardır). Bu nedenle, uygun örnekleri izlemelidir.
- Cinsiyet farklılıklarını keşfeder. Kadın ve erkeğe ait rolleri ayrıştırarak kavramaya başlar. Dolayısıyla kadını ve erkeği tek tip ve kalıp yargılar içeren gösterimlerle sunmak, çocuğun geliştireceği cinsiyet rolünü olumsuz etkileyebilir.
- Cinsiyetin değişmezliğini ve kalıcılığını anlar; ancak, her durumda bunu anladığına dair açık işaretler göstermeyebilir. Kız doğanların her zaman kız, erkek doğanların her zaman erkek olacağını öğrenmiştir. Ancak, gökkuşağının altından geçmekle ya da incir ağacından düşmekle cinsiyetin değişeceğine ilişkin hurafelere inanabilir!
- Onun için, sadece mutlak doğrular ve yanlışlar vardır. Bu iki uç arasında, niyete bağlı olarak değişebilecek yargılamalar yapamamaktadır. 'İyi/kötü', 'güzel/çirkin', 'yaramaz/uslu' etiketlemeleri, çocuklar için daha kalıcı anlamlar ve pozisyonlar ifade eder. Bu tür etiketlemeleri içeren gösterimler, çocuklar için önem taşır.

7-12 Yaş Grubu:

- Kimlik ve kişilik özelliklerinin farkına varmaya başlar. Yeni kazanılan ya da fark edilen her özellik, çok daha güçlü bir şekilde savunulur. Bu nedenle kaybetme, yitirme ve değişme olasılığı çocuğu korkutur ve güvensiz kılar.

- Kadın ve erkeğe ait toplumsal cinsiyet rolleri ve cinsiyet kalıp yargıları güçlenir ("Erkek adam çocuk bakmaz" ya da "Kadından mühendis olmaz" gibi kalıplaşmış yargıları benimseme eğilimindedir).
- Kişiliğe yönelik kaygılar ve sosyal korkular, nesne korkularının yerini alır. Ani kişilik dönüşümleri ve tutarsızlık yaşayan karakterler, bu yaş grubu için sarsıcıdır.
- Bir gruba ait olma gereksinimi önem kazanır. Kendi cinsiyetinden akran gruplarını tercih eder; akranlarla birlikte olmak ister ve yakın ilişkiler kurmayı öğrenir. Akran gruplarıyla özdeşim ve akranların model alınması gözlenir (Televizyonda okullardaki akran gruplarının çete oluşturmaları ya da madde kullanımı sırasında gösterilmeleri, bu çocukların yanlış figürlerle özdeşim kurmalarına neden olacaktır).
- Kuralcıdır; onun için iyiler/kötüler ve doğrular/yanlışlar vardır.
- Dünyayı algılama biçimi iki uçtadır; siyah ve beyaz vardır, griyi bu iki rengin arasına yerleştiremez.
- Somut olayları anlar, mantık kurallarını fiziksel nesneler gibi somut olana uygulayabilir; ancak, soyut olayları anlayamaz, soyut fikirleri anlamakta güçlük çeker.
- Mecazları ve dolaylı anlatımları algılayamaz. Mesajı olduğu gibi aldığı için, bu yaş grubundaki çocuklara verilecek mesajın içeriği önemlidir.
- Otoriteyi koşulsuz kabul edebilir. Otoritenin davranışlarını sorgulamaz; bu nedenle, otorite figürlerinin verdiği yanlış mesajlar, bu yaş grubunu olumsuz yönde etkileyecektir.
- Çalışmak, başarmak, göze girmek ve takdir edilmek ister; bunun için çok çaba harcar. Yanlış yolları kullanarak başarıya ulaşan örnekleri izlemesi sakıncalıdır.

- Dikkat süresi uzamıştır (7 yaş için yaklaşık 30 dakika). Böylece çocuk, televizyon karşısında daha uzun süre geçirebilir.
- Duygudaşlık (empati) geliştirmeye ve kendi davranışlarının başkaları üzerindeki etkilerini anlamaya başlar.
- Çocuk bu dönemde, daha çok sosyal karşılaştırmalara dayanarak bir benlik algısı oluşturduğu için, kendisini sürekli başkalarıyla mukayese eder.
- Hızlı, renkli ve sesli görüntülere ilgisi, azalmakla birlikte devam eder.
- Bilişsel becerileri yeterince gelişmediği için, dağınık ve farklı yollardan verilen mesajları bir bütün halinde anlaması ve kavraması zordur.
- Ahlaki standartları içselleştirir; fakat bu kez de ahlaki yargılamalarında kendisiyle ilgili sonuçlara odaklanır.
- Okul ve televizyon, bu yaş dönemindeki çocuk için en önemli toplumsallaşma araçlarıdır.
- Okuma, yazma ve aritmetikle ilgili temel becerileri gelişir.
- Kendine, sosyal gruplara ve kurumlara karşı tutumlar geliştirir.
- Bağımsızlığını geliştirip güçlendirmeye çalışır.

13-18 Yaş Grubu:

- Mantık kurallarını soyut olaylara uygulayabilir, soyut kavramları anlayabilir.
- Neden-sonuç ilişkileri kurma yönünde bilimsel akıl yürütmelerde bulunabilir.
- Kendi yaşıtlarından gelen mesajlar onun için daha etkilidir.
- Yetişkin otoritesinin önemsenmediği ya da tepki gösterilebildiği bir dönemdedir.
- Meydan okuma ve sorgulamaların başladığı dönemdedir.
- Olayların arkasındaki somut gerçeklerden çok, soyut gerçekliklerle ilgilenir. Soyut kavramlara ve soyutlamalara

dayalı etkinliklere (resim, müzik, heykel, edebiyat gibi) ilgi duyar.

- Cinsel, politik, etnik ve dini alanlarda, çeşitli denemelerle bir kimlik oluşturmaya çalışır.
- Bir ideoloji geliştirmeye ve bununla bağlantılı değerlerin davranışlarına rehber olmasına çalışır.
- Empati yeteneği güçlenir.
- Karşı cinse ve cinselliğe ilgisi artar; karşı cinsle arkadaşlık kurmaya ve flört etme eğilimi gelişir.
- Aile dışında, farklı özdeşim modellerine ilgisi artar; anne-babadan ve diğer yetişkinlerden duygusal açıdan bağımsızlaşmaya çalışır.
- Gizliliğe önem verir, utangaçlık ve sıkılganlık görülebilir.
- Kuralları ve sınırları zorlamayı dener, riskli davranışlara girişebilir. Riskli davranışların çekici bir şekilde sunulması ya da gençlik dönemine özgü bir değer olarak aktarılması, bu tür davranışların taklit edilme olasılığını arttıracak; istenmeyen sonuçlara yol açabilecektir.
- Bedene ve dış görünüşe ilgisi artar.
- Ahlaki akıl yürütmelerinde sosyal standartlara ve başkalarının yargılamalarına odaklanır.
- Cinsel çekiciliğinden endişe duyar, karşı cinse yönelik alınganlık ve korkuları olabilir.
- Güven-güvensizlik gibi iki uçtaki duyguları çok kısa aralıklarla yaşayabilir. Duyguları çok değişken olabilir ve çok çabuk örselenebilir. Bağlandığı ve özdeşleştiği kahramanların davranışlarını çok yoğun bir biçimde sahiplenebilir.
- Bilgi ve deneyimi, yeterli ve sağlıklı değerlendirmeler yapmasını olanaklı kılmayabilir; ani ve atak davranışlarda bulunabilir.
- Televizyonda sürekli izlediği aşırı cinsellik ve şiddete dayalı filmler, algı ve değerlerinin sağlıklı gelişimini engelleyebilir.

Dokuzuncu Bölüm

ANNE-BABA ANLAŞMAZLIĞI VE BOŞANMA

Sorunlu Evliliklerde Çocuklar İçin Risk Faktörleri

Boşanma, çocuğun hayatında genelde beklenmedik bir şekilde ve bir anda karşılaştığı bir durum değildir. Uzun bir sürecin sonucudur. Eşler arasında yıllar boyu süren problem ve uyumsuzlukların sonucunda boşanma kararı alınır ve uygulanır. Çocuklar bu zorlu ve tartışmalı dönemlerde bazen eşler arasında uygulanan şiddete bile şahit olabilirler.

Araştırmalarda, anne-babanın sürekli tartışıp birbirlerini aşağılamalarına, aile içi şiddet uygulamalarına şahit olmanın çocuklar üzerindeki olumsuz etkisinin, boşanmanın etkisinden çok daha derin olduğu sonucuna varılmıştır. Bu kadar çok huzursuzluk ve tartışmanın olduğu bir ortamda boşanma bazen çocuğun kurtuluşu olabilmektedir.

Öte yandan, anne-baba arasındaki uyumsuzluklara ve geçimsizliklere çocuklar hiç şahit olmamışlarsa, bunlar çocuklara fark ettirilmeden yaşanmışsa, işte o zaman çocuk bu beklenmedik olaydan ciddi bir şekilde etkilenir.

Maalesef çoğu zaman boşanma, ebeveynler arasındaki tartışmalara son vermez, hatta velayet, nafaka vb. konulardan ötürü tartışmalar artabilir. Bir de çocuğa kimi tercih ettiği sorulduğunda, çocuk kendini kopan bir fırtınanın tam ortasında bulur. Boşanmadan 4 yıl sonra bile boşanan eşlerin yaklaşık yüzde 30'u hâlâ tartışmaya, birbirlerine kin ve düşmanlık beslemeye devam etmektedir.

Boşanma çocuğun hayatına pek çok değişiklikle beraber gelir: Çocuk yaşadığı evden taşınmak, okulunu ve dolayısıyla arkadaşlarını değiştirmek zorunda kalabilir, büyük bir ihtimalle artık ninesiyle dedesini daha az görebilecektir. Boşanmadan sonra annesiyle kalan çocukların sosyo-ekonomik düzeylerinde yaklaşık yüzde 80 oranında bir düşüş görülür.

Boşanmaya bir de eşler açısından baktığımızda, ikisi de hayatlarının en önemli olaylarından biri olan evliliği yürütememiş, şu veya bu sebepten ötürü başarısız olmuşlardır.

Geçtiğimiz yıllarda yapılmış bir araştırmada, boşanan çiftlerin depresyon, 'kaygı durum bozuklukları' ve madde kullanımı için ciddi bir risk altında oldukları sonucuna varılmıştır. Eşlerin duygusal sorunları, ebeveyn-çocuk ilişkisinin önemini gölgede bıraktığında ise, çocuğun gelişimi olumsuz etkilenmektedir. Çocuk ihtiyaç duyduğunda onları beraberce yakınında bulamamakta, hatta çoğu zaman babanın çocuğun hayatındaki yeri ve önemi azalmaktadır.

Sorunlu Evliliklerde Çocuklar İçin Koruyucu Faktörler

Boşanmanın tüm risklerine ve duygusal stresine rağmen takip eden iki-üç yıl içinde çocukların çoğunun hayatlarını düzene koyduğu görülmüştür. Bunu sağlayan koruyucu faktörler nelerdir?

Bireysel özellikler: Çocuğun zekâsının iyi düzeyde olması, kolay bir mizacının olması ve hayatla barışık olması.

Küçük yaş: Boşanma esnasında çocuğun küçük yaşta olması. Özellikle tekrar evlenen ebeveynin yeni eşine ve yeni aile düzenine göre kişiliğini geliştireceğinden, olumlu bir ortam da sağlandığı takdirde, bu çocuk için oldukça önemli ve etkili bir koruyucu faktör olacaktır. Daha büyük yaşlardaki çocuklarınsa ikinci evliliğe uyum sağlamakta zorlandığı görülmüştür.

Problem çözebilme yeteneği: İyimser, sorunlara takılıp kalmayıp sağlıklı, etkin çözümler üretebilen; mevcut şartları en iyi şekilde değerlendirebilen çocukların, boşanmanın olumsuzluklarından en az düzeyde etkilendikleri görülür.

Çevre desteği: Çocuklar yaşları büyüdükçe yaşıtlarından ve yetişkinlerden destek arayışına girerler. Bilinçli ve sağlıklı yetişmiş bireylerden oluşan bir çevreden gelecek sosyal destek, zaten yaşı itibariyle artık aileden bağımsızlaşmak isteyen gençler için oldukça faydalı olacaktır.

Anne-babanın spor, güzel sanatlar, farklı kültürleri tanıma vb. faaliyetlerden evladının mizacına uygun olanlara katılabilmesi için fırsatlar sağlaması, çocuğun kendini aile dışı ortamlarda da iyi ifade edebilmesini sağlar.

11 yaş ve üzeri dönemlerde olan boşanmalarda, çocuk artık zaten aile dışına odaklandığı için, ailedeki bu yeni düzene geçişte yaşanan sancılı durumlarda iyice dışarıya yönlenir. Bunun için ona, vaktini güvenilir insanlarla geçirebileceği uygun ortamlar sunulmalıdır.

Beraberce ebeveyn olmak (işbirliği yapmak): Pek çok anne-baba, konu çocuklarını yetiştirmek olunca, mizaç ve yaşam farklılıklarını rahatlıkla bir kenara koyup birlikte hareket edebilirler. Bu da gerek boşanmadan, gerekse aile içi durumlardan kaynaklanan problemlerden çocuğun daha az etkilenmesini sağlar.

Dedeler ve ninelerle görüşmek: Günümüzde, yaşlı insanın biriktirdikleri kıymetsiz gösterilirken, bizim dilimizde yaşlılık yerine önceden beri kullanılan başka bir tabir vardır: 'ihtiyar.' Hayatın getirdiklerine katlanmış, onları biriktirmiş ve o yaşa gelmeye seçilmiş anlamında. Batıda insanın köksüzlüğünü, ev ve aidiyet eksikliği sancılarını yok sayanlar, yaşlıları ve onların hikâyelerini de yok sayıyor. Yeni nesillere bir önceki neslin hikâyeleri yerine sinema stüdyolarında veya dizi film setlerinde çekilen yeni hikâyeler takdim ediliyor. Nesiller arasındaki süreklilik duygusu aşınıyor.

Türkiye'de genç ebeveynler de sadece kayınvalide ve kayınpederleri ile değil, kendi anne ve babalarıyla da aralarına mesafe koydukça, aslında kendileri ve çocukları arasına mesafe koymaya başlamaktadırlar. Çünkü büyükanne-büyükbabasıyla vakit geçirmeyen çocuk geçmişin hikâyelerine şahit olana şahit olamamış olur; ki bu da onu büyüdükçe zaman-tarih zincirinin bir halkası olduğunun farkında olmayan bir genç olmaya doğru götürür.

Evlilik, Boşanma ve Çocuğunuzun Ruh Sağlığı

Mutsuz ve sorunlu evliliklerde yetişen çocukların bundan zarar gördüğü bir gerçektir. Aslında çocuğu etkileyen, hayatındaki en önemli iki kişinin; anne ve babasının, sorunlarından ziyade onların bu sorunları ele alış biçimleridir.

Evlilikleri sorunlu olan çiftlerin çocuklarının hem fiziksel hem de psikolojik sağlıkları için risk faktörleri söz konusu olabilmektedir. Ebeveynlerin birbirine karşı davranışlarında eleştirinin, horgörmenin olduğu ailelerde yetişen çocukların yaşıtlarıyla ilişkilerinde daha agresif davrandıkları, ortak oyunlar oynamaya ve paylaşmaya daha az meyilli oldukları tespit edilmiştir. Dikkat toplama, duygularını düzenleme ve kontrol etmede de sorun yaşadıkları gözlenmiştir. Aynı zamanda daha fazla fiziksel rahatsızlığa yakalandıkları da tespit edilmiştir.

Sorunlu evliliklerde büyüyen çocuklar, anne-babalarının çabuk sinirlenen, gergin, soğuk, destekten mahrum, hatta cezalandırıcı davranışlarıyla karşı karşıya kalabilmektedirler. Yetersiz veya eksik ebeveynlik diye tanımlanabilecek bu davranışların yanında, çocuklar anne-babalarının sorunu çözmek için kullandıkları agresif, kavgacı, horgören tavırlarını model alıp kendi hayatlarında da sorunlara aynı şekilde yaklaşabilirler.

Ne kadar küçük olurlarsa olsun çocuklar evde kavga edildiğini anlarlar. ***Bebeklerle yapılan bir çalışmada, ebeveynler kavga ettiğinde bebeklerin kalp atış hızlarının ve kan basınçlarının arttığı gözlenmiştir. Bebekler kavganın içeriğini anlamasalar bile, yanlış giden bir şeylerin olduğunu anlamaktadırlar.***

Buraya kadar anlatılanlardan, evlilikte hiç çatışma olmaması gerektiği gibi bir sonuç çıkarılmamalıdır. Tüm sorunları, kızgınlıkları çocuklardan gizlemek ve onların gözlerinden uzakta çözmek neredeyse imkânsızdır. Üstelik ebeveynlerinin çatışma yaşadığını görmeyen çocukların bir kaybı da vardır: Çatışmanın karşılıklı olarak yapıcı biçimde ele alınıp nasıl çözüleceğini görme fırsatını yakalayamazlar. Anne-baba bu konuda da çocuğa ***duygusal rehberlik*** edebilir.

Evlilikte Duygusal Rehberlik

Duygusal rehberlik, sadece çocukları korumakla kalmaz, evlilikleri de korur. ***Duygusal rehberliği*** uygulayan çiftlerin; birbirlerinden daha hoşnut, evliliklerinden daha memnun, daha az kavga eden, birbirlerine daha çok değer veren çiftler oldukları görülmüştür.

Şimdi, evliliklerde olumsuz olarak değerlendirilebilecek dört tutuma ve bunların ***duygusal rehberlik***le nasıl düzeltilebileceğine bakalım.

Eleştiri ile partnerinizin kişiliğine yönelen suçlayıcı ifadeler kastedilmektedir. Eleştiri, şikâyet gibi algılanabilir ancak ikisi arasında önemli farklar vardır. Şikâyet belirli bir davranışa; eleştiriyse kişiliğe yönelir. Örneğin:

Şikâyet: "Kılık-kıyafete bu kadar para harcadığımız için ay sonunu getiremeyeceğimizden endişeleniyorum."

Eleştiri: "Bu kadar borcumuz varken, nasıl bu kadar çok kıyafet alabiliyorsun? Çok bencilce davranıyorsun."

Şikâyet: "Çıkardığın kıyafetleri yerde bırakmasan keşke! Oda çok dağınık görünüyor."

Eleştiri: "Arkanı toplamaktan sıkıldım artık, çok düşüncesiz ve pasaklısın!"

Eleştiride yargılama ve "şöyle yapmalısın" ifadesi saklıyken, şikâyette gerçekler ve dilekler iletilmektedir.

Horgörü, partneri psikolojik olarak yaralamayı hedefler. Kızgın olduğumuzda ve karşımızdakini horgördüğümüzde o kişi ile ilgili tüm olumsuz özellikler aklımıza gelir; "Eşim sorumsuz, yetersiz, iğrenç..." gibi. Bu tür düşünceler aklımıza geldikçe de onun iyi özelliklerini hatırlamakta güçlük çekeriz. Bir evlilikte horgörmenin olduğunun göstergeleri ise; isim takma, aşağılayıcı espriler yapma ve alay etmedir. Beden dili de tarafların birbirine saygı duyup duymadıklarını belli eder; eşi konuşurken gözlerini döndüren veya dudak büken kişinin yaptığı gibi.

Eşinizin davranışına yüklediğiniz anlamı *sizin seçtiğinizi* unutmayın. Davranışlarına kötü bir anlam yüklediğinizde kendi kendinize şunu hatırlatın; "*Şimdi kötü bir andayım, ama aramız her zaman bu kadar kötü değildi*" veya "*Şu anda ona çok kızgınım ama eşimin iyi özellikleri de var.*" Onunla neden evlendiğinizi düşünün, sizi ona çeken özelliklerini hatırlayın.

Savunuculuk, eşlerden biri kendisinin itham edildiğini hissettiğinde doğal olarak savunmaya geçer. Kendilerini kuşatılmış ve saldırıya açık hisseden kişiler, savunma ile öyle meşguldürler ki birbirlerini dinlemezler. Ya mazeretlerini sunarlar ya da sorunları inkâr ederler. Eşlerden biri diğerinden şikâyet ettiğinde, diğerinin de karşı bir şikâyet dile getirmesi bir tür savunma yöntemidir. *"Evet, ama..."* diye başlayan bu ifadelerde *"evet"* ile gelen uzlaşma *"ama"* ile dirence dönüştürülür.

Savunucu iletişimden kurtulmanın yolu, eşlerden biri diğerine bir şikâyette bulunduğunda bu konu üstünde biraz düşünmektir. Örneğin, eşiniz öfkeyle size bir konuda şikâyette bulunduğunda *"Bu konunun seni bu kadar üzdüğünü fark etmemiştim, bunun üstünde biraz konuşalım"* diyebilirsiniz. Eşiniz ilk başta şaşıracak, belki de samimiyetinize inanmayacaktır ama zamanla gerçekten onu anlamaya, ilişkinizi daha iyi bir noktaya taşımak istediğinizi fark edince işler yoluna girecektir.

Duvar gibi sessiz olmak, eşlerden birinin kendini iletişime kapamasıyla ortaya çıkar. Duyduğuna, orada olduğuna dair hiçbir belirti vermez. Bunu yapanlar çoğunlukla erkeklerdir. Erkekler bu sessizliği doğal görüp bunun evliliklerine zarar vereceğini düşünmeyebilirler. Konuşup gerginliği arttırmaktansa sessiz kalmanın daha iyi olduğuna inanabilirler. Oysa kadınlar için bu sessizlik rahatsız edicidir. Umursanmadıklarını, onaylanmadıklarını hissederler.

Konuşma esnasında en azından karşı tarafı duyduğunuzu belli eden başınızı sallama, "hımm" şeklinde bir tepki bile sessizlikten daha iyi algılanır. Böylece, konuşan dinlenildiğini hisseder. Karşınızdakinin duygu ve düşüncelerine değer verdiğinizi bir biçimde iletmek ilişkiyi iyileştirici etkide bulunur.

Evlilikte yaşadığınız sorunları çözmenin ve çocuğunuzu bunlardan uzak tutmanın bir yolu ***duygusal rehberlik***'tir. Yaşanan sorunlarda çocukları diğer ebeveyne karşı kullanmak, özellikle boşanma durumunda kendini aldatılmış hisseden annelerin başvurabildikleri bir yoldur.

Doğru da olsa diğer ebeveyn hakkında kötü şeyler söylemek, onu çocuğun gözünde karalamaya çalışmak, yetişkinlerden çok çocuklara zarar verir. Çocuklar annelerini de babalarını da sevmek, her ikisine de güven duymak isterler. Tarafların birbirini kötülemesi ve çocuğu tartışmalara dahil ederek taraf tutmaya zorlaması çocuğun kendisini sorumlu hissetmesine sebep olur.

Bazen de çocuklar anne ve babalarının arasını düzeltmeye çalışan arabuluculara dönüşürler. Aslında bu, çocuğun, ailedeki huzursuzluktan ciddi derecede etkilendiğinin bir göstergesidir. Aynı zamanda da ***duygusal rehberlik*** tekniklerini uygulamak için vaktin çoktan gelmiş olduğunun habercisidir. Çocuğa yetişkinlerin dünyasında sorunlar yaşanabileceğini, bunun onunla ilgili olmadığını ve ebeveynlerin bu sorunu çözeceklerini belirtmek önemlidir. Çocuğunuz eşinizle ettiğiniz bir kavgadan haberdar olduysa, anne-babasının kavga ettiğini görmenin onun için çok kötü olduğunu anladığınızı ve bu sorunu çözmek için uğraştığınızı anlatın. Sorunu çözüme kavuşturduğunuzda da bunu mutlaka onunla paylaşın.

Çalışmalar göstermektedir ki anne-babalarını kavga ederken gören çocukların arkadaşlarıyla kavga etme oranları daha yüksektir. Yine aynı çalışmaya göre, kavga ettiklerine şahit olduğu ebeveynlerinin sorunu hallettiğini, barıştığını gören çocukların yaşıtlarına yaklaşımı da aynı barışçıl sonu içermektedir. Anne-babanın barışmadığı, sessiz kaldığı veya düşmanca tavırların açıkça devam ettiği ailelerin çocuklarının ise yaşıtlarına daha agresif davrandıkları tespit edilmiştir.

Onuncu Bölüm

AİLEDEKİ RİSKLER: ÇOCUĞA KÖTÜ DAVRANMAK VE EV İÇİ ŞİDDET

Her insanın olduğu gibi, her çocuğun da sağlıklı fiziksel, zihinsel, ruhsal, ahlaki ve sosyal gelişimini devam ettirebileceği standart bir ortamda yaşamaya hakkı vardır. Çocuk dünyaya bu hakka sahip olarak gelir.

Evin, mutluluk kaynağı olan rahat bir ortam olmayıp bir korku ve kaygı kaynağı olması çocuğun gelişimine vurulabilecek en büyük darbedir. Böyle durumlarda çocuğa; farkında olarak veya olmayarak zarar verenler, bizzat onun dünyaya gelmesine vesile olan anne-babalardır.

Günümüzde artık çocuğa kötü davranmak, sadece bacak veya kollardaki morluklar ya da kırık kemiklerle tanımlanmıyor. Dünya Sağlık Örgütü'nün (WHO) "Çocuk Tacizini Önlemeye Yönelik Görüşmeler"de (1999) vardığı kararla, bu konunun artık çok daha kapsamlı bir tanımı var:

"Çocuğa kötü davranmak veya taciz etmek: Normal şartlar altında sorumluluğa, dürüstlüğe, güç-sevgi dengesinin sağlıklı bir biçimde kuruluşuna dayanması gereken bir ortamda yaşaması gereken çocuğun; fiziksel veya cinsel tacize maruz kalmasını, çocuğun kısmen veya tamamen ihmal edilmesini, sömürülmesini, psikolojik veya duygusal tacize maruz kalmasını ve ev içi şiddete şahit olmasını içerir ki; bu tarz davranışlar çocuğun sağlığına, hayatının idamesine, gelişimine, haysiyetine, şerefine doğrudan veya dolaylı olarak zarar verebilecek davranışlardır."

Çocuğa yönelik kötü davranışlar şu şekilde özetlenebilir:

Fiziksel taciz: Tokatlamak, çimdiklemek, tekmelemek, yumruklamak, vurmak, itmek vb.

Cinsel taciz: Vücudunun mahrem yerlerine dokunmak, çocuğu kucağa oturtmak, cinsellik içeren durumlara veya davranışlara şahit etmek, cinsel ilişkiye girmek vb. durumlar.

İhmal: Çocuğun; yemek yeme, hastalandığında tedavi olma, gibi temel ihtiyaçlarını giderme konusunda ihmalkâr olmak, sürekli evde yalnız bırakmak veya çocuk bakmaya ehil olmayan kimselere baktırmak.

Psikolojik/duygusal taciz: Çocuğun kendini güvende hissedeceği bir atmosfer oluşturmamak, varlığını kabul etmemek yani yok saymak, çok fazla müdahale etmek, küçük düşürmek, korkutmak, her şeyini kontrol etmeye çalışmak vb. davranışlarla psikolojik olarak sağlıklı gelişimini engellemek.

Ev içi şiddete şahit olması: Sevdiği, güvendiği bir ebeveyninin, diğerine şiddet uyguladığını görmek çocuk için ciddi bir travmadır.

Duygusal red: Sürekli olarak dövülmeye göre çocuk üzerindeki etkisi daha az olsa da, çocuğu duygusal olarak reddetmek de bir şiddet şeklidir.

Genelde, bir çocuğun maruz kaldığı şiddetin veya tacizin cinsini ayırt etmekte zorlanırız, çünkü çoğunlukla birkaç çeşidi bir arada uygulanır. Mesela, dayağın yanında psikolojik taciz veya ihmal de bulunur.

Çocuk haklarının ihlali ne yazık ki en çok aile içinde söz konusudur. Genellikle çocuğa bizzat en yakınları tarafından zarar verilir. Böyle durumlar çocuğun özellikle duygusal gelişimini, kendini kontrol edebilme yeteneğini, insanlara ve kendine duyduğu güveni olumsuz etkiler.

Aşağıda, ebeveyn davranışlarının çocuğun sağlığını ne derecede etkilediğini gösteren, çocuğa iyilik yaptığını zannederken aslında tam da aksini yapan ebeveynlerin trajik bir örneği var. Patolojik bir ebeveynin çocuğun ruhsal-bedensel sağlığını tehdit ettiği Munchausen Sendromu ile ilgili çok çarpıcı bir örnek...

VAK'A: MUNCHAUSEN SENDROMU

Hastalık, adını 17. yüzyılda Avrupa'da yaşamış olan ve zalimlerin hikâyelerini anlatmasıyla ünlü asil bir adamdan almıştır. Bu hastalıkta, yetişkinler sürekli doktora gidebilmek, onların ilgilerini çekebilmek için çeşitli hastalıklar uydururlar. Bunun yanında, yetişkinin kendine değil de, en yakınlarına çeşitli hastalıklar yakıştırarak doktora götürmesi şeklinde bir çeşidi de vardır.

Bu hastalığa yakalanan ebeveynler çocuğu, hastaneye yatırabilmek için ona çok zararlı, ağır ilaçlar içirebilir veya çok ağır fiziksel zararlar verebilirler. Bu şekilde sürekli hastaneye yatırılmak çocuğun dünyasını elbette çok olumsuz etkileyecek ve onu sarsacaktır.

Bir keresinde kliniğimize nedeni belirlenemeyen fiziksel rahatsızlıklarından dolayı 8 yaşında bir kız çocuk getirildi. Rahatsızlığının nedeni bulunup, tedavi edilmeye çalışılırken çocuğun sağlığı günden güne kötüye gidiyordu. Önceleri zayıf ve neşeli olan kız, şimdi duygusuz, soğuk ve obezdi. Kemikleri o kadar yoğun baskı altındaydı ki, vücut kılları derisinin altından, vücudunun iç kısmından uzuyordu. Hakikaten de bu çocuğun rahatsızlığı çok ciddiydi ve annesi hastaneye getirmekle en doğrusunu yapmıştı.

Annesi, çocuğunun yanında refakatçi olarak kaldıkça, ikisini de yakından izleme fırsatımız oldu. Böylece yavaş yavaş bazı gariplikler gözümüze çarpmaya başladı. İki yıl öncesine kadar sağlığı ve sosyal gelişimi iyi olan kızın okul başarısı düşmüştü, artık pek arkadaşı da yoktu.

Anne-kız birbirlerinden hiç ayrılmıyorlardı. Tüm klinik çalışanlarını rahatsız edecek derecede aşırı sevgi ve ihtimam dolu bakışlarla sürekli göz gözeydiler.

Anne klinik psikoloğumuzla konuşmayı önce reddetti, ama daha sonra annenin güveni yavaş yavaş kazanıldı ve ikna edildi. Olaylar da çorap söküğü gibi çözülmeye başladı.

Mesela anne, çocukları için anne sütünün en sağlıklı besin olduğunu düşündüğü için küçük oğlunu emzirirken, sütünü kilolarca sağmış ve küçük kaplara doldurarak dondurmuştu. Bu küçük kaplardaki anne sütü, okula giden diğer çocuklarının da beslenmelerinin vazgeçilmez parçasıydı.

Adı geçen küçük oğulu merak eden psikoloğumuz, onun hakkında sorular sorunca, çocuğun iki yıl önce başka bir hastanede nedeni belirlenemeyen bir rahatsızlıktan ötürü öldüğünü öğrendi.

Hastane görevlilerinin anneyi, ziyaret saatlerinde kızına bazı tabletleri gizli gizli içirirken görmesiyle durum netleşmeye başladı. Annenin çantasında, sporcuların kas yapmak için kullandıkları hormon tabletlerinden vardı. Anne çocuğuna aşırı derecede hormon hapı vererek ciddi rahatsızlıklara neden oluyordu.

Bir ebeveynin çocuğuna böyle davranmasının sebebi ne olabilir?

1993 yılında, 316 pediatri uzmanına şimdiye kadar böyle kaç vak'aya rastladıkları sorulduğunda, toplam sayı 273 çıkmıştır. 2003 yılında tıp literatürü tarandığında ise, rapor edilen benzer 453 vak'anın olduğu görülmüştür. Bunların yüzde 6'sı ölümle sonuçlanmıştı. Kurbanlar genelde 0-3 yaş arasındaki kız ve erkek çocuklardı. Böyle davranabilen ebeveynlerin yüzde 30'unda Munchausen Sendromu, yüzde 22'sinde başka ruhsal rahatsızlıklar ve kişilik bozuklukları, yüzde 22'sindeyse küçükken ebeveynden şiddete ve tacize maruz kalma hikâyesi vardı.

Çocuktaki rahatsızlık, aslında ebeveynin patolojisinin bir sonucu ya da yansıması olabilir. Elbette bu oldukça çarpıcı bir örnek. Ancak durumun vahametini oldukça net bir biçimde ortaya seren yaşanmış bir örnek.

ÇOCUĞA YÖNELİK ŞİDDETİN TÜRLERİ VE ÇOCUK ÜZERİNDEKİ ETKİLERİ

FİZİKSEL ŞİDDET

Kendini kontrol edebilme yeteneğine sahip olması gereken ebeveynin çocuğu, tokat atmak, çimdiklemek, tekmelemek, yumruklamak vb. şekillerde istismar etmesi çeşitli morluklara, kesiklere, beyin sarsıntısı ve hasarlarına, iç organların zarar görmesine, yanıklara vb. kötü durumlara sebebiyet verebilir. Pek sık rastlanmasa da, yukarıda bahsettiğimiz Munchausen Sendromu da bir çeşit fiziksel zarar vermedir.

Fiziksel şiddete maruz kalan çocukların yaklaşık yarısının 7 yaşından küçük olduğu görülür. 10-15 yaş arasındaki hemen her beş çocuktan biri morluk, kırık vb. yollarla fiziksel şiddetin en az bir çeşidine maruz kalıyor. Bu konuda, erkek çocuklarda daha çok 4-8 yaş arasında, kız çocuklardaysa 12-15 yaş arasında bir yoğunlaşma söz konusudur.

Fiziksel şiddet için en büyük risk grubu ise; zihinsel engelli, prematüre, spastik gibi özel bakıma ihtiyacı olan çocuklardır. Bunun yanı sıra, hiperaktif olan, davranış bozukluğu gösteren çocuklar da ciddi risk altındadır. Yani gerek gelişimsel, gerekse davranışsal açıdan ebeveyni zorlayan çocukların şiddet görmesi daha muhtemeldir.

FİZİKSEL ŞİDDETİN BİYOLOJİK ETKİLERİ

Bir şekilde fiziksel ve psikolojik şiddete maruz kalmış, ihmal vb. konularla ilgili travma yaşamış çocukların, beyinlerinin fotoğrafı (MR) çekilip incelenmiş ve aşağıda belirtilen sonuçlara ulaşılmıştır:

- Beyin hacminin küçülmesi.
- Beynin sağ ve sol yarımküreleri arasında, bağlantıyı sağlayan yerlerde küçülmenin görülmesi ve işlevselliğinin azalması.
- Hafıza, görsel hafıza ve yüz tanımayla ilgili olan kısımda küçülme ve işlevsellik azalması.
- İnsanın en önemli özelliklerinden olan 'düşünebilme' ve 'problem çözebilme' yeteneğinin kontrol edildiği kısımda, işlem hızının ve kalitesinin düşmesi.

Beyin yapısındaki tüm bu bozulmalar; bireyin duygu ve dürtü kontrolünü, makul ve mantıklı düşünebilme gücünü bir hayli olumsuz yönde etkiler. Travma ne kadar küçük yaşta yaşanırsa, beynin yapısındaki hasarların sonuçları da o kadar olumsuz olur.

Kendisine kötü davranılan ortamdan kurtarıldığı takdirde, çocuğun zihinsel fonksiyonlarında iyileşme ve normale dönebilme görülmektedir.

ZİHİNSEL GELİŞİME ETKİLERİ

Küçük yaşlarda, özellikle 0-6 yaş arası dönemde fiziksel şiddete maruz kalmış çocukların zihin ve dil gelişimlerinde gerilikler görülebilir. 6-12 yaş arası dönemde de bu durum devam ederse; yapılacak zekâ testlerinde, performansları oldukça düşük çıkabilir.

Böyle çocuklar okulda da sınıf seviyesini bir buçuk ya da iki yıl geriden takip ederler. Bu yüzden özel ilgiye ihtiyaç duyarlar. Bu tarz çocuklara çoğu zaman yanlışlıkla *'özel öğrenme güçlüğü'* teşhisi konabilir. Onun için, çocuğun yaşadığı, büyüdüğü ortam; herhangi bir teşhis konmadan önce mutlaka değerlendirilip göz önünde bulundurulmalıdır.

DUYGUSAL GELİŞİME ETKİLERİ

Kendine güvenin, dürüstlüğün, dış dünyaya duyulan güvenin ve kişilik gelişiminin temellerinin atılmasının beklendiği aile ortamında; dövülmek, sürekli itilip kakılmak gibi durumlara maruz kalmak çocuğu derinden sarsar.

Şiddete maruz kalan veya şahit olan çocukların çoğunun, anne-babasıyla 'güvensiz-kaçınan bağ' kurdukları görülür. Böyle çocuklar, herhangi bir şekilde stres altındayken anne-babasından ilgi beklemez, onları yok sayar; böylece ebeveyninden istese de göremeyeceği ilgi ve şefkati, sanki kendisi istemiyormuş gibi davranır.

Fiziksel şiddete maruz kalmış erkek çocuklarda; öfke nöbetleri, her işini şiddet kullanarak halletme eğilimi ve düzen bozucu davranışların görülme ihtimali oldukça yüksektir. Böyle durumlardaki kız çocuklarının ise, daha çok; depresif özellikler gösterdikleri ve özellikle okul hayatında 'kendine güven azalması' gibi iç dünyalarına dönük sorunlar yaşadıkları görülür.

Şiddetle yetişmiş çocukların bir kısmındaysa, aşırı bir kendine güven duygusu vardır. 'Her konuda, en iyi benim!' derler. Bu, hayatta derin yaralar almış çocukların yetersizlik ve güçsüzlük hissine karşı geliştirmiş oldukları bir çeşit savunma mekanizmasıdır. Bu abartılmış kendine güven hissi, çok çabuk ve kolayca söner. Bu da aslında, bir çeşit savunma mekanizması olmaktan ziyade, farkında olunmadan alınan ciddi bir risktir; çünkü, birey yapamayacağı işlere bile kolaylıkla atılır ve çoğu zaman da başarısız olduğundan sürekli hayal kırıklığına uğrar, sahip olduğu yetersizlik hissi iyice derinleşir.

Şiddete maruz kalmış çocukların zaman zaman duygu ve davranışlarını kontrol etmekte de zorlandıkları görülür. Okul öncesi dönemde şiddete maruz kalmış çocuklar, yaşıtlarıyla yaşadıkları problemleri, anne-babalarının yaptığı gibi şiddet kullanarak çözmeye çalışırlar. Özellikle fiziksel şiddete maruz kalmış çocukların; ihmal edilmiş ve psikolojik şiddet görmüş çocuklara göre daha saldırgan oldukları, çevrelerine karşı daha çok düşmanlık hissi besledikleri görülür.

ŞİDDET UYGULAYAN EBEVEYNLER KİMLERDİR?

Dürtü kontrolü zayıf olan ve hemen her şeye çabucak aşırı öfkelenen, katı kuralları olan anne-babalar için şiddet, çocuk yetiştirmenin vazgeçilmez bir öğesi olabilir. Fiziksel, ruhsal ve duygusal açıdan anne olmaya henüz hazır değilken ya da küçük yaşta anne olan kadınların tahammül eşikleri genellikle düşük olmaktadır. Mizaçları, diğer kadınlara göre daha kaygılı, öfkeli ve savunmacı yaklaşımlar içeren bu kadınlar, çocuklarına şiddet uygulamaya daha eğilimli olmaktadırlar.

Her iki ebeveynin de çocuk sahibi olmadan önce çocuk gelişimi, ailenin hangi sınıra kadar çocuk merkezli olması gerektiği ve genelgeçer sağlıklı ebeveyn tutumları hakkında bilgi edinmesi gerekir. Yoksa sürekli, ne zaman ne olacağını, ne yapması gerektiğini bilmeden çocuk yetiştirmeye çalışmak, zaten insanı yeteri kadar huzursuz eder. Bu da zaman zaman şiddet olarak dışarıya yansıyabilir.

Tüm bunlarla beraber, aslında çocuğunu döven ebeveyn çarpık düşüncelere sahip olduğu için de bu yola başvuruyor olabilir.

Çocuğu yetişkin bir birey gibi algılayıp, ondan sürekli yetişkin gibi davranmasını beklemek, çocuğu, aslında pek de anlaşılamayan bir sebeple, diğer ebeveyne veya akrabalardan birine benzeterek, sanki karşısında onlar varmışçasına davranmak gibi yanlışlar, çocuğa yönelik şiddeti tetikleyen unsurlardır.

Sonuçta;

- Fiziksel şiddetten çocuğun tüm zihinsel, duygusal ve sosyal gelişimi olumsuz etkilenir.
- Bu çocuklar anne-babalarına güvenemedikleri için genelde 'güvensiz-kaçınan bağ' kurarlar ki, bu da çocuk için ilerde ruhsal sorunlar yaşama açısından bir risk faktörü oluşturur.
- Fiziksel şiddet, bireyin özellikle duygularını kontrol etmesinde güçlük çekmesine neden olabilir. Bu da beraberinde

akranları ve ailesine karşı saldırgan tavırlar takınmasından içine kapanıp depresif bir halde bulunmasına kadar çeşitli olumsuzlukları beraberinde getirir.

- Sosyal olarak da çevreleriyle sağlıklı ilişkiler kuramazlar. Genelde ya bir iki tane arkadaşı vardır ya da hiç yoktur.
- ***Tüm bunlar fiziksel şiddet gören çocuk için risk oluştururken, bireyin özellikle çocukluk ve gençlik dönemlerinde yetişkin biriyle sağlıklı, tutarlı, güvenli, net bir iletişim ve etkileşim içinde olması, çok önemli bir koruyucu faktördür. Bu durum, sahip olunan riskin önemli bir bölümünü pasifize eder, hatta çocuğun kişiliğinin daha sağlıklı gelişmesine yardımcı olabilir.***

Bunun için, çeşitli sivil toplum kuruluşları tarafından, başta sokak çocukları olmak üzere; kimsesizlerle, risk altındaki çocuk ve gençlerle ilgilenilmeli, çeşitli 'Abla-Ağabey' grupları oluşturulmalıdır. Ülkemizde, üniversite hocalarının gözetiminde devam eden bu tarz çalışmaların verimliliği, gözden kaçırılmayacak kadar önemlidir. Gönüllü ağabey/ablalar, hocaların gözetiminde bir eğitimden geçen gönüllü üniversite öğrencileridir.

VAK'A:

Ozan, İstanbul'a göçmüş sekiz çocuklu bir ailenin beşinci çocuğuydu. Sokakta mendil, sakız, su satarak aile bütçesine katkıda bulunuyordu. Sekizinci kardeşleri yeni doğmuştu, aralarında bir tek o çalışmıyordu. Baba işsizdi: Akşamları, çocukların kazandıklarını topluyor; eve bir-iki erzak aldıktan sonra, kalanını kahvede gönlünce harcıyordu.

Ozan, bir sivil toplum kuruluşunun akademisyenler gözetiminde yürüttüğü bir programa dahil oldu. Gönüllü ablası onunla ilgilenmeye başladı. Haftada iki kez görüşüyor; sinemaya, tiyatroya, müzelere gidiyor; okumaktan, hayattan bahsediyorlardı.

Sonra ayda iki kez akademisyen hocalarla ağabey-ablalar görüşme yaparak çeşitli değerlendirmelerde bulunuyorlar ve hocalar tarafından gerekli yönlendirmeler yapılıyordu.

Kendisi üniversite öğrencisi olan Meral Abla, Ozan'ı zaman zaman okuluna davet ediyordu. Üniversite kampüsünde gezip dolaşarak sohbet ediyorlardı. Ozan 9. sınıftan terkti. Meral Abla, onun ailesiyle görüştü. Bir sivil toplum kuruluşu Ozan'a burs verdi ve delikanlı liseyi bitirdi. Üniversite sınavında başarılı oldu ve iyi bir bölüme yerleşti.

Bu ilişkide, özellikle üzerinde durulan bazı konular vardı: Ablanın verdiği sözü tutması, geçerli bir mazereti olduğunda mutlaka önceden arayıp haber vermesi, hem eğlenceli hem de eğitici faaliyetlerle vakit geçirmeleri ve ablanın her zaman tutarlı davranması gibi...

Sivil toplum kuruluşlarının büyük bir duyarlılıkla, toplumda herhangi bir ayrıma gitmeden her kesimden insanı kucaklayabilecek böylesine güzel faaliyetlerde bulunması ve bu faaliyetlerin profesyonel psikolog, sosyolog, sosyal hizmetler uzmanı, psikiyatrist gibi uzmanlardan oluşan bir heyet gözetiminde yürütülmesi, elbette toplumun refah seviyesini yükseltecek, bireylerin ruh sağlığına oldukça olumlu katkılarda bulunacaktır.

İHMAL

Dünya Sağlık Örgütü, 1999'da yayımladığı tebliğde, ihmali; çocuğun fiziksel veya ruhsal sağlığı için gerekli olan eğitim, beslenme, barınma ve güvenli bir ortamda yaşama hakkını sağlaması gereken anne-babanın, bunları sağlamaması olarak tanımlamıştır.

İhmal daha çok ev çatısı altında yapıldığından fark edilmesi bazı şartlar altında zor olabilmektedir. Mesela, kazara gerçekleşen pek çok çocuk ölümü hep ihmalden kaynaklanmaktadır. Nadiren de olsa haberlerde rastladığımız, güneş altına park edilmiş arabanın içinde kilitli kalan çocuğun sıcaktan ve havasızlıktan ölümü gibi...

ZİHİNSEL GELİŞİME ETKİLERİ

İhmale uğramış çocuklarda zihin ve dil gelişimi, farklı şekillerde kötü davranılmış diğer çocuklara göre çok daha ciddi derecede geriliklere sebebiyet verir. Çünkü ihmal, çocuk daha çok küçük yaşlardayken başlar. Gösterilen ilgi, sevgi ve şefkatin yetersiz oluşundan ya da hiç olmayışından dolayı, çocuk konuşmayı tam olarak öğrenemez, kendi ihtiyaçlarını giderme düzeyi bile yaşıtlarına göre hep geride kalır.

Okula başladıklarında akranlarını okuma, yazma ve matematikte yaklaşık birbuçuk ilâ iki yıl geriden takip eder. Dolayısıyla ihmal edilmiş bir gencin okulda başarısızlar arasında yer alması kaçınılmazdır. Yapılan araştırmalar, gençlik döneminde de devam etmekte olan ihmalin ise, çocuğun okula ve meslek edinmeye yönelmesi gereken ilgisini suça ve madde kullanımına yönelttiğini göstermiştir.

DUYGUSAL GELİŞİME ETKİLERİ

Ebeveynleriyle olan yetersiz duygu alışverişinden olsa gerek, ihmale uğramış çocuklar duyguları ayırt etmekte zorlanmaktadırlar. Mutlu bir yüzü üzgün bir yüzden ayırt etmekte bile zorlanan ihmale uğramış çocuklar vardır.

Anneyle 'güvensiz bağ' kurmaları, ihmalin kaçınılmaz sonucudur. Bu çocuklar için anne, güvenilmez ve ulaşılmaz bir varlıktır. Herhangi bir sağlık problemleri olmamasına rağmen, bebekliklerinden itibaren akranlarına kıyasla oldukça pasif ve tepkisizdirler. Yaşları ilerledikçe, bir kısmında huysuzlukla beraber içe kapanma, sürekli bir hüzün hali görülebilir.

SOSYAL GELİŞİME ETKİLERİ

İhmal edilmiş çocukların tepkisizlikleri okul yıllarına dek taşınır. Öğretmenleri ve arkadaşları tarafından; sorunlarla yüzleşmekten kaçınan, içe kapanık, rekabet duygusundan yoksun, ısrarcı olmayan biri olarak tanımlanırlar. Yapılan gözlemler; bu çocukların heyecansız ve tekdüze olduklarını, oyunlara bile katılmadıklarını, genelde yalnız ve olumsuz duygular içinde olduklarını, destek için öğretmene veya bir arkadaşa bağımlı olduklarını göstermiştir.

İHMALKÂR EBEVYENLER KİMLERDİR?

Bu tarz ebeveynlerin, çocuğuna şiddet uygulayan diğer ebeveynlere göre kendilerini daha çok baskı altında hissettiği söylenebilir. Hatta, çoğu zaman böyle anne-babaların bazı psikiyatrik sorunları vardır. İhmal eden anneler kendilerini başarısız, muhtaç, yalnız, eşiyle iyi geçinemeyen, arkadaşsız ve sosyal anlamda desteksiz bırakılmış biri olarak görürler.

İnsan hayatı çok dallı bir ağaca benzer. Bir dalın diğer dallarla kesişen pek çok dalı vardır. Hayatta isteyerek ya da istemeden yaşadığımız ve yaşattığımız tecrübelerin kendimiz üzerindeki etkilerini minimuma indirgeyebiliriz. Yaşananları, hayatımızı kolaylaştıracak işlevsel bir şekilde yeniden anlamlandırırsak yazgımız gibi görünen, olması beklenen sonuçları yaşamak yerine hayatımıza istediğimiz gibi yön verebiliriz. Hiçbir zaman hiçbir şey için geç değildir.

Bunlara ek olarak bazılarının içe kapanık, pasif ve günlük sorunlarla bile başa çıkamayan zayıf bir ruh dünyasına sahip olduğu görülür. Çoğunun mutsuz bir çocukluk dönemi geçirdiği bilinir. Genelde eşiyle ve arkadaşlarıyla olan ilişkilerinden memnun olmadığı ve ilişkilerini sağlıklı bir şekilde devam ettiremediği için, annelik yaparken kendi rolünün değerini küçümser. Bu sebeple, evladıyla ilgilenmesi gerektiğini pek düşünemez.

Her ne kadar, çocuğu yetiştirmede anne başrolde gibi gözükse de, babanın varlığı ve ilgisi de en az anneninki kadar önemlidir. Sevgi dolu, ilgili bir baba; özellikle ve öncelikle, erkekte başarı, kızda ise kişisel uyum üzerinde olumlu etkiler yapar.

PSİKOLOJİK ŞİDDET

Duygusal şiddet olarak da adlandırabileceğimiz psikolojik şiddet, çocuğa; değersiz ve yetersiz olduğu, sevilmediği veya başkalarının çıkarlarına hizmet ettiği müddetçe değerli olduğu mesajını veren söz ve davranışları içerir.

Reddetmek, acımasızca eleştirmek, düşmanca tavırlar sergilemek,

- Topluluk içinde küçük düşürmek, değersizleştirmek, dalga geçmek,
- Terör havası estirmek, çocuğun sevdiği ve değer verdiği şeylere zarar vermek veya vermekle tehdit etmek. Çocuğu tehlikeli durumlara maruz bırakmak,
- Çocuğu, evde sürekli yalnız bırakmak. Diğer insanlarla iletişim kurmasını engellemek,
- Toplum tarafından hoş karşılanmayan hal ve tavırlara bürünmesini veya çeşitli suçları işlemesini teşvik etmek. Ondan gelişim düzeyine uygun olmayan davranışlar beklemek,
- Çocuğa hizmetçiymiş gibi davranmak. Cinsel anlamda çocuğu istismar etmek, manen sömürmek,

- Duygusal anlamda çocuğu reddetmek. Ebeveynin sadece ihtiyacı olduğu zamanlarda çocukla muhatap olması...

Aslında daha önce bahsedilen dört çeşit kötü davranış: fiziksel şiddet, ihmal, cinsel istismar ve aile içi şiddete şahit etmek gibi başlıklar doğal olarak psikolojik şiddeti de içermektedir.

ZİHİNSEL GELİŞİME ETKİLERİ

Psikolojik şiddete maruz kalan çocukların zihinsel gelişimleri olumsuz yönde etkilenir. Yapılan bir araştırma 9 yaşına kadar ebeveynlerinden psikolojik şiddet görmüş çocukların, çoğunlukla 4-5 yaşlarındaki çocukların zihinsel faaliyetlerini ancak yapabilir halde olduklarını göstermiştir. Keza bu çocukların okuma, yazma ve matematik gibi temel derslerdeki performansları oldukça düşüktür.

DUYGUSAL GELİŞİME ETKİLERİ

Psikolojik şiddeti sözel şiddet ve psikolojik olarak ulaşılmaz olmak diye iki ana başlık altında toplayabiliriz. Eğer bir çocuk küçük yaşlardan itibaren annesine psikolojik anlamda ulaşamıyor, ondan sevgi ve şefkat göremiyorsa; ileride kendine zarar verici davranışları sergilemek dahil olmak üzere, çeşitli ruhsal sorunlar için ciddi bir risk altına girmiş demektir.

Çocuk 6 ila 12 yaş arasındayken bu durum hâlâ devam ediyorsa, ümitsizlik, depresyon, kendine güven duygusunda azalma ve kötümser bir bakış açısına sahip olma gibi durumlar meydana gelebilir.

Çocuk eğer sürekli olarak aşağılanıyor ve küçük düşürülüyorsa, o zaman da düzen bozucu davranışlar gösterir.

Birey, gençliğe adım attıkça mizacına da bağlı olarak davranış bozukluğu, suç işlemek, şiddet uygulamak gibi düzen bozucu davranışların yanı sıra; depresyon, öğrenilmiş çaresizlik, karamsarlık gibi iç dünyasına yönelik sorunlar da yaşayabilir.

Yaşanan psikolojik şiddete paralel olarak, çocuğun iç dünyasında duygusal anlamda bir düzensizlik, tutarsızlık oluşabilir. Sigara ve alkol tüketiminin yanı sıra, ileriki yaşlarda özellikle genç kızların psikolojik nedenli fiziksel rahatsızlıklar yüzünden hastaneye yattıkları da görülür.

SOSYAL GELİŞİME ETKİLERİ

Çevreleriyle iletişim kurmaktan kaçınırlar. Yakın arkadaşlıklar kuramazlar. Çevreye çeşitli şekillerde zarar verebilirler. Psikolojik şiddet düzenli olarak uygulanırsa, çocuğa vereceği hasar da oldukça derin olacaktır.

CİNSEL İSTİSMAR

Dünya Sağlık Örgütü, cinsel istismarı şöyle tanımlamıştır: Toplumun değer yargılarına ve kanunlara uymayan veya çocuğun ruhsal, biyolojik ve duygusal anlamda cevap veremeyeceği cinsel içerikli davranışlara maruz kalması.

Genelde mağdur eden kişi bir yetişkin veya çocuktan yaşça büyük olan diğer bir çocuktur. Çocuğa cinsel içerikli filmler seyrettirmek, bedenine dokunmak, çıplakken fotoğrafını çekmek veya teşhircilik yapmak da cinsel istismara girer. Çocuk cinsel istismara sadece bir kez maruz kalabileceği gibi, uzun süre boyunca düzenli olarak da maruz kalabilir.

İstismarcıların yaklaşık yüzde 98'i erkektir. Her iki cinsten de mağdur olanlar vardır. Erkek çocukları mağdur edenlerin bir kısmının delikanlılığa yeni adım atmış genç erkekler olduğu görülmektedir.

ZİHİNSEL GELİŞİME ETKİLERİ

Çocuk, kendisi ve dış dünya hakkında belirli kavramları zihninde oturtmaya çalışırken, hep maruz kaldığı istismarın etkisiyle karşı karşıya gelecektir. İstismara uğradığında herhangi bir uzman yardımı almamışsa, yaşının ilerlemesiyle birlikte "İstismar sevgiden doğar ve gayet normaldir, hayatta acı verici durumlar yaşamak doğaldır, sırları ifşa etmek beni kötü bir insan yapar" vb. gibi çarpık düşüncelere sahip olabilir. Sonuçta; yetersizlik ve kendini suçlama hisleri, çocuğun benliğini sarabilir.

Bu çocuklar, öğretmenleri tarafından, dikkatleri çabuk dağılan ve ders notları düşük öğrenciler olarak nitelendirilirler.

DUYGUSAL GELİŞİME ETKİLERİ

Korku, kaygı, ümitsizlik, aşırı utangaçlık, içe kapanma gibi sorunlar yaşanabilir. Okul öncesi dönemde en sık karşılaşılan belirti, kaygı ve içe kapanmadır. Okula başlanan dönemlerdeyse, bebeksi tavırlar; alt ıslatma, kucağa alınma isteği, korku, tek başına uyuyamama gibi gelişimsel anlamda geriye dönüşler yaşanabilir. 11 yaş civarında olup da cinsel istismara uğrayan çoğu çocuk, depresyon tanısı konabilir duruma gelmiştir.

Gençliğe adım atmakla birlikte, intihar fikirleri veya kendine zarar verici davranışlar gün yüzüne çıkabilir. Ayrıca tüm bu belirtilere yeme bozukluğu, madde kullanımı, evden kaçmak da eklenebilir.

Cinsel istismarın akut belirtileri, daha çok yaşanan stresle birlikte ortaya çıkar: Baş ağrısı, karın ağrısı, iştah kaybı, dışkı kaçırma, alt ıslatma, kusma, dokununca irkilme vs. Böyle çocukların yaklaşık üçte biri '*travma sonrası stres bozukluğu*'na yakalanmaktadır. Bazılarında kişilik bölünmesi de görülebilir.

SOSYAL GELİŞİME ETKİLERİ

Cinsel istismara uğrayanlarda görülebilen bazı davranışlar şunlardır: Sık aralıklarla mastürbasyon yapmak, saplantılı cinsel davranışlar göstermek, diğer çocukları benzer şekilde istismar etmek vb.

Okul öncesi dönemde, toplum içinde uygunsuz davranışların sergilenmesine rastlanabilirken, bu durum 7-12 yaş aralığında görülmez. Söz konusu davranışlar, gençliğe atılan ilk adımlarla beraber yeniden göz önünde yaşanmaya başlanabilir.

Böyle bir tecrübe yaşamış çocuk için; diğer insanlar güvenilmez, kendisi ise suçlu ve kötüdür. Yetişkinlerin çocuklara normalde böyle davranabildiklerini düşünebilir. Çevresiyle iletişim kalitesi bu inanışa paralel olarak şekillenir.

Bu tarz istismara uğramış çocukların yaklaşık üçte biri, aslında uzun vadede de yukarıda sayılan belirtileri göstermeyebilirler. Burada önemli olan çocuğun karakterinin güçlü olması, çevresinden veya uzmanlardan gerekli ve yeterli desteği almasıdır. İstismarın bir kez mi yoksa uzun sürelerle düzenli olarak mı yaşandığı da çok önemlidir.

Cinsel istismara uğramış bir çocuk için, en önemli koruyucu faktör; kendisine sevgi ve şefkatle yaklaşacak, anlayışlı bir ebeveyn desteğidir.

EV İÇİ ŞİDDETE ŞAHİT OLMAK

Çocuğun, aile içi şiddetten olumsuz etkilenmesi için, illa ki şiddetin doğrudan kendisine uygulanması gerekmez. Genellikle, babanın anneye uyguladığı şiddete tanık olmak da yeteri kadar travmatik bir tecrübedir. Çocuğun bu sözel veya fiziksel şiddeti görmesi gerekmez; çığlık, bağırtı ve ağlamaları duyması da yeterlidir.

Erkeklerin eşlerine fiziksel şiddet uygulama oranları Dünya Sağlık Örgütü'nün 1948-1998 yılları arasında bazı ülkeler genelinde yaptığı araştırmaların sonucu şöyledir: Hollanda'da yüzde 20, Amerika'da yüzde 22, Kanada'da yüzde 29, İngiltere'de yüzde 30, Mısır'da ise yüzde 34.

Küçük yaştaki çocuklar; babalarının annelerine uyguladığı şiddete, vakitlerini genellikle anneleriyle geçirdikleri için daha çok tanık olurlar. Aynı zamanda bu çocuklar, bu olaylardan en olumsuz etkilenen gruptur. Çünkü hayatta en çok değer verdiği ve güvenmek istediği bir varlığın diğerine vurmasının, itip kakmasının, onun o küçük, masum dünyasında anlamlı bir karşılığı yoktur.

ZİHİNSEL GELİŞİME ETKİLERİ

Evlerinde şiddete tanık olan çocuklarda, zihinsel gerilikten ziyade düşük okul başarısı görülür.

Anne-baba arasında sürekli tartışmalar ve fiziksel şiddet olayları vuku buluyorsa, çocukta kendini suçlama hissi gelişebilir. Hatta çocuk bu tartışmaları durdurabileceği gibi, gerçekliği olmayan inançlara da kapılabilir. Baba anneye vururken, çocuk olayı kontrol etmek istediği için araya girebilir; ama gücü yetmediğinden babayı durduramaz. Bu da onun kendisini yetersiz ve güçsüz hissetmesine sebebiyet verebilir.

DUYGUSAL GELİŞİME ETKİLERİ

Çocuk ebeveynleriyle 'güvensiz bağ' oluşturur. Düzen bozucu davranışlarda bulunurken, aynı zamanda yalnızlık, kaygı, ümitsizlik gibi duygular da yaşayabilir. Gençlerde bu tecrübelere; suç işlemeye ve kendine zarar verici davranışlara eğilim de eklenebilir.

200'den fazla çocuğun doğumlarından 20 yaşlarına kadar gözlemlendiği bir araştırmada, ev içi şiddete okul öncesi dönemlerden itibaren düzenli olarak tanık olan erkek çocuklarda, şiddet ve düzen bozucu davranışlara; kız çocuklardaysa, kaygı ve depresyona rastlandığı net bir şekilde ortaya çıkmıştır.

Suç işlemiş erkeklerin hayatları incelendiğinde, çoğunun aile içi şiddete tanık olduğu veya maruz kaldığı görülmüştür.

Evde şiddete şahit olmuş çocukların; diken üstünde oturuyormuşçasına huzursuz olmaları, her ani sesten çok çabuk irkilmeleri, kâbuslar görmeleri ve ileriki yaşlarda 'travma sonrası stres bozukluğu' rahatsızlığına yakalanmaları mümkündür. Ayrıca, kendisini, çevreden gelecek tehlike ve tehditlere karşı koruyacağını umduğu ailesinde şiddete şahitlik etmek, çocuğun duygusal dünyasını altüst edecektir.

SOSYAL GELİŞİME ETKİLERİ

Şiddetin her türlüsü çocuğun çevresiyle ilişkisini olumsuz yönde etkileyecektir. Okul öncesi dönemde şiddete tanık olanlar yaşıtlarına şiddetle yaklaşırken, okul çağı çocuğunun belirgin özelliği çevresine güvenememesidir. Bu çocukların bir kısmında, "Kadının sırtından sopayı, karnından sıpayı eksik etmeyeceksin!" bakış açısı; daha şefkatli ve sağlıklı bir mizacı olanlardaysa, "Kadın ve erkek birbirini tamamlayan, farklılıklarının hayatlarına zenginlik kattığı iki bireydir" mantığı yerleşmiştir.

KORUYUCU FAKTÖRLER

Çocuğun, ebeveynlerinin birbirlerine uyguladıkları şiddete tanık oluşu esnasında, baba ve annesinden kendisine yönelen bir şiddete maruz kalmıyor olması önemli bir etmendir. En önemlisi ise çocuğun annesiyle sevgi, şefkat, dürüstlük ve fedakârlık üzerine kurulmuş bir bağının olmasıdır. Böyle bir bağa sahip olan çocuklar, evde şiddete tanık olsalar bile, yukarıda sayılan belirtileri göstermeyebilirler.

EVDE ŞİDDETE SEBEP OLABİLECEK RİSK FAKTÖRLERİ

(1) Şiddeti uygulayanın kişisel özellikleri: şiddete eğilimli olması, ebeveyniyle 'güvensiz bağ' kurmuş olması,

(2) Ailenin içinde bulunduğu durum: maddi sıkıntı, bir ferdin ani ölümü, işsizlik gibi akut stres faktörlerinin varlığı,

(3) Evlilikte şiddet kullanımını teşvik eden kültürel özellikler,

(4) Medyada şiddet kullanımının teşvik edilmesi.

<table>
<tr><th></th><th>FİZİKSEL TACİZ</th><th>İHMAL</th><th>PSİKOLOJİK TACİZ</th><th>CİNSEL TACİZ</th><th>EV İÇİ ŞİDDETE ŞAHİT OLMASI</th></tr>
<tr><th colspan="6">OKUL ÇAĞI ÇOCUĞU (6-12 YAŞ)</th></tr>
<tr><td>BİLİŞSEL-ZİHİNSEL GELİŞİM</td><td>Muhakeme yapabilme ve konuşma yeteneğinde gerilik veya bozukluklar olur. Öğrenmede, okul başarısında düşüşler görülebilir.</td><td colspan="2">Muhakeme yapabilme yeteneğinde çok ciddi gerilikler görülür. Zekâ seviyesinin düşük olma ihtimali oldukça yüksektir. Öğrenme güçlüğü çekmesi muhtemeldir. Dolayısıyla okul başarısının düşük olması doğaldır.</td><td>Okula gitmek istemez. Gitse de kurallara uymak istemez. Öğrenmede sorunlar yaşar.</td><td>Okul başarısı düşük olabilir.</td></tr>
<tr><td>DUYGUSAL GELİŞİM</td><td>Duyguları tanımlamada, ayırt edebilmede zorluk yaşayabilir. Erkek çocuklarda düzen bozucu davranışlar; kız çocuklardaysa içe kapanma, aşırı kaygı gibi durumlar görülebilir.</td><td>Çevresiyle iletişim kurduğunda bağımlı bir tavır sergileyebilir. Arkadaşını tamamıyla sahiplenir. Kendine güveni çok azdır.</td><td>Hayattan zevk alamama, hiçbir şey yapmak istememe gibi depresif özellikler gösterebilir. Zıt gibi gözükse de istekleri olmayınca aşırı öfkelenebilir.</td><td>Travma sonrası stres ciddi boyutlarda yaşanabilir. Kendine güveni oldukça azdır. Depresif özellikleri fazla ve oldukça belirgindir. Yaşlarından daha küçükmüşçesine davranışlar sergileyebilir, büyümek istemez.</td><td>Çocuk, mizacına göre depresif özellikler veya düzen bozucu davranışlar sergileyebilir. Aile içi şiddet de bir çeşit travma olduğu için travma sonrası stres gösterebilir.</td></tr>
<tr><td>SOSYAL GELİŞİM</td><td>Çevresine şiddet uygulayıp, her işini şiddetle çözmeye kalkışabilir. Arkadaşları tarafından sevilmez, dışlanır.</td><td>Toplumdan kendini soyutlar. Pasiftir. Bağımlı olduğu kişi tüm hayatını kaplar.</td><td>İçe kapanıktır. Şiddete eğilimlidir. Sosyal ilişkileri iyi değildir.</td><td>Uygunsuz cinsel davranışları toplum içerisinde sergileyebilir. Maruz kaldığı durumu çevresindekilere yaşatmak isteyebilir.</td><td>Sorunlarını şiddetle çözmeye çalışabilir.</td></tr>
</table>

	FİZİKSEL TACİZ	İHMAL	PSİKOLOJİK TACİZ	CİNSEL TACİZ	EV İÇİ ŞİDDETE ŞAHİT OLMASI
BEBEKLİK VE ERKEN ÇOCUKLUK DÖNEMİ (0-6 YAŞ)					
BİLİŞSEL-ZİHİNSEL GELİŞİM	Zihinsel gelişiminde gerilik görülebilir.	Çok ciddi zihinsel bozukluklar ve konuşma bozuklukları görülebilir.	Zihinsel gelişimde gerilik görülebilir.		
DUYGUSAL GELİŞİM	Anne-babayla güvensiz-kaçınan bağ kurar. Duygularını tanımlamada zorluk yaşar.	Ebeveyne bağlanmakla bağlanmamak arasında karar veremez. Ne yapacağını bilmez.	Sık sık öfke ve huysuzluk nöbetleri geçirir. Ciddi ruhsal sorunların temelleri atılmış olur.	Sürekli kaygılıdır. Düzenli şekilde tacize maruz kalıyorsa gitgide daha çok içine kapanır.	Kaygı seviyesi oldukça üst düzeydedir. En güvendiği iki varlık arasında yaşananları anlamlandıramaz. Onlardan ayrılma korkusu yaşar.
SOSYAL GELİŞİM	Çevreyle ilişki kurmada korkaktır. Zaman zaman insanların kendisine zarar vereceğini düşünerek öfkelenir.	Çevresinde olup biteni anlamaya çalışmaktan kaçınır, ama yine de onunla ilgilenen ilk kişiye bağlanır.	İçine kapanır. İletişim kurmak istemez. Çevresine karşı öfkelidir.	Maruz kaldığı veya şahit olduğu uygunsuz davranışları toplum içinde sergileyebilir.	İçi çevresine karşı öfkeyle doludur.

	FİZİKSEL TACİZ	İHMAL	PSİKOLOJİK TACİZ	CİNSEL TACİZ	EV İÇİ ŞİDDDETE ŞAHİT OLMASI
GENÇLİĞE İLK ADIM VE GENÇLİK DÖNEMİ (12-20 YAŞ)					
BİLİŞSEL-ZİHİNSEL GELİŞİM	Okul başarısı düşük olabilir. Çoğu okulu bırakır. Okula devam etseler bile, okuldan kaçma olayları sık sık yaşanır.				
DUYGUSAL GELİŞİM	Kendine güveni azdır. Düzen bozucu, şiddet içeren davranışları vardır. Bunun yanı sıra hiçbir şey yapmak istememe gibi depresif özellikler de gösterebilir.	Mizacına göre depresif, düzen bozucu veya kaygı düzeyi yüksek tavırlar takınabilir. Müteşebbis değildir.	Ufak tefek suçlar işleyebilir. Duygusal ve davranışsal açıdan kontrol mekanizması oldukça az çalışır. Çeşitli ruhsal rahatsızlıklara yakalanma riski yüksektir.	Özellikle depresyon, sigara, alkol, uyuşturucu kullanımı ve evden kaçma ihtimali oldukça yüksektir.	Depresif özellikler gösterebilir. İntihara meyilli olabilir. Kantinden bir şeyler çalma gibi ufak tefek suçlar işleyebilir.
SOSYAL GELİŞİM	Ciddi oranda şiddet gösterir. Her işini şiddetle çözmeye çalışır.	Sosyal yetenekleri hiç gelişmemiştir.	Kötümserdir. Hayatta hep kötü şeylerin olacağını düşünür.	Maruz kaldığı durumu, sözlü veya fiilî olarak çevresindekilere uygulamaya çalışabilir.	Özellikle karşı cinsle olan ilişkilerinde sık sık şiddete başvurur.

ERKEN MÜDAHELE NASIL OLUR ve KORUYUCU FAKTÖRLER NELERDİR?

Fiziksel şiddete uğrayan çocukların, ebeveynleriyle kurdukları bağ ve duygularını kontrol edebilme yetenekleri hakkında destek almaları gereklidir.

Ebeveynleriyle kurdukları 'güvensiz bağ', çocukların çevreleriyle olan ilişkilerini de ister istemez etkileyecektir. Çocuğun mümkünse bir uzmandan destek alması iyi olur. Bu mümkün değilse pedagojik bilgisi olan bir yetişkinle uzun süreli, güven, dürüstlük ve sevgi üzerine inşa edilmiş bir iletişim kurması, maruz kaldığı olumsuzlukları en az zararla atlatabilmesini sağlayacaktır.

Duygularını kontrol etme noktasında desteğe ihtiyacı olan çocukla yapılan görüşmelerde, maruz kaldığı şiddeti istediği zaman anlatmasına imkân tanınmalıdır. ***Çocuk, fiziksel şiddete maruz kalırken olayı kontrol edememiştir; en azından bu konu hakkında ne zaman, ne kadar konuşacağı üzerinde yetki sahibi olabilmesine izin verilmelidir.*** Ayrıca çocuğa, rahatlayabilmesi için çeşitli gevşeme egzersizleri, yüzme vb. çalışmaları yapabileceği ortamlar sağlanmalıdır.

Koruma programları fiziksel ve psikolojik şiddeti önlemede en etkin yoldur. Eşlerin ve mümkünse yakınlarının çocuk sahibi olmadan önce çocuk gelişimi, yetiştirilmesi gibi konularda bilgilendirilmesi gerekmektedir. Bu programlar devlet desteğiyle yapılabileceği gibi, sivil toplum kuruluşları ve ülkemizde daha aktif olan sosyal hizmetler kurumu desteğiyle de yapılabilir. Özellikle ebeveynlerin, çocuğa nasıl davranılırsa ne gibi sonuçların ortaya çıkacağı konularında, önceden aydınlatılmaları oldukça faydalı olacaktır.

Kurs gibi belirli bir müddet devam eden bu programın yanı sıra, aile bebek beklerken, öncelikle küçük yaşta anne olup çocuğunu tek başına yetiştirecek ebeveynlere öncelik tanınmalıdır. Belirli bir süre için 'EVDE TAKİP' de yapılabilir.

Görevli hemşirelerin evlere gelerek, anne-babaya çocuk bakımıyla ilgili bilgiler vermesi; yukarıda bahsedilen kurs programları gibi yöntemler yurtdışında da uygulanmakta ve oldukça olumlu sonuçlar alınmaktadır.

Cinsel istismara uğrayan çocuğun mutlaka bir uzmandan destek alması gerekmektedir. Bu görüşmeler çeşitli tekniklerin kullanıldığı şu basamakları içerecektir:

- Çocuk tecrübe ettiği olay hakkında konuşması, fikir ve hislerini ifade etmesi için desteklenecektir.

- Kendisini suçlamak gibi hatalı düşünce ve inanışlar düzeltilmeye çalışılacaktır.

- Kendini olası istismarlardan koruma yöntemleri öğretilecektir.

- Kendisini toplumdan soyutlaması ve olumsuz anlamda etiketlemesi engellenmeye çalışılacaktır.

Yapılan araştırmalar, yukarıda bahsedilen içerikte destek alan çocukların istismarın olumsuz etkilerini derinleşmeden atlattıklarını ve hayatlarına devam edebildiklerini göstermiştir.

Ayrıca, özellikle küçük çocuklara; yabancı ya da tanıdık herhangi birine bedeninin belirli bölgelerine dokunmasına izin vermemesi gerektiği öğretilebilir; '*İyi Dokunma, Kötü Dokunma*' gibi. Çocuğa, biri ona yapmak istemediği bir şeyi yaptırmak istediğinde 'Hayır' demesi gerektiği, isterse oradan kaçıp uzaklaşabileceği ya da yakındaki bir başka yetişkinden yardım isteyebileceği iyice anlatılmalıdır. Bunların özellikle pasif, yalnız ve sorunlu çocuklara anlatılmasında fayda vardır.

Ev içinde şiddete tanık olan çocuklar, okullar veya sivil toplum kuruluşlarınca oluşturulacak 'grup çalışmaları'na katılabilirler. Buraya annelerin de katılması desteklenirse, böylece kendi kontrolleri dışında gelişen durumlara maruz kalmış iki bireye destek verilmiş olur.

Çocuk yaşadıklarını paylaşır; rehberler de ona, bununla kendi iç dünyasında nasıl başa çıkabileceğini anlatabilirler. Anne de, bu tarz durumların çocuğun zihinsel, duygusal ve kişisel gelişimine etkileri anlatılarak bilgilendirilir. En önemli koruyucu faktör olan çocuğun anneyle yakın ve sevgi dolu bir iletişim kurması, anneye de gerekli destek verilerek sağlanabilir. 200'den fazla ailenin katıldığı bu tarzdaki 10 haftalık bir çalışmanın öncesi ve sonrasındaki gözlemler, bunun oldukça faydalı olduğunu göstermiştir.

Mümkünse babanın da çalışmaya katılması teşvik edilmelidir. Sadece erkeklerden oluşan ve erkek bir rehberin eşliğinde yapılacak toplantılarda şu konular gündeme taşınabilir:

– Çocuk gelişimi.

– Yaptığından utanma.

– Çocuğun yerine kendini koyma.

– Üvey olma konusu.

– Şiddet uygulamanın sonuçları.

– Kültürel etmenler.

– Kendini kontrol etme yöntemleri.

Onbirinci Bölüm

ÇOCUKLUK VE ERGENLİKTE GÖRÜLEBİLECEK BAZI PSİKOLOJİK SORUNLAR

DİKKAT EKSİKLİĞİ VE HİPERAKTİVİTE BOZUKLUĞU (DEHB)

VAK'A-1:

Ömer, bebekliğinden beri çok hareketliydi. Annesi-babası, diğer çocuklarda olduğu gibi üç yaş civarından sonra bu hareketliliğin giderek azalacağını beklerken, Ömer'in hareketliliği devam etmekteydi.

Anaokuluna başladığında arkadaşlarıyla bir şeyler paylaşmak yerine oyunlarını bozuyor, ilkokula başlama yaşı yaklaştığı halde hâlâ 'bir an bile yerinde duramıyor'du. Çok konuşuyor, karşıdakinin sözünü bitirmesini bile beklemeden cevap veriyordu. Oyunlarda, yemekhanede sırasını beklerken sorun çıkarıyordu. Derste izin almadan konuşuyor, sırasında oturamıyordu. Hep ayağa kalkmak için bir bahanesi vardı: Kalemini açıyor, tuvalete gidiyor ya da sınıfın diğer ucundaki arkadaşına bir şey söylemek için kalkıyordu.

Onları doktora getiren olay ise 8 yaşlarındayken, ilkokul 2. sınıf öğretmeninin Ömer ile yaşadığı heyecanlı tecrübe idi. Semiha Öğretmen, sınıfındaki öğrencileri okulun konferans salonuna indirmişti. Çocukların seyretmekten keyif aldıkları bir çizgi filmi izleyip çizgi filmde işlenen arkadaşlık ve paylaşma temaları hakkında konuşacaklardı.

Çocukların hepsi salona girdi. Işıklar kapanınca Semiha Öğretmen öğrencileri tekrar saydı, Ömer yoktu. Öğretmenin arkasını dönmesiyle Ömer'in kaybolması bir olmuştu. Salondan çıkmasına imkân yoktu, çünkü öğretmen kapının hemen yanındaydı. Ömer'i koltukların en arka sırasından ön sıralara doğru yerde komando gibi sürünürken buldu. Ömer, başını koltukların altındaki demirlere çarpabilirdi. Öğretmeni oradan çıkması için çağırdı. Ama Ömer kendinden geçmiş bir halde, freni patlamış bir araba gibi yerde sürünüyordu. En sonunda Semiha Öğretmen, çocuğu formasından yakalayıp kucakladı da Ömer ancak duruldu.

Bundan birkaç gün sonra sınıfta arkadaşıyla tartışan Ömer, birden çocuğun gözüne yumruk attı. Çocuğun kaşı patladı. Öğretmen, okulun rehber öğretmeni ve Ömer'in ailesi, yaşananları birlikte değerlendirdiler ve ailenin uzman desteği almasına karar verdiler.

Doktor, Ömer'de Dikkat Eksikliği Hiperaktivite Bozukluğu (DEHB) olduğunu belirtti. Gerekli ilacı verdi. Ayrıca anne-babasını, Ömer'i nasıl disiplin altına alacaklarını öğretmek üzere bir programa dahil etti. Öğretmene çeşitli önerilerde bulundu. Aile büyükleri "Erkek çocuktur, yapar" dese de, aile destek almaktan vazgeçmedi. Ömer, şimdi tam 13 yaşında. Okuldaki davranışları ve dersleri iyi. Okulun futbol takımında ve her hafta yüzmeye gidiyor. Arkadaşlarıyla arası da iyi. Ara sıra kavga ediyor, ama psikoloğu öfkesini kontrol etmede ve hayal kırıklıkları ile başa çıkmada ona yardımcı oluyor.

...

VAK'A-2:

Nurşen, ilkokulda sakin uslu bir öğrenciydi. Zekiydi, ama okuma yazmayı pek sevmezdi. Defter tutma alışkanlığı yoktu. Kalem, silgi, süveter ve eşofmanlarını sık sık kaybeder, senede birçok kez yenilerini alma ihtiyacı doğardı. Çoğu zaman sınıfta hayallere dalar, bazen öğretmenin sorduğu soruyu duymadığı için, bilmediğinden değil, cevap vermezdi. Düzenli çalışamasa da ilkokulda dersler çok zor olmadığı için zayıfı yoktu. Tâ ki evde ciddi ve düzenli bir şekilde çalışması gereken ilköğretim ikinci kademeye gelene kadar.

Nurşen sınavlardan zayıf alıyor, zayıf aldıkça ailesi onu cezalandırıyordu. Öğretmeni Nurşen'le konuşunca durum netleşti: Nurşen, sınavlardaki bazı soruların cevaplarını bilmiyordu, tamam; ama kâğıda dikkatini veremediği için bildiği soruları da cevaplayamıyordu. Sanki sahnedeki spot ışıkları birden yanıyor ve Nurşen nereye bakacağını, ne düşüneceğini bilemiyordu. Sınıf düzenini bozmadığı, kendi halinde bir çocuk olduğu için, öğretmenleri bir sorunu olabileceğini düşünememişlerdi.

Ama bu öğretmeni, Nurşen'in zeki olmasına karşın başarısının neden düşük olduğunun anlaşılması için aileyi bir psikoloğa yönlendirdi. Gerekli psikometrik testler yapıldı ve Nurşen'de Dikkat Eksikliği Bozukluğu olduğu ortaya çıktı. Aile ve öğretmenler durum hakkında bilgilendirildiler. Psikoloğu Nurşen'e ders çalışırken de, iş yaparken de, 'Böl, Parçala, Yok Et' taktiği ile hedefine parça parça adımlarla ilerlemesi gerektiğini ve bunu nasıl yapacağını öğretti. Gerektiğinde, doktordan ilaç desteği de aldılar. Ama daha çok Nurşen'in bu becerisinin artırılması yönde destek verildi.

Nurşen, şimdi 20 yaşında. Dikkati hâlâ dağınık. Üniversite giriş sınavına hazırlanırken çok zorlandı, ama okumayı çok istiyordu. Ailesi dikkati dağılmasın diye sınav senesi televizyonu çok az seyretti. Nurşen ders çalışırken mümkün olduğunca sessiz bir ortam sağlamaya çalıştılar; kızlarına güvendiklerini ve onu sevdiklerini yeri geldikçe dile getirerek ona moral verdiler. Ailesi ve öğretmenlerinin desteği ile Nurşen'in azmi birleşince genç kız gayet iyi bir üniversitenin mühendislik bölümüne girdi. Şimdi ikinci sınıfta ve hâlâ derslerini 'Böl, Parçala, Yok Et' taktiğine göre çalışıyor.

Yıllardır birçok farklı etnik ve kültürel grupla yapılan araştırmalar bize, evrensel bir biyolojik rahatsızlık olan Dikkat Eksikliği-Hiperaktivite Bozukluğu(DEHB)'ndaki davranış problemlerinin, biri Dikkatsizlik, diğeri de Hiperaktivite-Dürtüsellik olmak üzere iki boyutta incelenmesi gerektiğini göstermiştir. Bu rahatsızlık erkek çocuklarda kızlara oranla altı ilâ dokuz kat fazla görülmektedir.

Bu çocukların zekâsı normaldir, ama dikkat seviyeleri yetersiz olduğundan okulda öğrenme ile ilgili sorunlar yaşarlar. Aslında DEHB, hayatın dört alanını etkiler: *Hareketlilik*, yaşamın özellikle ilk on yılı ciddi problem oluştururken; *dikkat*, yaşamın ilk yıllarında o kadar da önemli değildir, okulun başlamasıyla *öğrenme* işin içine girdiğinde sorun oluşturur; *sosyal ve duygusal alan*lar ise yetişkinlik dönemlerinde daha etkilidir.

DEHB olan çocukların belirtileri çeşitlidir ve her çocukta belirtilerin hepsi görülmez.

(1) Dikkat Eksikliği

(i) Tek başına Dikkat Eksikliği Bozukluğu (DEB)

(ii) Dikkat Eksikliği Hiperaktivite Bozukluğu (DEHB)

(2) Hiperaktivite

(3) Dürtülerine Hâkim Olamama (Impulsivite)

Dikkat Eksikliği

Dikkat eksikliği olan çocuklar aynı anda pek çok uyarana dikkat ettikleri için bir işle uğraşırken, başka bir uyarıcı dikkatlerinin hemen dağılmasına sebep olur. Bu uyarıcı herhangi bir ses, koku veya akla gelen herhangi bir fikir olabilir. Okumak, oyun oynamak, birisini dinlemek, ders çalışmak gibi zihnin çalışması gereken faaliyetlerde güçlük çekerken; televizyon seyretmek, bilgisayarla oynamak gibi zihin faaliyetinin en az düzeyde olduğu işlerde güçlük çekmeden saatlerce de olsa bulunabilirler. Dikkat Eksikliğini ikiye ayırıyoruz: Tek Başına Dikkat Eksikliği Bozukluğu (DEB) ve Dikkat Eksikliği Hiperaktivite Bozukluğu (DEHB).

Hiperaktivite

Aşırı hareketli anlamına gelen bu kelime, her hareketli çocuk için kullanılmaz. Özellikle günümüz toplumunun dört duvar arasında, ayağı toprağa, suya değmeden televizyon ve bilgisayar karşısında büyüyen çocuğun hareket alanı bulamamasından kaynaklanan hareketliliği için kullanılmaz. Onun çaresi ve nedeni bellidir. Bu çocuklar uyumludurlar ve amaçlı hareket edebilirler. Ama tıbbi bir terim olan hiperaktivitenin kaynağı biyolojiktir ve bu çocukların hareketleri keyfi ve amaçsızdır. Başıboş hareket ederler. Ortam ne kadar sınırlayıcıysa ve dikkat toplanması gerekiyorsa, hareketlilik o kadar artar. Örneğin, sınıfa zil çaldığında girmeli, sınıftan zil çaldığında çıkmalı, dersin malzemeleri yanında olmalı, ödevini yapmış olmalı, konuşmadan önce söz almalı vs. Hiperaktif çocuğun hareketliliği bu gibi ortamlarda artar, ama zaten sınıf dışında da aşırı hareketlidir. Aşırı kaygılı olan çocukların, özellikle kaygı düzeylerini artırıcı stresli ortamlara girdiklerinde hareketlilikleri artar; hiperaktif çocukların ise aşırı stresli ortamlarda hareketlilikleri azalır, normal ortamlarda artar.

Dürtülerine Hakim Olamama (Impulsivite)

Impulsif çocuk, düşünmeden harekete geçer. Davranışlarını sınırlayamaz ve kontrol mekanizmalarını tam verimle kullanamaz. Sınıfta öğretmen yönerge verirken sonuna kadar bekleyemez, soru bitmeden cevap verir. Sonuna kadar dinlemediği için de çoğu kez yanlış cevap verir. Dinlese de düşünmeden cevap şıkkını seçtiği için, yine yanlış olma ihtimali yüksektir. Düşünmeden hareket etme eğilimi, arkadaşlarıyla olan ilişkisi başta olmak üzere, çevresiyle iletişimini de olumsuz etkiler. Ortama uyum sağlayamadan oradan oraya koşuşturur; konuşurken konudan konuya atlar, bir türlü söyleyeceğini söyleyemez. Burada sözü edilen biyolojik kökenli bir sorundur; yoksa yoğun duygusal dönemlerde yaşanan impulsivite ile aynı değildir. Hayatın her alanını kapsar.

Ergenlik öncesi dönemde teşhis konulan DEHB'nin ilaç ve destek programıyla yürütülmesi lazımdır. Çocuk, biyolojik olan 'düşünmeden hareket etme' özelliğini ilaç ile kontrol edilebilir düzeye çekecek ve bu düzeydeyken onunla nasıl başa çıkabileceğinin, sorunları nasıl çözebileceğinin eğitimini alacaktır. Böylece sonunun ne olacağını düşünerek hareket edebilecek ve vicdani gelişimi sekteye uğramayacaktır. Ama 'büyüyünce geçer' düşüncesi ile yaklaşılırsa, çocuk diğer insanlar ile empati kuramadan hareket eder; sonunu düşünemediğinden, sonuçları görse bile vicdanı tam gelişemez.

Sadece ilaçla çocuğun daha uzun süre bir yerde oturmasını, ödevlerini daha doğru yapmasını, dikkat süresinin uzamasını, kurallara daha çok uymasını, harekete geçmeden önce düşünmesini, söz dinlemesinde artış, saldırganlığında azalma olmasını sağlayabiliriz. Ama sadece ilaç kullanarak davranışı kökten değiştiremeyiz, ona nasıl düşünmesi gerektiğini öğretemeyiz, sosyal beceri kazandıramayız, başaramadığı dersleri öğretemeyiz, öfkesini yenmesine yardımcı olamayız, hayal kırıklıklarını gideremeyiz, mutlu olmasını sağlayamayız.

Tüm bunlar için, ilaca ilaveten çocuğun düzenli olarak, anne-baba ve öğretmenin ise gerektiğinde özel destek programı almasıyla, sevgiye, güvene dayalı, onların yapı ve ihtiyaçlarına uygun disiplinli bir ortamın sağlanması gerekmektedir. İlaç bu eğitimin olabilmesi için gerekli ortamı hazırlar, çocuk eğitilir, sonra beceri kazandıkça doz düşürülebilir.

DEPRESYON

VAK'A:

10 yaşındaki Metin'in annesi ve öğretmeni, Metin'in evde ve okulda huzursuz olmasından, huysuzluk etmesinden ötürü bir hayli endişeliydiler. Metin hemen ağlamaya başlıyor, bağırıyor ve etrafında ne var ne yoksa fırlatıyordu. Sınıfta derse dikkatini vermekte güçlük çekiyor, dikkati hemen dağılıyordu. Gün geçtikçe arkadaşlarından uzaklaşıyor, teneffüslerde tek başına kalıyor, kendi kendine oyun oynuyordu. Eve geldiğinde ise zamanının çoğunu odasında televizyon seyrederek geçiriyordu.

Annesi, Metin'in uyku düzeninin bozulduğunu ve son birkaç ayda abur cubur yemekten 4-5 kilo aldığını fark etmişti. Okul psikoloğu ile yapılan görüşmeler sonucu Metin'de öğrenme güçlüğü veya dikkat dağınıklığı/hiperaktivite bozukluğunun olmadığı görüldü. Ancak Metin'in görüşmeler esnasında oldukça üzgün ve mutsuz olduğu, hislerini de zaman zaman 'Keşke ölsem...' diyerek ümitsizlik ve değersizlik olarak ifade ettiği fark edilmişti. Tüm bunlar 6 ay kadar önce başlamıştı.

Annesi ve Metin'in verdiği bilgilerden bu tarihin, Metin'in annesinden yıllar önce ayrılmış olan babasının yeniden evlenmesi ve başka bir şehre taşınması ile aynı zamanlara rastladığı görüldü. Baba ile oğul, mesafeler uzadığı için, artık eskisi gibi sık görüşemiyordu.

Metin'deki depresyon tablosu ile aşağıdaki sonuçlara ulaşabiliriz:

(1) Yetişkinler için kullanılan kriterlerin aynısı çocuklar için de kullanılabilir.

(2) Çocuklarda görülen kızgınlık, saldırganlık gibi davranış sorunları daha çabuk fark edildiğinden, bunlar depresyonun temel tanılarını, çocuğun iç dünyasını ve çektiği acıyı örtebilmekte; bu yüzden teşhiste depresyon tercihi gözden kaçabilmektedir. Dikkatli olmak gerekmektedir.

(3) Huzursuzluk, huysuzluk, kızgınlık gibi depresyon belirtilerinden bazıları çocuklarda yetişkinlerden daha ön planda olabilir.

Yetişkin depresyonunda olduğu gibi, çocuk depresyonu da bazen psikotik belirtiler ve melankolik özellikleri içerebilir. Özellikle işitsel halüsinasyonlar, ergenlik dönemi öncesi depresyon tablolarında zaman zaman görülebilir.

Okul çağındaki çocuklarda depresyon belirtileri çeşitlilik göstermektedir: İlgi ve faaliyetlere katılımda düşüş, çekilme veya buna zıt olarak huzursuzluk, davranış bozukluğu gibi. Bu belirtilere yalnız yatamama, gece korkuları, kilo alamama veya aşırı alma gibi uyku ve yeme bozuklukları da eşlik edebilir.

İntihar düşünce ve planları, okul çağı çocuklarındaki depresyon tablolarında ergenlik çağındaki depresyon tablolarına göre daha az görülür. Fakat görüldüğünde ciddiye almak gerekir.

Ergenler, içinde bulundukları gelişim döneminin özelliği olarak duygu, davranış, ilişki ve düşüncelerinde ani ve belirgin değişimler yaşarlar. Eğer bir ergen depresyondaysa bu değişimler daha derinden ve daha şiddetli olabileceği gibi, yetişkinlerdeki belirtilerden sosyal geri-çekilme, madde kullanımı, evden kaçma, intihar düşüncesi, planı ve girişimleri onlarda da görülebilir. Bu tabloyu aşırı öfke ve suçluluk duyguları besleyebilir.

Depresyon hem çocuklukta hem de ergenlikte sosyal ve zihinsel gelişmeyi olumsuz etkilemektedir.

Depresyon yaşayan kişide, depresyona ek olarak, tüm kaygı durum bozuklukları, dikkat dağınıklığı bozukluğu, davranım bozukluğu, madde kullanımı veya yeme bozuklukları gibi tablolardan biri ya da birkaçı bir arada görülebilir.

Özellikle ergenlik döneminde yaşanan bazı sorunların bedelleri daha ağır olmaktadır. Bu yıllarda depresyon yaşandığında, yetişkinlik yıllarında depresyon yaşanması ihtimali daha yüksektir. Araştırmalar ergenlik döneminde depresyon yaşayanların yarısından çoğunda, sonraki beş yıl içerisinde durumun tekrarladığını göstermektedir. Aynı şekilde, bu yıllarda madde kullanımına başlanması, ileri yaşlarda madde kullanımına başlanmasından daha tehlikelidir. Henüz gelişimi tamamlanmamış beyin ve sinir sistemleri, kullanılan maddelerin yan etkilerinden daha çok etkilenmekte ve gelişim sekteye uğramaktadır.

Bazı ailelerin çocuklarının daha çok psikolojik sorunlar yaşamasının bir diğer nedeni, ailelerin psikolojik yardım almaktan çekinmesidir. Bu aileler, çok yüksek mahremiyet duygusuna sahip oldukları için psikolojik yardımın ailenin bir sırrını dışarı vuracağı hissi ve çocuklarının akademik yaşantısını zedeleyeceği düşüncesiyle yardım almaktan vazgeçmektedirler. Sonuçta, çocuğun ihtiyaç duyduğu psikolojik destekten mahrum kalmasıyla sorunlar gittikçe büyür. Hatta çocuktaki değişimi ve yardım gereksinimini fark eden bir gözlemci, bunu aileyle paylaşmak isterse ailenin tepkisi ile karşılaşabilir.

DAVRANIM BOZUKLUĞU VE KARŞI GELME-KARŞIT OLMA BOZUKLUĞU

Saldırganlık ve anti-sosyal davranışlar, toplum içinde rahatsızlığa sebep olan ve gerekli önlemler alınmadığı takdirde toplum düzenini bozabilecek özelliktedir. Saldırganlığı tanımlamak çok kolaymış gibi görünse de, tarih boyunca birçok tanım yapıldığı ve saldırganlıkta görülen davranışlar kategorilere ayrıldığı için, tek bir saldırganlık tanımı bulmak zordur. Akıl karışıklığına sebebiyet vermemek için aşağıda saldırganlık ve anti-sosyal davranışların tanımlanmasında kullanılan alt kategorileri açıklamaları ile birlikte veriyoruz.

(1) Kişilerarası saldırganlık, sözel (bağırma, tehdit etme, lakap takma, küfür etme) veya fiziksel (zorbalık etme, kavga etmek, tecavüz) nitelikte olabilir. Bu sadece kategorik bir fark değildir, çocuğun gelişim basamaklarında da kendini gösterir: Fiziksel saldırganlık gelişimin erken basamaklarında ortaya çıkar ve okul öncesi dönemde yoğun bir şekilde görülür; sözel saldırganlıksa daha sonra ortaya çıkar. Bu nedenle, orta çocukluk yıllarına kadar devam eden, aşırı derecedeki fiziksel saldırganlığa dikkat etmek gerekir. Ayrıca, fiziksel saldırganlık devam ettiği takdirde, ileriki yıllarda çok daha şiddetlenip, başkalarının canına ve malına zarar verme ve silah kullanma şeklinde kendini gösterir.

(2) Saldırganlık bir hedefe yönelik (*instrumental*) olduğu gibi, düşmanca da olabilir. Hedefe yönelik saldırganlıkta amaç, saldırganlık göstererek hedefe ulaşmaktır, yani saldırganlık bir yöntem olarak kullanılır. Ancak düşmanca gösterilen saldırganlıkta amaç, başkalarına acı çektirmek ve zarar vermektir.

(3) Saldırganlık, önleyici (*proaktif*) olabileceği gibi, tepkisel-misilleme (*reaktif*) şeklinde de olabilir.

(4) Bir başka gruplama yöntemi de, saldırganlığın doğrudan veya dolaylı-ilişkisel olmasına göredir. Saldırganlık doğrudan

olduğu zaman, sözel veya fiziksel olarak bulunulan ortamda görülür ve ayırt edilebilir. Ancak, dolaylı-ilişkisel saldırganlık bulunduğu ortamda doğrudan sözel veya fiziksel saldırganlık olarak kendisini göstermez. Bilakis, genellikle üçüncü bir kişi aracılığı ile misilleme yapılır, yahut dedikodu çıkarılır, veya saldırganlık gösterilen kişi grup aktivitelerinden ve arkadaş toplantılarından uzak ve dışarıda tutulur. Bu şekilde dolaylı olan saldırganlık daha çok kız çocuklarda görülmektedir.

(5) Çok daha geniş bir kategorizasyonda, anti-sosyal davranışlar açık (*overt-aşikâr*) ve gizli (*covert*) şeklinde gruplanır. Açık saldırganlıklar daha önce belirtilen fiziksel ve doğrudan saldırganlıklarla örtüşmektedir. Gizli saldırganlıkta ise gizli-saklı yapılan işler vardır; yalan söyleme, hırsızlık, mala zarar verme, kundakçılık, uyuşturucu kullanma ve uyumsuz olma gibi. Açıkçası, çok ciddi şekilde anti-sosyal davranışlar gösteren gençlerde hem açık, hem de gizli saldırganlık görülmektedir.

Sonuç olarak, saldırganlık ve anti-sosyal davranışlar çok yönlüdür ve tek bir tanım içine oturtulmamıştır. Bu durum, yapılan bilimsel çalışmaların yorumlanmasını ve karşılaştırılmasını zorlaştırmaktadır. Bu nedenle, hem klinik hem de saha çalışmaları incelenirken alt kategoriler dikkate alınmalı ve araştırmacıların kullandıkları dile dikkat edilmelidir.

Saldırganlık ve anti-sosyal davranışların çocuklarda ve ergenlerde farklı bir patolojik boyut olarak ele alınıp incelenmesi 1940'lı yıllarda yapılan çok değişkenli istatistik analizleri ile gerçekleşmiştir. Bu çalışmalar sonucu, antisosyal aktiviteler iki ayrı boyutta şekillenmiştir: (1) 'Sosyalleşememiş' (under-socialized), saldırgan davranışlar grup halinde değil, tek başına-bireysel olarak uygulanır ve (2) 'sosyalleşmiş' veya 'grup-suçu,' gizli ya da açık saldırganlıklar grup halinde, sosyal bir birliktelik içinde yapılır. Ayrıca, saldırganlığı ve anti-sosyal davranışları bu şekilde gruplama, günümüzde de benzer şekilde kullanılmakta ve bu, yapılan çalışmalarla desteklenmektedir.

Tıp camiası, sosyal ve çevresel faktörlerin de tanı konulurken dikkate alınması yönünde bir açıklamada bulunmaktadır. Çünkü saldırganlık ve anti-sosyal davranışlar yoksulluk, travmatik stres ve saldırı ortamlarında daha çok kendini göstermekte, sadece yaşamda kalma ve kendini savunma tepkisi olarak ortaya çıkmaktadır. Bu durumlara dikkat edilip yanlış tanı ile çocuklar etiketlenmemeli ve uygun tedaviler ile ruh sağlıkları desteklenmelidir.

Davranım bozukluğu, çocuklukta başlayan tip ve ergenlikte başlayan tip olarak iki alt grubu ayrılmıştır. Bu gruplama yukarıda bahsedilen, sosyalleşmemiş ve sosyalleşmiş saldırganlıkla örtüşmektedir, ancak birebir aynı olmamakla birlikte yıllar boyunca yapılan araştırmalar sonunda revize edilmiş durumdadır. Yapılan çalışmalar, çocuklukta ortaya çıkan davranım bozukluklarının anti-sosyal aktiviteler olarak devam edip yetişkinlikte de kendini gösterdiğini ve hatta bu şekilde devam ettiğini ortaya koymaktadır. Ancak, ergenlikte ortaya çıkan davranım bozukluğu, genellikle ergenlik ile birlikte sonlanıp, ileriki yaşamda kendini göstermemektedir.

Dikkat edilmesi gereken ana nokta, kız çocukların fiziksel ve doğrudan saldırganlık göstermektense, ilişkisel saldırganlık göstermeleridir. Aynı zamanda, erkeklere oranla, anti-sosyal eğilimler kız çocuklarda zamanla azalmaktadır.

Sonuç olarak, davranım bozukluğu ve karşı gelme-karşıt olma bozukluğunun altında yatan sebeplerin bilinmesi, gerekli önleme ve iyileştirme programlarının oluşturulmasında çok önemlidir. Bu programlar, içinde yaşadığımız toplumun ve sosyal birliğin uygun şekilde gelişmesi için de şarttır.

ŞİDDET UYGULAYAN ÇOCUK

Bir suçlu gördüğümüzde onun nasıl bir çocukluk geçirdiğini pek düşünmeyiz. Genelde bizde uyandırdığı korku, nefret ve öfkeye odaklanırız. Bir insan diğer bir canlıya karşı nasıl bu kadar acımasız olabilir? Suç işleyenlerin çocukluğuna baktığımızda, şunu görürüz: Kendi içsel duygu ve korkularını, davranışları ile karşı tarafa yaşatmayı başarırlar. Başkalarının duygularına karşı duyarsızdırlar, çünkü başkalarının duyguları onlar için yoktur; tıpkı bir zamanlar kendi duygularının başkaları için yok sayıldığı ve dikkate alınmadığı gibi.

Potansiyel mağdurlar olarak biz de bu korkuya onları hapse atarak veya düşüncemizde cezalandırarak karşılık veririz. Onlardan bahsederken kullandığımız dil, reddetme, nefret ve korku dilidir. Tavrımız şöyledir: Onlar başkalarını umursamıyor ve canını acıtıyorsa biz neden onları umursayalım?

İnsanlıktan nasıl bu kadar uzaklaşabilirler diye düşünürüz. Buna verilebilecek bir cevap, küçüklüklerinde başkaları ile özdeşim kuracak anlamlı ilişkilerden yoksun kalmaları olabilir. Büyük bir ihtimalle çocukluklarında duyguları dikkate alınmamıştı. Onların duyguları başkaları için 'var olan bir gerçek' değildi, şimdi de başkalarının duyguları onlar için 'varolan bir gerçek' değil.

Suça eğilimli kişilerin davranışlarında genlerin önemli olduğunu vurgulayanlar da vardır. Aileden alınan genlerin çocuklar üstünde etkili olduğu ve bebeklerin farklı mizaçlarda doğduğu bir gerçektir, ancak genetik geçiş tek başına insan davranışlarını açıklamakta yetersizdir. Bu bakış, çevrenin insan üstündeki etkisini tamamen reddetmektir.

Suçluların beyni incelendiğinde, sosyal etkileşim, empati ve kendini kontrol etme ile ilgili işlevlerin yürütüldüğü prefrontal kortekslerinin diğer insanlardan az gelişmiş olduğu görülür. Beyin kimyasallarında ve yapısında bazı farklılıklar olduğu bir gerçektir, ancak suça eğilimi sadece beyinle açıklamak yeterli değildir. Hamilelikten itibaren, bebeklik ve çocukluk yıllarındaki yaşantıya bakmak gerekmektedir. Üstelik beynin yapısı ve işleyişindeki bu farklılıklar, hamilelikte annenin yetersiz beslenmesi, stresli olması, alkol ve madde kullanması gibi durumlarla ilintili olabilir. Annenin hamilelikten itibaren bebeği istememesi, aldırmayı düşünmesi, yani duygusal olarak karnındaki bebeğe annelik yapmayı reddetmesi gibi sebepler de etkili olabilir. Bebeğin duygusal gelişimi anne karnındayken başlamaktadır; anne karnında yaşadığı olaylar bebeğin duygusal düzenleme sistemini etkiler.

Peki nedir bu duygusal düzenleme? Duygularını tanıma, kontrol etme, uygun zamanda ve yerde uygun miktarda tepki verebilmedir. Çocuğun, duygu ve ihtiyaçlarını giderirken çevreyi, sosyal ve insani kuralları gözetmesidir.

İşte bu yetenek, bebekliğin çok erken evrelerinden itibaren gelişmeye başlar, özellikle de ebeveynle etkileşim sayesinde şekillenir. ***Öfkelendiğinde öfkesini kontrol edemeyen ve çocuktan çıkaran bir ebeveyn, çocuğuna da aynı yolu öğretir.*** Çocuk da öfkesini başkalarına yansıtmanın doğal ve kabul edilebilir bir şey olduğunu öğrenir. Bu aşamada şu sorular önem kazanmaktadır:

Anne-baba çocuğunun duygularını tanıyor ve onlara saygı duyuyor mu? Olumsuz duygu ve çatışmalarla nasıl başa çıkacağını ona gösteriyor mu?

Bu sorulara cevabı 'hayır' olan bir ebeveyni düşünelim. Bebeğinin ihtiyacını karşılamak yerine, ona kendi isteğini empoze ettiği, bu ilişkinin gelecekte de bu şekilde sürdüğü göz önüne alınırsa, ebeveyn de çocuk da karşılıklı olarak birbirlerini reddetmeye devam ederler. Ebeveyn çocuğun ihtiyaçlarını ve duygularını görmezden gelir, kendini onun yerine koymaz. Sadece kendi isteğinin olması için diretir. Kendi istediğinin olmadığı durumda da çocuğa karşı şiddet kullanır. Bir süre sonra çocuk şiddete alışır, ebeveyni onu bazı davranışlardan men etmek için veya bazı şeyleri yaptırmak için bu sefer daha büyük bir şiddete ihtiyaç duyar.

Ebeveyn aslında kendi saldırgan dürtülerini çocuğun üzerinden gidermektedir; çocuk da saldırganlığını başkaları üzerinden yaşamayı öğrenir. Bu çocuklar kendilerinden küçük çocuklara eziyet eden veya hayvanlara işkence eden çocuklardır.

Peki, karşı tarafın acı çektiğini nasıl anlamazlar, diye hayret mi ediyorsunuz?

Böyle bir ortamda yetişen çocuk; kendini başkalarının yerine koymayı öğrenemez; çünkü kimse kendini onun yerine koymamıştır. Başkalarının duygularından habersiz bir biçimde sadece kendi ihtiyacını gidermeye çalışır. Yani saldırganlık ihtiyacı üzerine odaklanmış haldedir. Kendi ihtiyacını giderirken karşı tarafın ne hissedeceğini düşünmez ve bilmez. Çünkü şimdiye kadar hayatında kimse onun ne hissedeceğini düşünmemiştir. Empati dediğimiz şeyi yaşamamıştır, bundan habersizdir. Karşısındaki insanın duygusal ihtiyacı onun için yoktur; tıpkı eskiden onun ihtiyaçlarının başkaları için olmadığı gibi... Dünya üstünde öğrendiği kurallarla var olmaya çalışmaktadır.

Çocukların davranışlarını incelediğimizde, ortalama 2 yaş civarındayken var olan davranış problemlerinin gelecekte olabilecek davranış problemlerini öngörmeye imkân tanıdığı söylenebilir. Bu yaşlardan sonra her şey bitmiş midir? Hayır. Sadece bebeklik çağının insan hayatında konsantre bir dönem olduğunu ve bu dönemde yaşanan tecrübelerin hayatın devamında çok önemli olduğunu vurguluyoruz. Değişim ve gelişim bu dönemde maksimum hızda ilerlemektedir. İleri yaşlarda da değişim sürer, ancak yavaşlar.

Kötü bir çocukluk geçirmiş insanların hayatlarını suçlu olarak sürdürmediği durumlar da vardır. Bu kişiler de iyi birer anne veya baba, kardeş, iş adamı ya da ünlü bir yazar, sporcu veya bilim adamı olabilirler. Nitekim tarihte böyle insanlar vardır. Ebeveyni ile sağlıksız bir bağ kurmuş olan çocuklar, abla, ağabey, dayı, teyze, bir öğretmen, dede, anne-

anne, babaaane, komşu gibi yakınlarıyla ihtiyaç duydukları olumlu ve besleyici ilişkiyi kurabilirlerse hayatlarına başka bir yön verebilirler.

Erken yaşlarda öğrendiğimiz etkileşim tarzı çocukların dünya hakkındaki beklentilerini şekillendirir ve zamanla alışkanlık haline döner. Bu, daha sonradan yapılacak bir şey yok demek değildir. Ancak, önlem almak telafi etmekten kolaydır.

ERGENLİK DÖNEMİNDE MADDE KULLANIMI VE BOZUKLUKLARI

Ergenlikte madde kullanımı ve madde kullanımına bağlı bozukluklar, yaygınlığı ve negatif sonuçları göz önüne alındığında, hem klinik ortamda hem de toplum sağlığı için önemlidir. Ergenlerde, sık ve uzun süreli madde kullanımı, madde kullanımına bağlı rahatsızlıklara neden olduğu gibi normal gelişimi ve psikolojik işlevlerin yerine getirilmesini de engeller.

Ergenlikte madde kullanımı problemleri, birçok klinik ya da klinik olmayan sendromu da beraberinde getirir. Bunlardan en belirgin olanı ise madde kullanım rahatsızlığı olan ergenlerin çoğunlukla birçok maddeyi bir arada kullanmasıdır. Ergenlik döneminde madde kullanımı, tipik olarak bizim 'giriş kapısı maddeleri' dediğimiz alkol ve nikotin ile başlar. Bu girişim marihuana ve diğer yasadışı maddeler ile devam eder.

Madde kullanım problemleri olan ergenler birçok alanda bozulmalar da gösterirler. Akademik başarıları düşer ve bu alanda birçok başarısızlık yaşarlar. Bu ergenler aynı zamanda davranım bozuklukları gösteren gruplarla arkadaşlık kurmayı tercih ederler. Aileleri ile sık sık olumsuz tartışmalar yapıp iletişim yollarını kapatırlar.

Madde kullanım problemleri olan ergenlerde, dikkat eksikliği ve hiperaktivite, davranım bozukluğu ve/veya karşı gelme-karşıt olma bozuklukları görülme ihtimali de oldukça yüksektir.

Madde kullanım problemlerinin cinsiyetler arası dağılımına bakıldığında, kızların daha az çeşit maddeyi daha az sıklıkta kullandıkları görülür. Aynı zamanda, kızlar ve erkekler farklı motivasyonlar ile madde kullanmaktadırlar. Erkekler içkiyi daha sosyal olmak ve ruh hallerini düzeltmek için kullanmakta; kızlar ise sorunlarla baş edebilmek ve bir gruba dahil olabilmek için içki içmektedir. Erkekler sigarayı da benzer sebeplerle tüketirken, kızlar daha çok kilo kontrolü ve kaygılarını azaltmak için sigara kullanırlar.

Madde kullanımı ve suiistimali ergenlikten yetişkinliğe kadar yaşa bağlı özellikler gösterir. Madde kullanımı ergenlikte tipik olarak, yasal maddelerin (sigara ve alkol) kullanımı ile başlar. Daha sonra, yasal olmayan maddelerin kullanımı ile lise yıllarında şiddetli bir şekilde kendini göstermeye devam eder. Birçok çalışma, madde kullanımına erken yaşlarda başlandığı takdirde, ileriki yıllarda kişinin daha çok tahribata uğradığını ve madde bağımlılığı veya suiistimali gösterme ihtimalinin daha çok olduğunu destekler niteliktedir. Ayrıca, madde kullanımı miktarı ve sıklığı, ergenlikten çıkıp yetişkinliğe adım atılan yaşlar olan 18-25 yaşları arasında had safhadadır. Bu yaşlar madde bağımlılığı ve suiistimali tanısının en çok konulduğu yıllardır. Bundan sonraki yıllarda, madde kullanım miktarı ve sıklığı düşmeye başlar. Bunun başlıca sebebi yetişkinlik sorumluluklarının ve rollerinin kişilik üzerindeki etkileridir.

Madde kullanımı rahatsızlıklarının nedenlerini ve risk faktörlerini değerlendirecek olursak, çok yaygın bir yelpazeyi göz önüne almak gerekir. Ergeni madde kullanımına götüren tek bir yol yoktur. Bu nedenle, burada birçok risk faktörünü değerlendirmek durumundayız.

Öncelikle ailede madde bağımlılığı ve suiistimalinin olması, ergeni bu yolda etkileyebilecek bir risk faktörüdür. Birçok çalışma bu yargıyı destekleyecek niteliktedir. Özellikle ailede madde kullanım rahatsızlıklarının olması, ergenin madde ile daha önce tanışmasına ve maddeyi çok daha uzun süreli tüketmesine neden olmaktadır; ki bunlar da yeni bir madde kullanım rahatsızlığı için ana risk faktörleridir. Şüphesiz ergenin kişilik özellikleri de madde kullanımını etkilemektedir. Otokontrolü düşük ergenlerin madde kullanımına yönelmesi ve madde kullanımına bağlı rahatsızlıklar göstermesi daha olasıdır. Öte yandan, anne-babaların sosyal desteği ve eğitim metotları da ergenlikteki madde kullanımını etkiler. Ailenin çocuk üzerinde gerekli kontrol mekanizmalarını kuramamış olması, aile içi anlaşmazlıklar, boşanma ve tek ebeveynlik ergenlikte madde kullanımını etkileyen faktörlerdir.

Bilişsel yetenekler ve madde kullanımı arasındaki bağlantıya bakıldığında, madde kullanımı rahatsızlığı olan ergenlerde bilişsel kontrol fonksiyonlarının çok iyi çalışmadığı görülmektedir. Madde kullanımı rahatsızlığı olan ergenlerin kontrol mekanizmaları normal işlemez. Ancak buna madde kullanımının mı neden olduğu, yoksa kontrol mekanizmalarının düzensizliğinin mi madde kullanımına neden olduğu henüz bilinememektedir.

Okul başarısı ve akademik planlar da madde kullanımı üzerinde etkilidir. Aslında, yukarıda sayılan etmenler, kişilik özellikleri, anne-baba kontrolü ve eğitim sistemleri, bilişsel dengesizlikler ve kontrol fonksiyonlarında eksiklikler, okul başarısını da etkilemektedir. Okulda başarısız olan ergen de madde kullanımına ve madde kullanımı için tetikleyici olan uyumsuz arkadaş gruplarına kayabilmektedir. Burada aradaki bağlantı çift yönlüdür. Okulda başarısız olan ergen madde kullanımına yönelebilir, madde kullanan ergen de okulda başarısızlık gösterir. Bu şekilde karşılıklı bir ilişki ortaya çıkar ve bu ilişki kırılmazsa ergenin okulla bağlantısı kopar, akademik planları zayıflar. Sonuçta madde kullanımı düzeyi artıp ilgili rahatsızlık görülmeye başlanır.

Madde kullanımında arkadaş çevresinin rolü yadsınamaz. Madde kullanan kişilerle arkadaşlık kurmak ergeni madde ile tanıştırır ve sosyal ortamda madde ile bağ kurmasına neden olur. Madde ile ilgili normları bu çevrede oluşan ergen, onu 'kötü' olarak algılamaz. Ancak, çift yönlü iletişimi burada da görmek mümkündür. Yapılan çalışmalar, madde kullanan ya da madde kullanımına zaten eğilimli olan ergenlerin daha çok bu tür arkadaş gruplarını tercih ettiklerini de göstermektedir. Bu durumda da gruba dahil olup maddeye başlamak veya madde kullanıldığı için gruba dahil olmak arasındaki ilişki karşılıklıdır ve hangisinin önce geldiği çalışma sonuçlarına göre açık ve net bir şekilde gösterilememektedir.

Son olarak, ergenin stresli bir çevrede yetişmesi, okulda ve yaşadığı çevrede uyuşturucu maddelere ulaşımın kolay olması ve özendirilmesi de madde kullanımına başlamak için oldukça etkili faktörlerdir. Ancak, kişilik gelişimi sağlam olan bir ergen bu faktörlerden ne kadar az etkilenirse, yukarıda sıralanan risk faktörleri ile iç içe olan bir ergen de bu faktörlerden o kadar çok etkilenir.

Ergenlikte madde kullanımının, ileriki yaşlarda ve hatta henüz ergenlik bitmeden madde kullanımı rahatsızlıklarına neden olma ihtimali yüksektir. Yukarıda belirtilen risk faktörleri ve bu faktörlerin kompozisyonları ancak şu ana kadar yapılan araştırmalar tarafından desteklenen bulgulardır. Bu bulgular daha farklı ve geniş çaplı araştırmalarla desteklenmeli, madde kullanımını azaltmak ve engelleyebilmek için uygun yöntemler belirlenmelidir. Bu çalışmalar ve yatırımlar toplum ruh sağlığı ve hepimizin geleceği için son derece önemlidir, çünkü madde kullanımı tüm toplumu etkileyen sonuçlar doğurmaktadır.

İZİNSİZ EŞYA ALMAK

Okul öncesi dönemde ve ilkokulun ilk yıllarında görülen 'izinsiz eşya alma' davranışı, çocuğun tamamlanmamış bilişsel gelişimi ve buna paralel olarak toplumsal ve ahlaki gelişimi ile ilgilidir. 5 yaşından itibaren çocuğun zihninde yavaş yavaş mülkiyet kavramı oturmaya başlar. Çocuk artık izinsiz eşya almamak gerektiğini öğrenmeye başlar, ama bazen içindeki alma isteğine karşı koyamayabilir. İlkokul çağına geldiğinde ise artık izinsiz eşya almanın yanlış bir davranış olduğunu öğrenmiş ve kendini kontrol edebiliyor olması gerekir.

Çocuk bir oyuncağı izinsiz alıp götürüyorsa, ona sakince "Bu oyuncak sana ait değil. Geri vermen lazım" denebilir.

Çocuk izinsiz ve habersiz, şeker alıp cebine koyduğunda, davranışların en iyisi soğukkanlılıkla onu bu davranışı ile yüzleştirmektir. "Arka cebine koyduğun şekeri rafa geri koyman gerekiyor." Eğer çocuk şekeri aldığını inkâr ederse, şu ifadeyi tekrar ederiz: "Şekeri rafa geri koymamız lazım, hadi canım, koy yerine." Eğer çocuk reddederse, "Bu şeker markete ait. Burada kalmak zorunda" diyerek şekeri cebinden çıkarıp yerine koyarız.

Çocuğunuzun cüzdanınızdan habersiz para aldığından emin olduğunuzda, en iyisi soru sormamak ve "Cüzdanımdan on lira almışsın. Bana onu geri vermeni istiyorum" demektir. Para geri geldiğinde "Paraya ihtiyacın olduğunda benden iste, bunu konuşalım" gibi cümleler kullanabilirsiniz. Eğer çocuk böyle bir şey yapmadığını söylüyorsa, onunla tartışmayın ve itirafta bulunmasını istemeyin. "Bildiğimin farkındasın. O para yerine konmak zorunda" deyin. Eğer para çoktan harcanmışsa, zararı telafi yolları araştırmalıdır; harçlığın azaltılması gibi.

ALT ISLATMA

Çocuklar gündüzleri 2 yaş civarında, geceleri ise 3 yaş civarında tuvaletlerini tutabilir hale gelirler. 4 yaşından sonra alt ıslatma varsa, bu durum bir sorun olarak değerlendirilir. Genelde erkek çocuklarda kız çocuklara oranla iki-üç kat daha fazla görülür. Altını ıslatan çocukların yarıya yakınının akrabalarında da benzer bir problem olduğu görülür.

Fiziksel Nedenler

Merkezi sinir sistemi bozuklukları

Kas kontrolü gecikmesi

Böbrekte ve boşaltım yollarında doğuştan gelen bozukluklar

İdrar yollarında enfeksiyon

Derin uyku uyuma

Tuzlu ve sulu yemekler yeme

Ayaklarda ve belde üşüme

Epilepsi nöbetlerinin varlığı

Genetik yatkınlık: Anne-babanın tuvalet kontrolünü kaç yaşında kazanmış olup olmadığı önemlidir. Tuvalet kontrolünü geç kazanan anne-babaların çocuklarında bu durum çokça gözlemlenmektedir.

Zihinsel gelişim geriliği olan çocuklar tuvalet kontrolünü daha geç kazanabilirler.

Psikolojik Nedenler

Baskıcı tuvalet eğitimi

İlgi çekme ve öç alma isteği

Kardeş kıskançlığı, okula başlama, yeni kardeş, yakın kaybı, boşanma, aile içi iletişimsizlik

Gün içinde korkutucu, üzücü olayların yaşanması

Çeşitli nedenlerle yaşanan okul korkusu

Alt ıslatma fiziksel olduğu kadar psikolojik nedenlerden ötürü de görülebilir. Bu probleme yalan söyleme, parmak emme, tırnak yeme sorunları da eşlik edebilir. Altını ıslatan çocuklar sık sık ağlayabilirler, kendilerine ve anne-babalarına güvensizlik duyabilirler.

Çocuklarda alt ıslatma dört şekilde görülebilir:

Gece altını ıslatma: Uykuları derin olan çocuklarda daha sık görülür. Yatmadan önce çocuğumuza sulu besin vermemeye, altını ıslattığı saatleri tespit edip tuvalete kaldırmaya özen gösterirsek sorun azalır.

Gündüz altını ıslatma: Çocuklar oyuna daldıklarında ya da ilgi çekmek istediklerinde altlarını ıslatabilirler. "Sevildiğimi hissetmiyorum", "Yeni doğan kardeşimi kıskanıyorum", "Bana baskı yapıyorsun", "Benimle ilgilenmiyorsun" gibi düşünceler farkına varmadan zihinlerini meşgul ediyor ve kendilerini böyle hissediyor olabilirler.

Sürekli altını ıslatma: Fiziksel bir sorundan da bahsedilebilir.

Ara sıra altını ıslatma: Hastalanma, idrar yollarını üşütme, gece üstünün açık kalması, bel ağrıları, korkma, yeni bir kardeşin dünyaya gelmesi gibi durumlarda görülebilir.

Hangi zamanda ve sıklıkla alt ıslatma sorunu ile karşılaşıyorsak karşılaşalım aşağıdaki öneriler çözüme hizmet edecektir.

Herhangi bir fiziksel sorun olup olmadığının uzman doktor tarafından tespit edilmesi ve varsa vakit geçirilmeden tedaviye başlanması gerekir. Böyle durumlarda ceza çocuğumuzun kaygısını daha da arttırır. Onun için cezadan, küçük düşürücü söz ve davranışlardan kaçınmamız önemlidir.

Kardeş kıskançlığı, okula başlama, yeni kardeş doğumu, bir yakının kaybı gibi duygusal dünyası ile doğrudan ilişkili olaylar yaşandıysa veya yaşanmakta ise, çocuğumuzun rahatlaması, kendini güvende hissedebilmesi için gerekli olanları yapmalı; nasıl yapılacağı noktasında bir uzmandan destek almaktan çekinmemeliyiz. Bir keresinde, görüştüğümüz 4 yaşındaki bir kız çocuğu yeni doğan kardeşi Tarık'ı kastederek "Ben aytık Tayık oldum" derken hem konuşmasına harfleri tam telaffuz etmeyerek bebeksilik katmış hem de altını ıslatarak davranışsal açıdan da gerileme göstermiştir.

Altını ıslatan çocuğa aşırı ilgi göstermemeliyiz. Bunu bizi üzmek veya canımızı sıkmak amacıyla kullanabilir.

Tuvaleti geldiğinde çocuğumuzu bekletmeyelim. Hemen ihtiyacını giderebilmesi için uygun ortamı sağlamaya çalışalım. Bize zor gelse de geceleri sık sık tuvalete kaldırmak etkili olacaktır.

Geceleri tuvaletin ışığını açık bırakıp uyku sersemliği üzerindeyken tuvaleti daha kolay bulmasına yardımcı olabiliriz.

Geceleri yatmadan önce sıvı tüketimine ve üşütmemesine dikkat edelim.

Bu durumun çocuğumuza geçici olduğunu belirtmekten çekinmeyelim.

Söz konusu olan alt ıslatma, artık tuvalet alışkanlığı kazandıktan sonra, normalde yaşanmaması gereken bir yaşta karşılaştığımız bir sorun olduğu için, bebeklik dönemine özgü bir yöntem olan '*bez bağlama*' yoluna kesinlike gitmemeliyiz. Bu hem çocuğumuzun beze alışmasına neden olabilir, böylece tuvalet alışkanlığı kazandırmak güçleşir; hem de bez bağlamakla başlayan bu 'geriye dönüş,' bebeksi konuşmalar, ağlamalar gibi başka bebeksi davranışlara gerilemeye sebebiyet verebilir.

Boncuk yöntemi kullanılabilir. Çocuk altını ıslatmadığı zamanlarda, renkli renkli boncuklar veya bilyelerle dolu kavanozdan boş kavanoza bir boncuk veya bilye atar. Belirli bir sayıya ulaştığında ona bir ödül verebilir veya mahrum olduğu bir izni tekrar almasını sağlayabiliriz.

Takvim yöntemi kullanılabilir. Çocuğumuz bir kâğıda güneş ve bulut resmi çizer. Kuru kalktığı gün güneşin, altını ıslattığı gün bulutun altına bir işaret koyar. Yine boncuk yöntemindeki gibi, ödül sistemi aktifleştirilir.

PARMAK EMME, TIRNAK YEME, YALAN SÖYLEME

Parmak emme 3-4 yaşlarına kadar görülebilen bir davranıştır. 2-6 yaş arasında uyku öncesi rahatlama davranışı olarak görülebilir ve çoğu uzman tarafından bir rahatsızlık olarak algılanmaz, çünkü yaş ilerledikçe bu alışkanlığın azalması beklenir. Ancak uzun süre devam etmesi dişlerin şeklinde bozukluğa yol açabilir. Diş çıkarma döneminde, dişetleri kaşınan çocuk parmağını emebilir. Ama ilerleyen yaşlarda gelişen parmak emmeyi ciddiye almamız gerekir.

Çocuk uyku öncesinde rahatlamak için parmağını emiyorsa, uyku öncesi basit hareket ve kitap okuma gibi rahatlatıcı egzersizler yapılabilir.

Uyurken parmak emiyorsa, uykuya dalınca parmağı ağızdan çekilebilir.

Parmağa acı biber sürmek, iğne batırmak, şiddet uygulamak sağlıklı yöntemler değildir. Hem çocuğumuzu hem bizi huzursuz eder. Parmak emme, kardeşin doğumu ile başladıysa, bebeklik dönemine özgü bu davranışın nüksetmesi tesadüf değildir.

Tırnak yeme davranışı ise genellikle 3-4 yaşlarında başlar. Özellikle ergenliğe geçiş dönemlerinde de sık karşılaşılır. Bazı yetişkinlerin de bu davranışa devam ettikleri görülür. Herhangi bir sebepten ötürü duyulan korku, üzüntü, kaygı, güvensizlik buna sebep olmuş olabilir. Aile içi veya civarında tırnağını yiyen bir rol modelin olması da bu davranışın görülmesini destekler.

Çocuk tırnağını yemeye başladığında eline oyuncak vs. verilerek veya keyif alacağı etkinlikler yaptırılarak/yaparak dikkati başka yönlere çekilebilir.

Utanma, sıkıntı, kaygı, ilgi-sevgi kaybı veya azlığı, yakın birinin kaybı veya hastalığı, aile içi huzursuzluk, kıskançlık, bu davranışın en önemli sebepleridir. En kalıcı çözüm bu davranışı doğuran sebebi bulmaktır. Çocuğumuzun, bu davranışı daha çok ne zamanlar sergilediğini notlar tutarak belirleyebilir, böylece benzer ortamlar oluştuğunda dikkatini daha kolay dağıtabilir, eline oyuncak verebilir veya açıklama yaparak durumu netleştirebiliriz.

Dikkat etmemiz gereken bir diğer önemli konu; *yalan söyleme*dir. Bize düşen, gerek davranışlarımızla, gerek her zaman doğruyu söyleyerek, gerekse eğitim metodumuzla çocuğumuzu yalana itmemektir. Burada 3-4 yaşlarındayken anlattığı masallardan değil, alacağı cezadan korktuğu için veya büyüklerinin örnek alıp söylediği 'sözde yalan'lardan bahsediyoruz; ki bunlar ileriki yaşlar için tohum işlevi görür. Keza dikkat çekme ihtiyacı, ilgi ve sevginin yeteri kadar gösterilmemesi veya aşırılığı, aşırı baskıcı anne-baba tutumları, çocuğun sürekli başkalarıyla kıyaslanması, büyüklerin de zaman zaman yalan söyleyip model olması gibi sebepler, çocuğu yalana itebilir. Önemli olan, çocuğun 'neden' doğru söylemeyi tercih etmediğidir.

ÇOCUKLUK DÖNEMİNDE KORKULAR (4-7 YAŞ)

Zayıflık/Güçsüzlük Korkusu

Çocukları gerçek dünyadaki korkulardan korusak bile onlar kendi hayal dünyalarında canavarlar üretir ve bunlardan korkarlar. Bu tip fanteziler, güçsüz, zayıf ve korumasız oldukları hissiyle başa çıkabilmelerine yardım eder. Çünkü çocuklar korktukları şeyleri yendiklerini hayal etmeyi sever, böylece kendilerini daha güçlü hissederler.

Duygusal rehberlik ile anne-babalar, çocuklarının kendilerini daha güçlü hissetmelerine yardımcı olabilirler. Ayakkabılarını kendisi bağlamayı mı istiyor? Bırakın yapsın. Eğer başaramazsa hemen yardıma koşmayın! Çünkü bu "yapamıyorsun" mesajı vermekten başka bir şey değildir. Onun yerine, ilk önce "Ayakkabı bağlamak bazen çok zor olabiliyor değil mi?" diyerek onu anladığınızı belirtin. Sonunda ayakkabıyı siz bağlasanız bile, çocuğunuz onu anladığınızı bilecektir.

Terk Edilme Korkusu

Çocukların "Pamuk Prenses"i sevmelerinin nedenlerinden biri, masalın terk edilme korkusunu yansıtmasıdır. Bu korkunun yaygın olması dolayısıyla çocuğu terk etme meselesinin şaka olarak bile asla kullanılmaması önerilir.

Çocuğunuz bu korkuları dile getirdiğinde onu anladığınızı gösterin. "Bir daha beni üzersen, seni bırakır giderim" gibi cümleler asla kurmayın. Onu daima seveceğinize ve onunla ilgileneceğinize dair söz verin.

Karanlık Korkusu

Çocuklar için karanlık, tüm canavarların ve korkularının saklandığı büyük bir bilinmezliktir. Karanlık korkusunu "Korkacak bir şey yok!" diyerek ve görmezden gelerek çocuğunuza iyilik yaptığınızı düşünmeyin. Çocuğunuz için biraz ışığın ve ihtiyacı olduğunda orda olduğunuzu bilmenin yararı yadsınamaz.

Çocuğunun karanlık korkusunu onu karanlıkta bırakarak geçirmeye çalışan bir baba, bir süre sonra oğlunun endişe ve korkusunun daha da arttığını, tüm geceyi uykusuz geçirdiğini gördüğünde yanlış yaptığını anlamıştı. Odaya küçük bir gece lambası koymak sorunu çözmüştü.

Kâbus Korkusu

Kâbuslar tüm çocukların korkulu rüyasıdır. Özellikle küçük çocuklar gerçekle rüyayı ayırt edemediklerinden, onlar için bu durum daha da zor olabilmektedir. Gecenin bir yarısı ağlayarak uyanan çocuğunuza sarılıp yanında olduğunuzu göstermeniz, rüya hakkında konuşmanız ve gördüğünün gerçek olmadığını söylemeniz gerekir. Rüya ve gerçek kavramlarını anlatan hikâyeler okumanız veya anlatmanız, çocuğun rüya kavramını anlamasına yardımcı olacaktır.

Anne-Baba Çatışması Korkusu

Çocuklar daha önce de bahsedildiği gibi ebeveynlerin anlaşmazlıklarından çok etkilenirler. Böyle bir durumda kendilerini güvende hissetmezler. Biraz daha büyüdüklerinde bu anlaşmazlık ve tartışmaların ayrılık, boşanma ile sonuçlanabileceğinden hatta bunun kendi suçları olduğundan korkarlar. Ebeveynler çocuklarını aralarındaki anlaşmazlıklardan uzak tutmaya çalışmalıdırlar. Uzak tutamıyorlarsa bile birbirlerine kırıcı ve kaba davranmamaya özen göstermeli, orta noktada buluşup olmazsa devamını kendi aralarında getirmelidirler. Sonra da bu tartışmanın tatlıya bağlandığını ve çözüme kavuştuğunu çocukla paylaşmalıdırlar.

Ölüm Korkusu

Çocuklar doğrudan ölümle ilgili sorular sorabilirler. Böyle bir soruyla karşılaştığınızda dürüst olun ve onun endişelerini, duygularını anladığınızı gösterin. Böylece korkularını saçma ve anlamsız bulmadığınızı anlarlar. Soruları duymazdan gelmek veya yanıtlamamak ise çocuğunuza, sizin de bu konuda rahat olmadığınız mesajını verecektir.

KARDEŞ KISKANÇLIĞI İÇİN BAZI TEDBİRLER

Biz yuvamıza yeni bir bireyin katılmasına; ardımızdan soyadımızın, ailemizin devamına vesile olacak birinin daha yeryüzüne gelişine sevinirken, çocuğumuzun dünyası kardeşi doğunca bir çeşit his bombardımanına tutulmuş gibidir:

Acaba yine eskisi kadar sevilecek midir? Artık evin en küçüğü olmayacaktır. Peki ya yeni düzen nasıl olacaktır? Neden kendisi şimdi doğmuyordur? Neden kardeşi önceden doğmamıştır? Bu sıra nasıl belirleniyordur? Hem kardeşi ile arık anne-babasını paylaşacaktır. Acaba gece uyurken sarıldığı pofuduk ayıcığı da anneannesinin her gidişinde verdiği çikolatayı da paylaşacak mıdır?

Bu ve benzeri soruları net bir şekilde soramasa da, kaç yaşında olursa olsun çocuğun zihin dünyasında buna benzer pek çok soru işareti oluşabilir... Hatta çocuk kendini yalnız bile hissedebilir.

Daha annenin hamileliğinde başlayan bu his girdabındayken, annesinden-babasından daha çok ilgi ve sevgi beklemeye başlayabilir; sebepsiz yere huysuzlaşabilir, inatlaşabilir. İhtiyacı olmadığı halde onlardan sürekli bir şeyler isteyebilir.

Bazı çocuklar ise sürekli ilgi ve sevgi istemek yerine yalnız kalmayı, içe kapanmayı tercih eder, tepkilerini böyle yansıtırlar.

Yeni kardeş ile beraber çocukta emekleme, bebek gibi konuşma, biberonla beslenmek isteme, alt ıslatma, parmak emme gibi bebekleşme ve gerileme belirtileri görülebilir.

Okula giden veya okula yeni başlayacak çocuklarda okul korkusu görülebilir. Çocuk, annesiyle kardeşini evde başbaşa bırakıp okula gitmek istemeyebilir. Bunu net bir şekilde de ifade edebilir; baş ağrısı, mide bulantısı, karın ağrısı gibi bahaneler de üretebilir.

Anne-babaya sık sık onu sevip sevmediklerini sorar, sevdiklerinden emin olamayabilir.

Bahsettiğimiz tabloların çoğuna evlerimizde pek çok kez şahit olmuşuzdur. Hatta bir kısmı kardeşimiz olduğunda bizim yaşadıklarımızla aynıdır. Peki yapılabilecekler nedir?

Bazı önerileri gözden geçirmeye ne dersiniz?

(1) Çocuk psikolojik olarak kardeşin doğumuna hazırlanmalıdır. Aileye yeni bir üyenin katılacağı ve o geldiğinde evde ne gibi değişikler olacağı çocuğa uygun bir dille anlatılmalıdır. Bebeğin ihtiyaçlarının karşılanabilmesi için annenin sürekli onun yanında olması gerektiği, aynı durumun kendisi bebekken de yaşandığı anlatılabilir. Kimi zaman sadece anlatmak yeterli olmayabilir.

İşte denenmiş ve işlevselliği görülmüş bir faaliyet: Anne-baba ve abla-ağabey olacak çocuk renkli bir kâğıt alır. Anne-baba, renkli kalemlerle, o doğduğunda, onu ilk kez gördüklerinde ya da kucaklarına aldıklarında ne hissettiklerini birkaç cümleyle yazarlar. Sonra da bunu herkesin görebileceği bir yere, buzdolabının kapağına veya çocuk odasının kapısına asarlar. Böylece eve gelen misafirler de anne-babanın ağabey-abla olacak çocukla ilgili hislerini okuma imkânı bulmuş olurken, sevildiği onun anlayacağı şekilde herkese ilan edildiğinden çocuk kendini daha iyi ve güvende hisseder.

"*Kızım/Oğlum, ilk gözağrım. Seni ilk gördüğüm zamanı hiç unutmuyorum. Pamuk gibi bembeyazdın. Kucağıma aldığımda cennetin kokusunu duydum sanki. Seni verene sonsuz şükürler. Seni seviyorum sevgili kızım. Annen...*"

"*Kızım/Oğlum... Seninle ilk göz göze geldiğimiz zaman, ilk adımların, ilk baba deyişin hep aklımda. Hep de aklımda kalacak. Seni çok seven baban.*"

Yukarıdaki gibi bir-iki cümle ve bu cümlelerin sergilenmesi oldukça etkilidir.

(2) Hamilelik döneminde, özellikle doğum zamanı anne hastanedeyken çocuk ihmal edilmemelidir. Anne hastanedeyken evde çocuğun temel ihtiyaçlarını karşılayacak, bakımını üstlenecek yakın birinin olması ona kendini iyi hissettirecektir. Bu kişinin, çocuğun birlikte olmak isteyeceği biri olması tercih edilir.

(3) Çocuğun arkadaş ortamlarına girmesi ve paylaşmayı öğrenmesi, kardeşini de kabullenmesini ve onunla paylaşımda bulunabilmesini kolaylaştırır.

Çocuklar, paylaşmayı öğrenmeleri ve biraz da 'rahat edebilmek' için genelde yuvaya gönderirler. Burada zamanlama oldukça önemlidir. Çocuk, bebeğin geleceği belli olduktan sonra, eğer yuva fikri netse, vakit kaybetmeden okula gönderilmelidir. Hatta mümkünse çocuk okula alıştıktan bir süre sonra yeni kardeş haberi verilmelidir.

Çocuk çoğu zaman anne ve bebeği evde baş başa bırakmak istemeyecek, çeşitli bahaneler üreterek evde kalmak isteyecektir. Burada dikkat edilmesi gereken, çocuk okuldan eve geldiğinde, o okuldayken geçen vaktin cazip şekilde anlatılmamasıdır. Fazla detaya girmeden, vaktin ev işi, ütü, temizlik, çamaşır vs. ile geçtiği kelimelere dökülerek çocuk sormasa bile dile getirilmelidir.

(4) "Kardeşini kıskanıyorsun" gibi ifadeler kullanmak yerine, "Kardeşin olduğu için seni eskisi kadar sevmediğimi düşünebilirsin, ama ben seni çok seviyorum" demek çocuğu anne-babaya yakınlaştıracak, kaygılarını azaltacaktır.

(5) Faydalı bir faaliyet daha: Anne-baba kendi resimlerini ve kardeşlerinin resimlerini, küçüklüklerini, mümkünse bebekliklerini ve büyümüş hallerinin bir-iki resmini bir kâğıda iliştirir. Böylece iki tema işlenmiş olur: (a) Anneye-babaya ihtiyaç duyulan bebeklik sürecinin geçici olduğu çocuğa somut bir şekilde gösterilir. Hatta çocuğun kendi bebeklik resmi ve büyüdüğünü gösteren bir-iki resim de kullanılarak, kendisinin de bu dönemden geçtiği anlatılabilir. (b) Kardeşi olan ilk çocuğun kendisi olmadığı, başta kendi anne-babası ve yakınları olmak üzere pek çok insanın kardeşinin olduğu ve beraber büyüdüğümüz gösterilir. Böylece çocuğun farkındalık düzeyinin arttırılmasına yardımcı olunur.

(6) Bebekle ilgili işlerde çocuktan yardım alınabilir; bebeğe destek olma sürecine çocuk da dahil edilebilir. Böylece, çocuğun aile içinde yeri olduğu farklı bir metotla daha hissettirilir.

Anne bebekle meşgulken, baba da zaman zaman çocukla ilgilenebilir. Anne-baba çocuğa onunla ilgilenildiğini hissettirmeli ve onun hâlâ sevildiğini ifade eden sözleri davranışlarla desteklemelidir.

5 yaşına kadar olan çocuklar, muhakeme yetenekleri tam olarak gelişmediğinden, bazı davranışlarının sonuçlarının nelere sebebiyet vereceğini kestiremeyebilirler. Onun içindir ki, 5 yaşından küçük çocukların kardeşleriyle yalnız bırakılmaması tavsiye edilir.

(7) Çocuğa kardeşinin bakımıyla ilgili bazı sorumluluklar verilmeli ama kardeşine ağabeylik/ablalık yapması için zorlanmamalıdır. Yalnız bu sorumlulukların çocukların yaş ve isteğine uygun oluşuna dikkat etmek gerekir.

(8) Eve gelen misafirlere büyük çocuğu unutmamaları ve ona da ilgi ve sevgi göstermeleri hatırlatılmalıdır.

(9) Çocuk kıskanmasın diye bebeği aslında istemiyormuş gibi sözler söylemek, bebek çok yaramazmış ve sürekli sorun çıkarıyormuş gibi davranmak da doğru değildir.

(10) Kardeşler arası kıyaslama yapılmamalıdır.

(11) Sahip olunacak çocuk sayısı belirlenirken, çocuğun kardeş istemesinden etkilenilmemelidir. Çocuğun yaş dönemi, gelişim özellikleri ve yaşam tecrübesinin azlığı göz önüne alındığında, zamanlama ve sayı konularında çocuğun isteklerinden etkilenilmesi sağlıklı olmaz.

PROFESYONEL DESTEK ALMAK

Bazen aileler problemlerini kendi başlarına çözemeyip profesyonel desteğe ihtiyaç duyabilirler. Maalesef, bazı insanlar gerektiğinde destek almayı başarısızlık olarak algılayabiliyorlar. Nasıl ki çocuğumuzun başı veya karnı ağrıdığında, ateşi çıktığında "Komşumuz veya kayınvalidemiz bizim hakkımızda ne düşünür?" diye bir endişe yaşamadan doktora gidiyorsak; kronik veya akut davranışsal ve duygusal problemleri çözmeye çalışırken de bir uzmana başvurmanın diğerlerinden hiçbir farkının olmadığını bilmemiz gerekir.

Ne Zaman ve Hangi Durumda Destek Almalıyız?

Çocuğumuzun okul, arkadaş ve aile hayatını aksatan davranış ve tutumları varsa bir uzmandan danışmanlık almalıyız.

Çocuğumuzun bir probleminin olduğunu fark ediyor ama ne olduğunu bilemiyorsak: Mesela gün geçtikçe içine kapanan, iştahında ciddi bir azalma yaşayan çocuk; bunu çok fazla utangaçlıktan, depresyondan, okuldaki ciddi bir stresten, bilmediği bir ilaç deneyiminden veya başka nedenden dolayı yaşıyor olabilir. Problemin ne olduğunu bilmediğimiz halde yardım edebilir miyiz? Elbette ki hayır! Ancak bir profesyonel desteğin, problemin teşhisini koymasıyla tedavi yoluna gidebilir.

Problem çözülmeye çalışıldı ama başarılı olunamadı ise: Mesela çocuğumuzun düzenli olarak okulu aksatmasının veya okuldan kaçmasının, okul idaresine veya genel toplum kurallarına karşı koymasının önünü alamıyorsak... Bu gibi durumlarda, çocuklarımız başlarını ciddi olarak derde sokmadan destek almalıyız.

Problem çift taraflı ise: Bir insanın tek başına, aile için ciddi bir sorun olması az rastlanan bir durumdur. Üçüncü bir şahıs, tarafsız olarak sorunu ve buna nasıl son verebileceğinizi gösterebilir.

Aile üyelerinden biri sürekli olarak kontrolünü kaybedip ciddi sorunlara yol açıyorsa, destek almalıdır.

Ayrıca, ailede yakın birinin kaybı veya ciddi bir hastalığı söz konusuysa ya da anne-baba boşanma arefesindeyse, ebeveynlerden biri depresyonda ise veya alkolik olduysa yahut benzer problemlerin içerisinde veya eşiğinde ise destek alınmalıdır. Terapistler bu ve benzeri kısa ve orta vadeli krizlerde, insanlara yardımcı olabilmek amacıyla eğitilmişlerdir.

TEST:
EBEVEYN TUTUMUNUZU BELİRLEYİN

Aslında ***duygusal rehberlik***, temeli empati ve sevgiye dayanan, uygulaması pek de zor olmayan bir kavram olmakla beraber, evlat sevgisi gibi doğal olarak içimizde bulunmaz. Daha ziyade, kişinin duygularının, ne hissettiğinin farkında olmasını, aktif olarak karşısındakini dinleyebilme ve problem çözebilme becerisine sahip olmasını gerektiren bir iletişim sanatıdır.

Aslında her anne-baba bir ***duygusal rehber*** olabilir, yeter ki bazı engeller aşılabilsin. Bu engellerin bir kısmı, bazı anne-babaların yetiştirildikleri evlerde duyguların işleniş biçiminden, bir kısmı da bazı ebeveynlerin aktif dinleme yeteneğini tam olarak kullanamamasından kaynaklanır. Kaynağı ne olursa olsun bu engeller, anne-babaların istedikleri gibi güçlü ve destekleyici ebeveynler olmalarının önünde bariyer gibi durur.

Bu bariyerleri aşmak öncelikle anne-babanın insan olarak kendini tanıyabilmesinden geçer. Araştırmalara dayanarak oluşturulan bu testteki cümlelerin değerlendirmesi sonucunda, dört farklı tip ebeveyn tutumundan size en çok uyanı bulup, her bir tutumun çocuğu nasıl etkilediği hakkında fikir sahibi olacaksınız.

Kendini Değerlendirme: Ne Tip Bir Anne-Babasınız?

Bu test sizin ve çocuğunuzun üzüntü, korku ve öfke ile ilgili hisleriniz hakkındaki sorulardan oluşuyor. Her bir soruyu duygu durumunuza uyup uymadığına göre D(doğru) ya da Y(yanlış)den sadece birini seçerek işaretleyin. Emin olamıyorsanız doğruya daha yakınsa D'yi, yanlışa daha yakınsa Y'yi işaretleyin. Evet, bu çok sayıda sorudan oluşan bir test ama soruları sonuna dek cevaplayın. Çünkü ancak bu şekilde anne-baba tiplerinin özelliklerini net bir şekilde tayin edebiliriz.

D: Doğru Y: Yanlış

1. Çocukların üzülmek için gerçekten de çok az sebepleri var.
   D Y

2. Bence öfke kontrol altında tutulduğu müddetçe kötü bir şey değildir.
   D Y

3. Üzgünmüş gibi davranan çocuklar genellikle yetişkinlerin kendilerine acımasını sağlamaya çalışırlar.
   D Y

4. Bir çocuk öfkeliyse, mola* almayı hak etmiş demektir.
   D Y

---

* Mola: Pekiştirmeye, ödüllendirmeye, ilgi göstermeye ara vermek demektir. Bu yöntemi uygulayarak çocuğunuzu, kötü davranış içinde bulunduğu pekiştirici ya da haz verici durumdan çabucak uzaklaştırıp, onun bakımından hiç de pekiştirici olmayan, hoşlanılacak bir yanı da bulunmayan, sakin, sıkıcı bir yere koyarsınız. Böylece onun mola sırasında ilgi biçiminde ya da başka biçimlerde ödül elde etmesini önlersiniz. (Clark, L. (2005) **SOS! Anne Babalara Yardım**, Evrim Yayınevi, İstanbul, s:53).

5. Çocuğum üzgünmüş gibi davrandığında çekilmez bir hale geliyor.

D Y

6. Çocuğum üzgün olduğunda, dünyayı onun için düzeltmeye ve mükemmel hale getirmeye çalışmam beklenirmiş gibi hissederim.

D Y

7. Hayatımda üzüntüye yer yoktur.

D Y

8. Öfke, tehlikeli bir durumdur.

D Y

9. Çocuğun üzüntüsü varsa ve bunu göz ardı ederseniz, üzüntüsü kendiliğinden geçecek, çocuk kendi haline dönecektir.

D Y

10. Öfke genelde saldırganlık demektir.

D Y

11. Çocuklar genelde istediklerini elde edebilmek için üzgün davranırlar.

D Y

12. Bence kontrol altında olduktan sonra insanın kendisini üzgün hissetmesi sorun değildir.

D Y

13. Üzüntü, üzerinde durulacak bir durum değildir, aksine bir an evvel sağ salim atlatılması gereken bir durumdur.

D Y

14. Çocuğun üzüntüsü uzun sürmediği müddetçe, onunla ilgilenmekte, uğraşmakta bir beis görmem.

D Y

15. Fazlaca duygusal bir çocuğum olmasındansa mutlu bir çocuğum olmasını tercih ederim.

D Y

16. Çocuğum üzgünse çözülmesi gereken bir sorun var demektir.

D Y

17. Çocuklarıma üzüntülerinin üstesinden gelebilmeleri için yardım ediyorum ki orada takılıp kalmasınlar, hayatlarına güzel bir şekilde devam edebilsinler.

D Y

18. Çocuğun üzgün olmasının ona yeni şeyler öğrenmek için fırsat sağladığını düşünmüyorum.

D Y

19. Çocuklar hayatın olumsuz taraflarını abarttıklarında üzgün oluyorlar.

D Y

20. Çocuğum öfkeli olduğunda gerçekten de çekilmez hale geliyor.

D Y

21. Çocuğumun öfkesine sınır koyuyorum.

D Y

22. Çocuğum ilgi çekmek istediği zaman üzgünmüş gibi davranıyor.

D Y

23. Öfke araştırılmaya, incelenmeye değer bir duygudur.
D Y

24. Pek çok çocuğun öfkesi, çocuğun anlayışının azlığından ve yeteri kadar olgun olmayışından kaynaklanıyor.
D Y

25. Çocuğum öfkelendiğinde onu mutlu etmeye çalışırım.
D Y

26. Hissettiğin öfkeyi bence ifade etmelisin.
D Y

27. Çocuğumun üzgün olduğu zamanlar aslında ona yakınlaşabilmem için iyi birer fırsattır.
D Y

28. Aslında çocukların öfkelenmek için o kadar az sebepleri var ki.
D Y

29. Çocuğum üzgün olduğunda, kendisini neyin üzdüğünü araştırıp bulması için ona destek oluyorum.
D Y

30. Çocuğum üzgün olduğu zaman, ona kendisini anladığımı hissettirmeye çalışıyorum.
D Y

31. Çocuğumun, üzüntü hissini yaşayarak öğrenmesini isterim.
D Y

32. Asıl önemli olan şey, çocuğun kendini neden üzgün hissettiğidir.
D Y

33. Çocukluk üzgün ya da öfkeli hissedilecek bir zaman değil, aksine gamsız, kaygısız bir dönemdir.
D Y

34. Çocuğum üzgünse, oturup onun hisleri hakkında konuşuruz.
D Y

35. Çocuğum üzgünse, neden o duyguyu hissettiğini fark edebilmesi için ona yardımcı olurum.
D Y

36. Çocuğum öfkeliyse, bu onunla yakınlaşabilmek için bir fırsattır.
D Y

37. Çocuğum öfkeli olduğu zaman, onunla beraber bu hissi tatmak için biraz zaman ayırırım.
D Y

38. Çocuğumun öfke hissini tecrübe etmesini isterim.
D Y

39. Bence çocukların zaman zaman kendilerini öfkeli hissetmeleri iyidir.
D Y

40. Asıl önemli olan şey çocuğun neden öfkeli olduğudur.
D Y

41. Çocuğum üzgün olduğunda kötü–yanlış davranmaması için onu uyarıyorum.
D Y

42. Çocuğum üzgün olduğunda bu onun kişiliğini kötü etkiler diye üzülürüm.
D Y

43. Çocuğuma özellikle üzüntü hakkında bir şeyler öğretmeye çalıştığımı söyleyemem.

D Y

44. Üzüntü hakkında öğrendiğim bir şey varsa o da üzüntüyü yaşayabilmenin, ifade edebilmenin iyi bir şey olduğudur.

D Y

45. Üzüntüden kurtulmak için yapılabilecek bir şey olduğundan emin değilim.

D Y

46. Üzüntülü bir çocuğa, kendisini rahat hissetmesine yardımcı olmaktan başka yapılabilecek bir yardım olduğunu düşünmüyorum.

D Y

47. Çocuğum kendini üzgün hissettiğinde, ne olursa olsun onu sevdiğimi bilmesini sağlıyorum.

D Y

48. Çocuğum üzgün olduğunda, benden tam olarak ne yapmamı istediğini anladığımı zannetmiyorum.

D Y

49. Çocuğuma özellikle öfke ile ilgili bir şey öğretmeye çabalamıyorum.

D Y

50. Öfke hakkında öğrendiğim bir şey varsa o da bu duyguyu ifade etmenin, yaşamanın kötü bir şey olmadığıdır.

D Y

51. Çocuğum öfkeliyse, ne halde olduğunu anlamazdan geliyorum.

D Y

52. Çocuğum öfkeliyse, ne olursa olsun onu sevdiğimi bilmesini sağlıyorum.

D Y

53. Çocuğum öfkeliyse, tam olarak ne yapmamı istediğini anlayamıyorum.

D Y

54. Çocuğumun kötü huylu olmasına üzülüyorum.

D Y

55. Bence bir çocuğun öfkesini göstermesi hiç de doğru değil.

D Y

56. Öfkeli insanlar kontrollerini kaybederler.

D Y

57. Bir çocuğun öfkesini ifade etmesine izin verilirse, bunun sonu sinir krizine, huysuzluk nöbetine kadar gidebilir.

D Y

58. Çocuklar istediklerini yaptırabilmek için öfkelenirler.

D Y

59. Çocuğum öfkelendiğinde, saldırgan, zarar verici bir mizaca eğilimi mi var acaba, diye üzülürüm.

D Y

60. Çocukların öfkelenmelerine izin verirsek, her zaman canlarının her istediğini yapabileceklerini zannederler.

D Y

61. Çocuk öfkelendiğinde saygısızlık yapmış olur.

D Y

62. Çocuklar öfkelendiklerinde aslında çok tatlı ve eğlenceli olurlar.

D Y

63. Öfke benim muhakeme yeteneğimi gölgeler ve sonradan pişman olacağım şeyler yaparım.

D Y

64. Çocuğumun öfkeli olduğu zamanlar, tam da bir sorun olduğunun ve bunun çözülmesi gerektiğinin işaretidir.

D Y

65. Çocuğum öfkelendiğinde, poposuna bir şaplak indirmemi istiyor demektir.

D Y

66. Çocuğum öfkelendiğinde amacım onu durdurmak olur.

D Y

67. Çocuğun öfkelenmesini o kadar da sorun etmem.

D Y

68. Çocuğumun öfkesini o kadar da ciddiye almam.

D Y

69. Öfkelendiğim zaman kendimi patlayacak bir yanardağ gibi hissederim.

D Y

70. Öfke hiçbir şeyi halletmez.

D Y

71. Öfkesini ifade edebilmek bir çocuğu heyecanlandırır.

D Y

72. Bir çocuğun öfkesi önemlidir.
D Y

73. Çocukların da öfkelenmeye hakları vardır.
D Y

74. Çocuğum çılgına döndüğünde onu zıvanadan çıkaranın ne olduğunu araştırırım.
D Y

75. Çocuğa öfkelenmesinin sebebini bulmada yardımcı olmak önemlidir.
D Y

76. Çocuğum bana öfkelendiğinde bunu duymak ya da fark etmek istemediğimi düşünürüm.
D Y

77. Çocuğum öfkelendiğinde, 'Keşke sıkıntılarla yaşamayı öğrenebilmiş olsa' diye düşünürüm.
D Y

78. Çocuğum öfkelendiğinde 'Neden her şeyi olduğu gibi kabullenemiyor?' diye düşünürüm.
D Y

79. Çocuğumun ayakları üzerinde durabilmesi için öfkelenebilmesini isterim.
D Y

80. Çocuğumun üzüntüsünden çok da ders çıkarmam, üzüntüsünü umursamam.
D Y

81. Çocuğumun öfkeliyken ne düşündüğünü de bilmek isterim.
D Y

PUANLARINIZI NASIL YORUMLAMALISINIZ?

Çocuğu Hiçe Sayan Ebeveyn:

Aşağıdaki soruların kaçına doğru (D) diye cevap verdiğinizi toplayın:

1,2,6,7,9,12,13,14,15,17,18,19,24,25,28,33,43,62,66,67, 68,76,77,78,80.

Sonucu 25'e bölün. Elde edeceğiniz sonuç 'Çocuğu Hiçe Sayma' puanınızı gösterir.

Eleştiren Ebeveyn Tutumu:

Aşağıdaki soruların kaçına doğru (D) diye cevap verdiğinizi toplayın:

3,4,5,8,10,11,20,21,22,41,42,54,55,56,57,58,59,60,61, 63,65,69,70.

Sonucu 23'e bölün. Elde edeceğiniz sonuç 'Eleştiri' puanınızı gösterir.

Aşırı Serbest Ebeveyn Tutumu:

Aşağıdaki soruların kaçına doğru (D) diye cevap verdiğinizi toplayınız:

26,44,45,46,47,48,49,50,52,53.

Sonucu 10'a bölün. Elde edeceğiniz sonuç 'Aşırı Serbestlik' puanınızı gösterir.

Duygusal Rehber Ebeveyn:

Aşağıdaki soruların kaçına doğru (D) diye cevap verdiğinizi toplayın:

16,23,27,29,30,31,32,34,35,36,37,38,39,40,51,64,71,72, 73,74,75,78,81.

Sonucu 23'e bölün. Elde edeceğiniz sonuç 'Duygusal Rehberlik' puanınızı gösterir.

Şimdi 4 puanınızı karşılaştırın. Hangisi en yüksek çıktıysa, o tip bir anne-babalık tarzınız var demektir.

Kendini Değerlendirme: Ne Tip Bir Anne-Babasınız?

DÖRT TİP EBEVEYN TUTUMU

1. Çocuğun Duygularını Hiçe Sayan Ebeveyn Tutumu

– Çocuğun hissettikleri önemsiz ve saçmaymış gibi davranır.

– Çocuğun hissettikleriyle ilgilenmez.

– Çocuğun olumsuz duygularının hemen yok olmasını, bitmesini ister.

– Çocuğun duygularını devre dışı bırakmak için özellikle dikkat dağıtma ve oyalama tekniğini kullanır.

– Çocukla alay eder veya hislerini hafife alır.

– Çocukların hislerinin saçma, mantıksız olduğuna inandığından onu hiçe sayar.

– Çocuk iletişim kurmaya çalışırken ona çok az ilgi gösterir.

– Kendisinin ve başkalarının hislerinin farkında olmayabilir.

– Çocuğun duygularından ötürü kendini rahatsız, korkmuş, endişeli, sinirli, yaralanmış veya bunalmış hissedebilir.

– Kendini duygusal olarak kontrol edemeyeceğinden korkar.

– Hissedilenleri anlamak yerine bunlardan bir an önce kurtulabilmek için uğraş verir.

– Olumsuz hislerin zararlı ve zehirli olduğunu düşünür.

– Olumsuz hislere odaklanmanın işleri daha da kötü yapacağına inanır.

– Çocuğun hissettikleri konusunda ne yapması gerektiğinden emin değildir.

– Çocuğun duygularını, bir şeyleri tamir etme isteği olarak görür.

– Sadece uyumsuz çocukların olumsuz hisleri olduğuna inanır.

– Çocuğun olumsuz duygularının anne-baba üzerinde olumsuz etkisi olacağına inanır.

– Çocuğun hissettiklerini değersizleştirir, duygusallığa yol açan olayları önemsemez gibi gösterir.

– Çocukla beraber sorunu çözmeye çalışmaz; sorunun zamanla kendiliğinden çözüleceğine inanır.

Bu tutumun çocuk üzerindeki etkileri: Çocuk hislerinin, hissettiklerinin yanlış, uygunsuz ve geçersiz olduğunu öğrenir. Hissettikleri yüzünden kendisinde bir sorun olduğunu düşünebilir. Duygularını düzenlemede, kontrol etmede zorluk yaşayabilir.

Osman Bey, kendisinin, çocuğunun duygularını hiçe sayan bir baba olarak tarif edileceğine ihtimal vermezdi, çünkü kızı Ceyda ile ilgileniyor, onunla vakit geçiriyordu. Kızını üzgün gördüğünde onu şımartıyor, o ne istiyorsa yapıyordu. 'Televizyon mu izlemek istersin yoksa sinemaya gitmek mi? Yoksa gezmeye mi çıkalım?' diye sorup kızının istediklerini yapmaya çalışıyordu.

Osman Bey'in yapmadığı tek şey, çocuğunun üzüntüsüyle yüz yüze gelmekti. 'Ceyda seni bugün oldukça üzgün görüyorum. Kızım ne oldu? Nasılsın?' demezdi, çünkü olumsuz duygulara odaklanmanın, bahçedeki yabani otları sulamak gibi olduğunu düşünür, en azından bu hisler yokmuş gibi davranırdı. Yoksa bunların büyüyüp başa çıkılamaz hale geleceğine inanırdı. Nasıl o kendi hayatında öfkeye, üzüntüye ve korkuya yer ayırmıyorsa sevgili kızının hayatında da bunlara yer yoktu.

Çocuğunun duygularını hiçe sayan ebeveynler, çocukluklarından itibaren olumsuz duygulara kapalıdırlar. Bazıları büyürken şiddete şahit olurlar. Ahmet Bey, otuz yıl önce, evlerinde anne-babasının bağıra çağıra ettikleri kavgaları, her bir kardeşin ayrı odalara dağılarak sessizce bir köşeye sinip kavganın yatışmasını beklediklerini dün gibi hatırlıyor. Anne-babasıyla sorunları veya duyguları hakkında konuşamazdı; çünkü her an babasının tekrar harekete geçme ihtimali vardı. Ahmet Bey, bugün evli ve üç çocuk babası; ama hâlâ bir sıkıntısı olduğunda hissettiklerini belli etmemeye çalışıyor. Hatta altı yaşındaki oğluyla, okulda onunla alay eden çocuklar hakkında konuşmakta dahi zorlanıyor. Aslında Ahmet Bey, oğluna daha yakın olmak, onunla hislerini ve çözüm yollarını konuşmak istiyor ama duygular hakkında konuşmakta antrenmansız. Ahmet Bey oğlunu rahatlatmamaya ve onunla empati kurmamaya devam ettikçe, oğlu da babası gibi olacak.

Altı yaşındaki Hakan gelip annesine arkadaşının oyuncağını aldığını söylese, annesi 'Üzülme, geri getirir' diyor; 'Çocuğun biri bana vurdu' dese 'Yanlışlıkla olmuştur' diye geçiştiriyor. Hakan'ın annesi Sedef Hanım, 'Çocuğum ne zaman üzgün olsa, ona dondurma veya sevdiği çikolatayı alırım. Üzüntüsünü, sıkıntısını unutturmaya çalışırım' diyor. 'Onu öyle görmeye dayanamıyorum. Her anne çocuğunun her zaman iyi ve çevreyle uyum içinde olduğunu görmek ister' diye düşünüyor.

Bu tipte tutumları olan ebeveynler, her şeyin yolunda gitmesine o kadar önem verirler ki, çocukları kendini iyi hissetmiyorken ya 'O değerli gülümsemen nerde? Sana çok yakışıyor' deyip iyilikle ya da 'Ooof... Bebekmiş gibi davranma, kocaman oldun' deyip küçük düşürerek çocuğa 'Hissettiklerin yanlış. Düşündüklerin doğru değil. Kendine güvenme.' mesajını verirler.

Çocuğunun hissettiklerini küçümseyen veya yok sayan anne-babaların çoğu onları zaten 'çocuk' olarak görürler. Onlara; dünyada onca önemli sorun varken, memleket meseleleri, ailelerin parçalanması, borçlar, savaşlar, kazalar, ölümler varken, bırakın çocuk da oyuncağına, arkadaşına takılsın, üzülsün. Ne olabilir ki, çocukça, küçük, anlamsız sorunlardır bunlar. Gözden kaçırdıkları nokta, bunların çocukların küçük dünyalarındaki büyük dertler olduğu ve her yaşın kendine özgü sorunlarının olduğudur.

Çocuklarının duygularını inkâr eden veya hiçe sayan ebeveynlerin büyük bir kısmı 'kontrollerini kaybetmekten' korkarlar.

Nalan Hanım, kızı Gülcan'ı ağlarken görür. Erkek kardeşi ve arkadaşı onu oyundan çıkarmışlardır. Hemen Gülcan'ı kucağına alır ve giydiği çorabı kastederek 'Gülcan, bacaklarına ne oldu? Pembe olmuş..!' diyerek dikkatini dağıtır ve kızını güldürmeyi başarır. Annesinin yakın ilgisiyle rahatlayan Gülcan sorununu unutur. Nalan Hanım probleme anlık bir çözüm getirmiştir. Aslında Gülcan'a yardımcı olacak yaklaşım, ona kendini kıskanç ve dışlanmış hissettiğini fark ettirip uygun kendini ifade ediş şekilleriyle duygusal rehberlik yapmasıydı.

2. Eleştiren Ebeveyn Tutumu

– Çocuğu hiçe sayan ebeveyn pek çok davranışında tamamıyla olumsuz bir üslup kullanır.

– Çocuğun duygularını ifade etmesini eleştirir ve yargılar.

– Çocuğa sınır koyması gerektiğinin fazlasıyla bilincindedir.

– İyi standartlara ve davranış kalıplarına uymayı önemser.

– Çocuk yaramazlık ya da terbiyesizlik yapsın yapmasın, hislerini ifade ettiği için onu azarlar veya cezalandırır.

– Olumsuz duyguları ifade etmenin süreyle kısıtlanması gerektiğine inanır.

– Olumsuz duyguların kontrol edilmesi gerektiğine inanır.

– Olumsuz duyguların kötü karakterin işareti olduğuna inanır.

– Çocuğun olumsuz duyguları, ebeveynini kontrol etmek için kullandığına inandığından çocukla güç savaşına girer.

– Duyguların insanı zayıf düşürdüğüne inanır. Çocuklar hayatta kalabilmek için duygusal anlamda kuvvetli olmak zorundadır.

– Olumsuz duyguların zaman israfı olduğuna ve verimsizliğe yol açtığına inanır.

– Olumsuz duyguları, özellikle de üzüntüyü israf edilmemesi gereken bir mal gibi görür.

– Çocukların otoriteye uymaları ile ilgilenir.

Bu tutumun çocuklar üzerindeki etkileri: Çocuğu hiçe zsayan ebeveyn tutumu ile aynıdır.

Çocuğunun duygularını hiçe sayan ebeveynlerden farklı olarak çocuklarını sürekli eleştirir. Çocuğun olumsuz duygularını sadece inkâr etmez, küçük görmez aynı zamanda onaylamaz da. Böyle yetişen çocuklar aşırı disiplinli olabildikleri gibi hislerini belli ettikleri için cezalandırılırlar.

Eğer çocuk öfkeden ayağını yere vuruyorsa, eleştiren anne gelir, bir çimdik atar ve çocuğunun ayağını yere vurmasını durdurur, ama onu öfkelendirenin ne olduğunu araştırmaz, anlamak da istemez. Yatmadan önce ağlayan oğluna bağırır ama onun karanlıktan korktuğu için ağladığını fark etmez/ edemez.

Eleştiren anne-babalar, çocuklarının gözyaşlarına inanmazlar, çocukların gözyaşlarıyla kendilerini kontrol etmek istediklerini düşünürler. Çocuğunun emri altına girmek istemedikleri için de ağladığında ya öfkelenir ya da çocuğu cezalandırırlar.

Hiçe sayan ebeveynler gibi, eleştiren ebeveynler de duygularına odaklandıklarında 'kontrolü kaybedeceklerinden' korkarlar.

Öfkesini kontrol edemeyen biriyle evli olan Gamze Hanım, oğlu Demir'in babasına benzemesinden çok korktuğu için Demir ne zaman öfkelense ya da huysuzlaşsa babasına çekmesin diye ya oğlunu çimdikler ya poposuna vurur ya da bağırır. Aslında Gamze Hanım'ın içinde bulunduğu durum oldukça ironiktir.

Aşırı eleştiren ebeveynlerden olan Savaş Bey'in hayat felsefesi, 'ne ekersen onu biçersin'dir. Bunu kızı Sema'ya da uygulamaktadır. Sema kızdığında, Savaş Bey daha çok kızıyor, bağırdığında o daha çok bağırıyor, ağladığında ise kızının poposuna ya da neresine gelirse orasına bir şaplak indiriyordur.

Bazı anne-babalar, üzüntüyü israf edilmemesi gereken bir sermaye gibi görürler. Nazım Bey çocuklarına 'Kaybolmuş oyuncağınıza, sayfası kopan kitabınıza üzülmeyin; hastalanan annenize, çıkan savaşlara üzülün' diye nasihat vermektedir.

Anne-babalar zaman zaman çocuğun duygularını hiçe sayan tutum ile eleştiren tutum arasında gidip gelebilirler. Her iki çeşit tutumla büyüyen çocukların da kendilerine güvenlerinde, sosyalleşmelerinde, duygularını olduğu gibi kabul etmede ve düzenlemede, sorun çözme yeteneklerinde, akademik başarılarında, konsantrasyon ve öğrenme performanslarında problemler görülebilir.

Madalyonun diğer tarafında ise bu ebeveynlerin tutumlarının arkasında aslında çocuklarının acı çekmesini, incinmesini engelleme isteğinin olmasıdır. Onları böyle davranmaya iten sebep esasında çocuklarını koruma ve kollama içgüdüsüdür ama sonuçta tüm bu yöntemler geri teper.

3. Aşırı Serbest Ebeveyn Tutumu

– Çocuğun duygularını ifade edişini tamamıyla kabul eder.

– Çocuğu, olumsuz hisleri tecrübe ederken onu avutur.

– Nasıl davranması gerektiği konusunda çocuğa yeterli rehberlik yapmaz.

– Duygular konusunda çocuğa bir şeyler öğretmez.

– Oldukça müsamahakârdır, sınır koymaz.

– Çocuğa sorunlarını çözmesinde yardımcı olmaz.

– Problem çözme yollarını öğretmez.

– Olumsuz duyguları kazasız belasız atlatmaya çalışmaktan başka yapılabilecek pek de bir şey olmadığına inanır.

– 'Olumsuz duyguyu bırak gitsin' düşüncesine sahiptir; yapılabilecek en iyi şeyin bu olduğuna inanır.

Bu tutumun çocuklar üzerindeki etkileri: Çocuk, duygularını düzenlemeyi ve kontrol etmeyi öğrenemez; konsantrasyonda, arkadaşlık kurmakta ve devam ettirmekte güçlük yaşarlar.

Bu tutumu benimseyen anne-babalar önceki ikisinden farklı olarak, çocuklarıyla empati kurabilirler. Aşırı serbest anne-babaların çocukları, ne yaparlarsa yapsınlar ailelerden kabul göreceklerini bilirler.

Burada sorun, böyle anne-babaların ya sorunlu bakış açılarına sahip olmaları ya da çocuklarının olumsuz duygularına duygusal rehberlik yapmak istememelerinden kaynaklanır. Aşırı serbest anne-babalar hiçbir şeye karışmazlar. Öfke, üzüntü, korku gibi olumsuz duyguları ağzı kapalıyken sallanan gazoza benzetirler. Kapağı açarlar ve gazoz akar gider. Böyle anne-babalara 'aşırı müsamahakâr' da denir. Çocuk istediğini istediği şekilde ifade edebilir, kimse hiçbir müdahalede bulunmaz.

Aşırı serbest aileler, çocuğa verilmesi gereken en önemli şeyin ***sadece*** 'karşılıksız sevgi' olduğunu düşünürler. Sevim Hanım, küçük oğlu arkadaşı ile bir sorun yaşadığında 'Biz de onunla beraber üzülüyoruz. Oğlumuza onu ne olursa olsun çok sevdiğimizi söylüyor ve bunu ona hissettiriyoruz' diyor.

İki çocuk annesi Aliye Hanım çocukken korktuğunda, üzüldüğünde ailesi onunla bunları pek paylaşmadığı, hemen 'Hadi kızım, gülümse...' dediği için kendini bu korku ve üzüntü ile bir karadelik içinde gibi hissedermiş. Şimdilerde depresyon tedavisi gören Aliye Hanım, oğlunun benzer bir duygu durumunda olmasına çok üzülüyor ama ona nasıl duygusal rehberlik yapacağını bilmiyor.

Aşırı serbest ebeveynlerin çocukları duygularını tanımakta ve kontrol etmekte güçlük çekerler. Kolay kolay arkadaşlık kuramazlar. Sosyal ilişkileri çok kuvvetli olmaz. Genellikle okulda başarısızdırlar. Aynen çocuğun duygularını hiçe sayan ve eleştiren ailelerin çocukları gibi hayata hazırlıklı değillerdir, duygusal zekâları da pek parlak olmaz.

4. Duygusal Rehber Ebeveyn

- Çocuğun olumsuz duygularını, onunla yakın bir ilişki kurabilmek için fırsat olarak değerlendirir.
- Üzgün, kızgın veya korkmuş bir çocukla zaman geçirmeye tahammül edebilir. Duyguları sabırla ele alabilir.
- Kendi duygularının farkındadır ve bunlara değer verir.
- Olumsuz duygular dünyasını ebeveynlik yapabilmek için önemli bir fırsat sahası olarak görür.
- Çözümü zaman zaman zor bile olsa, çocuğun duygularına hassasiyetle yaklaşır.
- Çocuk, duygularını ifade ederken veya etmeye çalışırken kaygılanmaz ya da kafası karışmaz; ne yapılması gerektiğini bilir.
- Çocuğun duygularına saygı gösterir.
- Olumsuz duygularla alay etmez, bunları hafife almaz.
- Çocuğa kendisini nasıl hissetmesi gerektiğini söylemez.
- Çocuk yerine onun tüm sorunlarını çözmesi gerektiğine inanmaz.

- Duygusal anları;
  - Çocuğu dinlemek için,
  - Şefkatle ve sakinleştirici sözcüklerle empati kurmak için,
  - Çocuğun hissettiği duygunun adını koyabilmesine yardımcı olmak için,
  - Duygularını düzenleyebilmesi ve kontrol edebilmesi amacıyla çocuğa rehberlik etmek için,
  - Duyguların makul ifade ediliş şekillerini öğretebilmek ve sınır çizmek için,
  - Problem çözme yeteneğini kazandırabilmek için fırsat olarak görür ve değerlendirir.

Bu tutumun çocuklar üzerindeki etkileri: Çocuk, hislerine güvenmeyi, duygularını kontrol edebilmeyi ve problem çözmeyi öğrenir. Kendine güveni, okul başarısı artar ve çevresiyle iyi, kaliteli ilişkiler kurar.

Duygusal rehber ve aşırı serbest ebeveynler çocuklarının duygularını inkâr veya göz ardı etmez, olduğu gibi kabul ederler. Küçük düşürmezler, alay etmezler. Öte yandan, duygusal rehber anne-babalar çocuklarına kendi duygu dünyalarında yol gösterirler. Duygularıyla başa çıkmada çocuklarını yalnız bırakmaz, güven telkin edip destek olurlar. ***Çocuğun olumlu-olumsuz tüm hislerini kabul eder ama uygun olmayan davranışları fark edip bunlara belirli sınırlar çizerler.*** Çocuklarına sorunlarına nasıl çözüm üretecekleri konusunda rehberlik ederler.

Duygusal rehber anne-babalar hem kendilerinin hem de sevdiklerinin üzüntü, öfke, korku dahil olmak üzere tüm olumlu-olumsuz duygularının farkındadırlar. Pek çok duygusal rehber ebeveyn, duygu ve düşüncelerini ifade edebilen çocukların, ailenin sahip olduğu değerleri de özümsediklerini görüp mutlu olmaktadır. Beş yaşındaki Ayşe'nin annesi gururla, geçenlerde haberlerde çöp konteyneri yanına bırakılmış bir bebeği görünce kızının gözlerinin yaşardığını anlatır. Kızının şefkat ve merhamet duygularını taşımasından ötürü mutludur.

Bir diğer anne de, yedi yaşındaki oğlunun "Bana böyle bağırdığında senden korkuyorum. Bir daha benimle bağırarak konuşma, olur mu?" demesine hem şaşırmış hem de küçük oğlunun böyle açık sözlü olmasına sevinmiştir.

Oğlu Taşkın üzgünken onu dinleyen Serra Hanım, "Ben çocukken..." diye başlayan cümleler kullanarak oğluyla empati kurmaya çalıştığını belirtiyor. "Taşkın benim ve arkadaşlarımın çocukluk hikâyelerimizi dinlemeyi seviyor. Böylece başına gelenlerin ve hissettiklerinin doğal olduğunu kabullenebiliyor" diyor.

Dört çocuk annesi Reyhan Hanım, zaman zaman çocuklarına "Birine öfkelenmeniz ondan nefret ettiğiniz anlamına gelmez" , "Ayrıca öfkelendiğiniz olaylardan sonra iyi şeyler de olabilir" diyor. Aynı zamanda çocuklarına, öfkelerini kendilerine ve çevrelerine zarar vermeden ifade edebilmeleri için sınırlar belirliyor. Çocuklarının kardeşleriyle ömür boyu arkadaş olabilmelerini ve birbirlerini desteklemelerini isteyen Reyhan Hanım, onlara birbirlerine karşı nazik olmalarını, kalp kırmamaya özen göstermelerini öğütlüyor. "Birbirinize kızabilirsiniz, ama birbirinizi kıramazsınız, birbirinize zarar veremezsiniz" diyerek sınırını çiziyor. "Biz bir aileyiz, ne yaşarsak yaşayalım birbirimizden uzaklaşamayız" düşüncesini her fırsatta işliyor.

Duygusal rehber olan her ebeveynde bu tür sınırlar vardır: Bu ebeveynler tüm duyguları kabul eder ama tüm davranışları kabul etmezler. Çocuk kendisine, karşısındakine ya da çevresine zarar verici davranış sergiliyorsa, anne ya da baba hemen o davranışı durdurur ve çocuğu, dikkatini dağıtacağı, enerjisini boşaltacağı başka bir aktiviteye yönlendirir.

Bebekliğinden beri pek de halim selim bir çocuk olmayan Taşkın, dişlerini gıcırdatmaya başlamıştı. Çenesini sıkıyor sonra bağırmaya başlayıp eline ne geçerse atıyordu. Serra Hanım, Taşkın'ın öfkesini kardeşine ya da oyuncağına yöneltti̇ğini belirtiyor. Serra Hanım, oğlunun öfkelenmeye başladığını fark edince onu hemen birtakım yorucu faaliyetlere yönlendirdiğini söylüyor. Odasındaki kum torbasında boks çalışma, parkta on tur koşma gibi... Serra Hanım, Taşkın'ın zor mizacı için üzülse de bu zorluğun yanı sıra çocuğunun sahip olduğu olumlu özelliklerin de farkında. Taşkın'ın bir iş yapmaya niyetlendiğinde en iyisini yapmadan bırakmadığını anlatıyor.

Duygusal rehber anne-babalar, çocuklarının hayatındaki zorlukları kendileri çözmeye kalkışmazlar. Mesela dört çocuk annesi Reyhan Hanım, her istedikleri oyuncak ve kıyafetleri alamayacağını söylediğinde, çocuklarının buna öfkelenmesini anlıyor. Ama Reyhan Hanım'a göre bu onları hayata hazırlayan bir şey oluyor. Çünkü bugün küçük sorunlarla başa çıkmayı öğrenirlerse yarın büyüdüklerinde daha büyük sorunlarla da baş edebilir ve hayatlarına devam edebilirler.

Duygusal rehber anne-babalar, duyguları doğru şekilde ifade edebilmenin etkisine inanırlar, bu yüzden de üzgünlerse çocuklarının yanında ağlayabilir, onlara öfkelendilerse bunu da belli sınırlar içerisinde ifade edebilirler. Anne- baba kendi aralarındaki ilişkilerinde de birbirlerine korktuklarını, öfkelendiklerini ve üzüldüklerini yapıcı bir şekilde ifade edebildikleri için, çocuklar da iki yetişkinin birbirlerine karşı bu olumsuz duyguları hissederken sorunlarını nasıl çözdüklerini öğrenmiş olurlar.

Duygusal rehber anne-babalar, çocuklarının duyguları tavan yapmadan, daha düşük ve başa çıkılabilir seviyelerdeyken onlarla ilgilenirler. Küçüklüklerinden beri anne-babanın duygusal rehberliğinde büyüyen çocuklar kendi kendilerini sakinleştirmeyi öğrenirler. Dolayısıyla yanlış davranma ihtimalleri de düşer. Ayrıca ilişkilerde sınırlar bellidir. Nerede, ne yapılırsa sonucun ne olacağı önceden herkes tarafından bilinir. Duygusal rehber anne-baba ile çocuk arasında kuvvetli bir sevgi bağı vardır. Çünkü çocuk kendini anlaşılmış ve güvende hisseder.

REFERANSLAR

Amini F., Lewis T., Lannon R., Louie A., Baumbacher G., McGuiness T. & Schiff E.Z. (1996). "Affect, Attachment, Memory: Contributions Toward Psychobiological Integration," *Psychiatry*, 59, 213-239.

Başal, H.A. (2004). *Gelişim ve Psikoloji.* İstanbul: Morpa Kültür Yayınları.

Barkley, R.A. (2003). "Chapter 2: Attention-Deficit/Hyperactivity Disorder," E.J. Mash & R.A. Barkley (Eds.), *Child Psychopathology (2ndEd)* içinde (pp.75-144). New York: The Guilford Press.

Borba, M. (2001). *Building Moral Intelligence: Seven Essential Virtues that Teach Kids to Do the Right Thing.* San Francisco: Jossey- Bass Press.

Brooks, R. & Goldstein, S. (2007). *Raising a Self-Disciplined Child : Help Your Child Become More Responsible, Confident and Resilient.* New York: The McGraw-Hill.

Chassin, L., Ritter, J., Trim, R. & King, K.M. (2003). "Chapter 4: Adolescent Substance Use Disorders" E.J. Mash & R.A. Barkley (Eds.), *Child Psychopathology (2ndEd)* içinde (pp.199-233). New York: The Guilford Press.

Clark, L. (2005). *SOS! Ana-Babalara Yardım.* İstanbul: Evrim Yayınevi.

Cline, F. & Fay, J. (2006). *Parenting With Love and Logic.* Colorado: Nav Press.

Cobb, N.J. (2001). *The Child, Infants and Children.* California: Mayfield Pubishing Company.

Cicchetti, D. & Cohen, D.J (Eds.) (1995). *Developmental Psychopathology -Volume 2: Risk, Disorder, and Adaptation.* New York: John Wiley & Sons, Inc.

Cummings, E.M., Davies, P.T & Campell, S.B. (2000). *Developmental Psychopathology and Family Process: Theory, Research, and Clinical Implications.* New York: The Guilford Press.

Cyrulnik, B (2009). *Resilience.* London: Penguin.

Çamdibi, H.M. (1994). *Şahsiyet Terbiyesi ve Gazali.* İstanbul: Marmara Üniversitesi İlahiyat Fakültesi Yayınları.

DeGaetano, G. (2004). *Parenting Well in a Media Age: Keeping Our Kids Human.* California: Personhood Press.

Denham, S.A., Workman, E., Cole, P.M., Weissbrod, C., Kendziora, K.T. & Zahn-Waxler, C. (2000). "Prediction of Externalizing Behavior Problems from Early to Middle Childhood: The Role of Parental Socialization and Emotional Expression." *Development and Psychopathology,* 12, 23-45.

Dimerman, S. (2009) *Character is the key How to Unlock the Best in Our Children and Ourselves.* Canada: John Wiley&Sons.

Dowd, N. (2000) *Redefining Fatherhood.* New York: NYU Press.

Furedi, F. (2002). *Paranoid Parenting.* Chicago: Review Press.

Garbarino, J. (1999). *Raising Child in a Socially Toxic Environment* . San Francisco: Jossey-Bass Press.

Gerhardt, S. (2004). *Why Love Matters: Affection Shapes A Baby's Brain*. New York: Brunner-Routledge.

Ginott, Haim G. (2003). *Between Parent and Child.* New York: Three Rivers Press.

Goldstein, S. (2002). *Raising Resilient Children: A Curriculum to Foster Strength, Hope and Optimism in Children.* Chicago: Mc Graw-Hill Press.

Gottman, J. & DeClaire, J. (1997). *Raising An Emotioally Intelligent Child.* New York: Simon & Schuster Paperbacks.

Guldberg, H. (2009). *Reclaiming Childhood: Freedom and Play in an Age of Fear*. New York: Routledge.

Hinshaw, S.P. & Lee, S.S (2003). "Chapter 3: Conduct and Oppositional Defiant Disorders." E.J.Mash & R.A.Barkley (Eds.), *Child Psychopathology (2ndEd)* içinde (pp.144-199). New York: The Guilford Press.

Hunt, J. (2001). *The Natural Child: Parenting From The Heart*. Canada: New Society Publishers.

İbn Haldun, (1982), *Mukaddime*, Hazırlayan: Süleyman Uludağ, İstanbul: Dergâh Yayınları.

Kağıtçıbaşı, Ç. (2010). *Benlik, Aile ve İnsan Gelişimi Kültürel Psikoloji*, İstanbul: Koç Üniversitesi Yayınları.

Katz, L.G. (1989). *Monitoring TV Time*: *Parents*, 61 (1), 124.

Kindlon, D. (2003). *Too Much of A Good Thing: Raising Children in An Indulgent Age*. New York: Miramax Press.

Levine, M. (2006) *The Price of Privilige: How Parental Pressure and Material Advantage are Creating a Generation of Disconnected and Unhappy Kids* . New York: Harper Collins.

Mercogliano, C. (2007). *In Defense of Childhood: Protecting Kids' Inner Wildness.* Boston: Beacon Press.

Mevlana, C.R. (2007). *Mesnevi-i Şerif,* Çev: Süleyman Nahifi, İstanbul: Timaş.

Rutter M., Sroufe, L.A. (2000). "Developmental Psychopathology: Concepts and Challenges." *Development and Psychopathology*, 12, 265-296.

O'Conner, T.G. (2003). "Early Experiences and Psychological Development: Conceptual Questions, Emprical Illustrations, and Implications for Intervention." *Development and Psychopathology,* 15, 671-690.

Oktay, A.S. (2005). *Kınalızâde Ali Efendi ve Ahlâk-ı Alâî,* İstanbul: İz Yayıncılık.

Parke, R.D & Kelam, S.G. (Eds.) (1994). *Exploring Family Relationships With Other Social Contexts.* New Jersey: Lawrence Erlbaum Associates.

Rigby, J. (2006). *Raising Respectful Children in a Disrespectful World.* U.S: Howard Books.

Rosenfeld, A. & Wise, N. (2000). *The Over-scheduled Child; Avoiding The Hyperparenting Trap.* New York, Griffin/ St. Martins.

RTÜK Özel Çalışma Grubu Sonuç Raporu: *Televizyon Programlarındaki Şiddet İçeriğinin, Müstehcenliğin Ve Mahremiyet İhlâllerinin İzleyicilerin Ruh Sağlığı Üzerindeki Olumsuz Etkileri.* (www.rtuk.org.tr)

Rutter, M., Dunn, J., Plomin, R., Simonoff, E., Pickles, A., Maughan, B., Ormel, J., Meyer, J. & Eaves, L. (1997). "Integrating Nature and Nurture: Implications for Person-Environment Correlations and Interactions for Developmental Psychopathology." *Development and Psychopathology,* 9, 335-364.

Sadi, Ş. (2004). *Bostan ve Gülistan.* İstanbul: Bedir.

Sayar, K. (2009). *Yavaşla! Bu Hayattan Bir Defa Geçeceksin.* İstanbul: Timaş Yayınları.

Segal, J. & Segal, Z. (1990). "The Two Sides of Television." *Parents,* 65 (3),186.

Smith, R. (2010). *A Universal Child.* Palgrave Macmillan.

Steinberg, L. (2005). *The Ten Basic Principles of Good Parenting.* New York: Simon & Schuster.

Steinberg, L. & Levine, A. (1997). *You and Your Adolescent: A Parent's Guide for Ages 10-20.* New York: Harper Collins.

Sue, D., Sue, D.W., & Sue, S. (2003). *Understanding Abnormal Behavior* (6th ed.). Boston: Houghton Mifflin.

Timimi, S. (2005). *Naughty Boys: Antisocial Behavior, ADHD and The Role of Culture.* New York: Palgrave Macmillan.

Tseng W. (1997). *Culture and Psychopathology.* "Chapter 14: Integration and Conclusions." New York: Brunner/ Mazel Publishers.

Tûsî, N. (2005). *Ahlâk-ı Nâsırî*, Çev: Rahim Sultanov, Ankara: Fecr Yayınları.

Wakefield, J.C. (1992). "The Concept of Mental Disorder." *American Psychologist, 47,* 373-388.

Weil, Z. (2004). *Above All, Be Kind : Raising a Humane Child in Challenging Times.* British Columbia: New Society Publishers.

Wenar, C. & Kerig P. (2005). *Developmental Psychopathology: From Infancy through Adolescence.* New York: Mc Graw Hill.

Westen, D. (1998). "Chapter 4: Case Formulation and Personality Diagnosis: Two Processes or One?". *Making Diognosis Meaningful* içinde Ed. by J. Baron. APA Press.

Werner, E. E. (2000). "Protective Factors and Individual Resilience," S.J. Meisles, S.J. & Shankoff, J.P. (Eds.), *Handbook of Early Childhood Intervention* içinde (pp.115-132). New York: Cambridge University Press.

Vanlı, L. (2006). *Hiperaktif Çocuklar: Tedavi ve Tanı* (2. Baskı). İstanbul: Nobel Tıp Kitabevleri.

Yavuz, Ç. & Akagündüz, N. (2004). *Çocuk Olmak*. İstanbul: Ümraniye RAM Müdürlüğü Yayınları.

Zahn-Waxler, C., Klimes-Dougen, B. & Slattery, M.J. (2000). "Internalizing Problems of Childhood and Adolescence: Prospects, Pitfalls, and Progress in Understanding the Development of Anxiety and Depression." *Development and Psychopathology*, 12, 443-46.

İNDEKS

Teşekkür

Katkılarından dolayı sevgili uzman psikolojik danışman Şengül Hafızoğlu'na, sevgili uzman psikolog Elif Tunç Özcan'a, Süreyya Aysun'a, klinik psikolog Tuba Akyüz'e, psikolog Doğa Talayman'a, psikolog Yağmur Yılmaz'a, Fatih Üniversitesi Psikoloji bölümünün 2010 yılı mezunlarına, titizlikle son okumaları yapan editörlerimiz Metin Karabaşoğlu ve her zaman desteğini hissettiğimiz sevgili Seval Akbıyık'a teşekkür ederiz.